Hafner / Kronenberger

Entspannt
Prüfungen bestehen

Verlag Hans Huber
Sachbuch Psychologie

HUBER

Bettina Hafner / Ursula Kronenberger

Entspannt Prüfungen bestehen

**Ein Manual für Studierende
in Lern- und Prüfungszeiten**

Verlag Hans Huber

Programmleitung: Dr. Susanne Lauri
Herstellung: Daniel Berger
Bearbeitung: Angelika Pfaller, Berchtesgaden
Umschlaggestaltung: total italic, Berlin
Umschlagbild: © Thinkstock/iStock
Druckvorstufe: Claudia Wild, Konstanz
Druck und buchbinderische Verarbeitung: Finidr s. r. o., Český Těšín
Printed in Czech Republic

Bibliografische Information der Deutschen Nationalbibliothek
Die Deutsche Nationalbibliothek verzeichnet diese Publikation in der Deutschen
Nationalbibliografie; detaillierte bibliografische Daten sind im Internet über
http://dnb.d-nb.de abrufbar.

Anregungen und Zuschriften bitte an:
Verlag Hans Huber
Lektorat Psychologie
Länggass-Strasse 76
CH-3000 Bern 9
Tel: 0041 (0)31 300 4500
verlag@hanshuber.com
www.verlag-hanshuber.com

1. Auflage 2015
© 2015 by Verlag Hans Huber, Hogrefe AG, Bern
(E-Book-ISBN [PDF] 978-3-456-95468-4)
(E-Book-ISBN [EPUB] 978-3-456-75468-0)
ISBN 978-3-456-85468-7

Inhaltsverzeichnis

Vorwort

Eine Prüfung zu bestehen, ist ein gutes Gefühl. Aber es ist auch keine Katastrophe, wenn es nicht geklappt hat. Jede Prüfung lässt sich in der Regel wiederholen, und es gibt fast immer die Chance, es beim zweiten, dritten oder vierten Versuch besser zu machen. Mit diesem Buch begleiten wir alle, bei denen es im Studium nicht immer rund läuft. Und diejenigen, die ihr Lernverhalten und auch ihr Prüfungserleben optimieren wollen.

Wir meinen nicht, dass jeder durch eine Prüfung fallen muss, um den Erfolg besser wertschätzen zu können. Scheitern gehört nicht unbedingt dazu, aber es kommt vor. Bei den klügsten, intelligentesten Menschen. Und oftmals ist es sogar hilfreich. Misserfolg in einer Prüfung kann ein Schlüsselerlebnis sein, um etwas zu verändern – im Studium und im Leben.

Am Anfang dieses Buches standen Misserfolge – nicht bestandene Prüfungen. Eine der Autorinnen beobachtete, wie ihre Tochter verunsichert reagierte, als sie nach einem guten Abitur im nachfolgenden Medizinstudium gleich zu Beginn zwei, drei Klausuren in den Sand setzte. Sie fiel durch Prüfungen, auf die sie sich gut vorbereitet fühlte und die vom Arbeitsaufwand überschaubar waren. Und nicht nur sie kämpfte mit ihrem Selbstverständnis, vielen ihrer Mitstudierenden ging es ähnlich. Als Einser-Abiturienten waren sie irritiert. Durch Prüfungen zu fallen war in ihrem Programm nicht vorgesehen.

Warum geraten auch ehemals gute Schüler an der Hochschule unter Druck? Wie können sich Studierende diesen Herausforderungen stellen? Sind im Studium andere Lerntechniken gefragt als zuvor in der Schule? Das waren Fragen, denen wir nachgegangen sind und aus deren Antworten wir Seminare und schließlich dieses Manual entwickelt haben. Seit nunmehr sechs Jahren begleiten wir Studierende durch Lern- und Prüfungstiefs. Über zwölf Monate begaben wir uns anfangs mit Unterstützung von Medizinstudierenden (der Ludwig-Maximilians-Universität München) auf Spurensuche. Haben in Coaching-Sitzungen Gespräche geführt, Hintergründe durchleuchtet, Coaching-Tools getestet und Lösungen erarbeitet.

Entstanden ist ein Lern- und Prüfungscoaching-Konzept, das wir seit fünf Jahren an der Technischen Universität München (TUM) anbieten. Wir haben mittlerweile mit Hunderten von Studierenden gearbeitet, die zu uns gekommen sind, weil es im Studium nicht mehr richtig rund lief. Und wir haben mit ihnen Lösungen gefunden, die ihnen halfen, entspannt und erfolgreich weiterzustudieren.

Unserer Erfahrung nach ist es wichtig, sich möglichst frühzeitig über das eigene Lern- und Prüfungsverhalten Gedanken zu machen. Denn es gibt viele Stellschrauben, mit deren Hilfe sich ein missglückter Start oder ein Durchhänger in späteren Semestern erfolgreich korrigieren lässt. Oft läuft das Studium gut an; der aus der Schule bekannte Arbeits- und Lernmodus trägt durch ein oder zwei Semester, und dann erst beginnt es unrund zu werden. Denn der erwartete Einsatz ist doch höher, als anfangs vermutet.

Schule und Studium – die Anforderungen sind unterschiedlich. Der Arbeitsaufwand in den meisten Studienfächern lässt sich mit dem der Schule kaum vergleichen. Die Komplexität des Stoffes ist um ein Vielfaches größer, und auch der Druck durch «Rausschmeißer»-Klausuren ist in einigen Fakultäten immens. Hinzu kommt, dass im Studium ein hohes Maß an Selbstmanagement gefragt ist. Die Prüfungen sammeln sich in den meisten natur- und geisteswissenschaftlichen Studien am Ende des Semesters. Wer da nicht rechtzeitig mit der Vorbereitung startet, dem geht oft am Ende die Puste aus.

Aus unserer Coachingpraxis wissen wir, dass es viele Ursachen gibt, warum es im Studium oder in Prüfungen holprig läuft. Fast immer gelingt es dennoch, einen guten Weg zu finden. Denn wer durch eine Prüfung fällt, ist nicht «dumm», oft befindet er sich in einer besonderen Situation. Möglicherweise ist er durch Misserfolge entmutigt, die sogar noch aus der Schulzeit stammen können. Oder er steht, aus welchen Gründen auch immer, unter emotionalem oder finanziellem Stress. Oft zeigt sich aber auch, dass das Lernverhalten nicht optimal ist und die Struktur im Lernalltag fehlt.

In diesem Buch finden sich viele Beispiele von Studierenden, die aus durchaus nachvollziehbaren Gründen nicht in der Lage waren zu lernen. Oder die Erfahrungen hinter sich hatten, die zu Prüfungsblockaden führten. Manche Studentinnen und Studenten stehen unter Druck, weil jemand aus dem Familien-, Freundes- oder Kollegenkreis Erfolge sehen will. Oder fühlen sich entmutigt, weil es in letzter Zeit nicht gut gelaufen ist – weder im Studium noch privat. Manche sind auch einfach nur schlecht vorbereitet, die Lernzeit ist zu knapp kalkuliert und sie kommen mit dem Stoff nicht hin.

Gedacht ist dieses Buch als Manual. Sie können es von vorne bis hinten durchlesen, aber auch immer wieder hervorholen, um sich hin und wieder selbst zu coachen. Sie finden viele Übungen, die Sie in Ihrem Studium voranbringen, und neueste Erkenntnisse aus der Lern- und Motivationspsychologie. Das Buch eignet sich für Studienanfänger wie auch für Studierende, die kurz vor der Masterprüfung oder dem Staatsexamen stehen und sich für das Finale noch einmal fit machen wollen. Wir haben die Kapitel so aufgebaut, dass sie auch einzeln gelesen und bearbeitet werden können. Die Tools bieten wir Ihnen an wie kleine, feine Teile in einer Pralinenschachtel, aus der Sie sich immer wieder bedienen können.

Bettina Hafner   München, im März 2015
Ursula Kronenberger

Step 1:
Wo geht's lang?

Um was geht's?

- Motivatoren entdecken
- Selbstbestimmt durchs Studium
- Helden und Vorbilder nutzen
- Eine realistische Bilanz ziehen
- Methoden, um ungeliebte Fächer anzugehen

Motivation in Flaschen – weit gefehlt!

«Ich möchte motivierter lernen. Ich möchte mich endlich mal rechtzeitig auf die Prüfungen vorbereiten und nicht mehr diesen irren Stress in der Prüfungszeit haben.»

Mit diesem Wunsch kommen viele Studierende in unsere Seminare.

Motivation ist offensichtlich der entscheidende Hebel, der uns zum Handeln bringt. Motivation ist die Kraft, die dafür sorgt, dass wir auch mal dranbleiben, wenn es schwierig wird. Und deshalb liegt der Gedanke nahe: Wenn wir das Rezept für Motivation kennen und ganz viel davon zu uns nehmen, läuft es rund. Es gibt nur ein Problem: Motivation kann man nicht kochen wie ein leckeres Mittagessen. Sie kommt und geht, ohne dass wir manchmal genau sagen können, wieso. Es gibt auch kein Standardrezept für die Zubereitung: Jeder Mensch ist anders, und genau deshalb motivieren ihn auch andere Dinge. Jeder von uns kann nur seinen eigenen Weg finden, seine Gefühle positiv zu beeinflussen und sich zu motivieren.

Und natürlich wäre es schön, nicht nur ins Tun zu kommen, wenn die Prüfungen immer näher rücken und der Druck steigt. Für viele Studierende ist es ein großes Ziel, aus einem inneren Antrieb heraus zu arbeiten und zu lernen. Das nennt man in der Psychologie «intrinsische Motivation». Wenn die in uns wirkt, tun wir die Dinge um ihrer selbst willen, weil sie uns interessieren, weil sie uns fesseln.

Aus lernpsychologischer Sicht ist das enorm sinnvoll, denn die Verarbeitungstiefe des Stoffs ist höher. Wir lernen einfach besser!

Und deshalb ist es lohnend darüber nachzudenken, wie wir mit uns und unserer Motivation am besten umgehen, damit das Lernen insgesamt ein positives Erlebnis wird.

Alles eine Typenfrage

In der Psychologie geht man von Motiven aus. Sie sind die Kraftquellen unseres Verhaltens, aus ihnen speist sich unsere Motivation.

Üblicherweise gibt es drei grundlegende Motive: das Leistungs-, das Anschluss- und das Machtmotiv (vgl. Kuhl, 2001).
- Leistungsmotivierte wollen selbst festgelegte Qualitätsstandards erreichen, setzen sich anspruchsvolle Ziele. Sie wirken nach au-

ßen ehrgeizig und zielorientiert, suchen immer neue Herausforderungen.

- Anschlussmotivierten ist die Pflege von menschlichen Beziehungen enorm wichtig: Sie würden auch mal in eine Vorlesung gehen, wenn dort ihre Freunde sind, selbst wenn sie das Thema nicht sonderlich interessiert. Für sie ist die Verbindung mit ihren Freunden entscheidend.

- Machtmotivierte möchten andere von ihrer Sichtweise überzeugen. Sie wollen Menschen bewegen und ihre Entscheidungen beeinflussen. Sie gehen gerne in Führung, auch in Lerngruppen oder in der Fachschaft. Sie möchten Veränderungen mitgestalten und übernehmen dabei gerne eine tragende Rolle.

Je nachdem, wie wir aufgewachsen sind, welche Werte in unserer Herkunftsfamilie und in unserem sozialen Umfeld herrschten, ist entweder das eine oder das andere Motiv stärker ausgeprägt.

Und eines gilt für uns alle: Wenn wir Ziele anstreben, die in hohem Maße mit unseren Motiven übereinstimmen, entsteht ein Gefühl der Stimmigkeit, und wir kommen viel leichter voran. Wir haben dann mehr Kraft, in schwierigen Situationen durchzuhalten und Krisen zu überwinden. Es entsteht ein Gefühl wie: «Das passt einfach zu mir.»

Wenn es darum geht, auf Prüfungen zu lernen, gibt es nichts Besseres, als wenn Vernunft (ich muss diese Aufgaben erledigen) und Bauchgefühl (ich will diese Aufgaben erledigen) übereinstimmen. Dann warten wir nicht bis zum letztmöglichen Termin, bevor wir uns an den Schreibtisch prügeln. Wir brauchen nicht den gnadenlosen äußeren Druck, um endlich mit den Statistikaufgaben zu beginnen. Wir tun es einfach.

Fremdgesteuert oder autonom?

Der Haken an der Sache: Unsere Motive sind uns nicht immer bewusst.

Es kann sein, dass wir Erwartungen und Wünsche von wichtigen Bezugspersonen (Eltern, Lehrer) scheinbar zu unseren eigenen gemacht haben, so dass wir gar nicht merken, wie wir fremden Motiven in unserem Verhalten folgen. Und dann entsteht ein Gefühl von Unstimmigkeit, von Fremdbestimmtsein, das mit dem Streben nach Autonomie kollidiert, einem wichtigen urmenschlichen Grundbedürfnis. Ist dieses Bedürfnis verletzt, kann das im Studium und besonders in Lernphasen zu einem hohen Verlust an Energie und Willenskraft führen.

Ein Beispiel hierfür ist Stefan. Als er zu uns in die Beratung kommt, wird schnell klar, dass auf ihm ein großer Erwartungsdruck lastet. Er fühlt sich seit Monaten unmotiviert, hat ein paar Prüfungen nicht bestanden und fragt sich, ob er das Studium überhaupt schafft.

Story

Stefan studiert Bauingenieurwesen. Eigentlich war das gar keine Frage, denn sein Vater und sein Großvater waren Bauingenieure. Der Vater erwartet von Stefan, dass er in ein paar Jahren das Büro übernimmt und das Familienunternehmen erfolgreich weiterführt. Stefans Mutter hat ihr Studium damals abgebrochen, als sie ihr erstes Kind erwartete. Für ihre Kinder wünscht sie sich, dass sie die Ausbildung zu Ende bringen und dadurch ihr Leben freier gestalten können als sie selbst.

Stefan hat einfach noch nicht für sich geklärt, ob er den Vorstellungen seines Vaters überhaupt folgen möchte. Bisher hat er das nicht in Zweifel gezogen. Als er nun aber tatsächlich das Studium der Bauingenieurwissenschaften aufgenommen hat, wird ihm klar, dass er diese Entscheidung nie zu seiner eigenen gemacht hat. Nach einem Gespräch, in dem er über seine Begabungen und Interessen reflektiert, stellt er dann aber doch fest, dass das Fach durchaus gut zu ihm passt. Was ihm allerdings nicht liegt, ist die Ausrichtung des Büros seines Vaters. Der arbeitet im Tiefbau, Stefan hingegen würde lieber im Bereich Wasserversorgung arbeiten. Nachdem Stefan sich darüber klar geworden ist, fühlt er sich erleichtert und erlaubt sich, über diesen Wunsch nachzudenken, ihn zuzulassen. Dadurch verändert sich sein Blick auf das Studium. Das Interesse wächst, und er beschäftigt sich damit, welche Fächer er belegen könnte, um seinen Berufswunsch zu realisieren. Er spricht mit seinem Vater, der durchaus Verständnis für die Wünsche seines Sohnes hat. Danach geht sein Studium voran.

Kennen Sie Ihre inneren Wünsche?

Wenn Sie sich mit Ihrer Motivation beschäftigen, lohnt ein Blick auf die eigenen Bedürfnisse. Was ist mir wirklich wichtig? Was möchte ich in meinem Leben realisieren? Was genau bewegt mich? Das sind keine leichten Fragen, aber sie bringen Sie ein Stück näher ans Ziel.

Denn wenn der Bauch (Ihre Motive) und der Kopf (Ihre Ziele) nicht übereinstimmen, wird es extrem mühsam, schwierigen Lernstoff durchzuarbeiten. Dann brauchen Sie ständig Ihren Willen. Und der ist zwar eine wichtige Kraftquelle, erschöpft sich aber irgendwann (vgl. Step 6).

Deshalb ist es wichtig, sich immer wieder zu fragen:
- Was brauche ich, um erfolgreich zu studieren?
- Gibt es noch Bedürfnisse, die nicht erfüllt sind?
- Wo liegen meine Interessen?
- Was bremst mich? Das können falsch gesteckte Ziele sein, wie bei Stefan, aber auch ein fehlender Ausgleich oder eine anstrengende Wohnsituation.

Manchmal gibt es Bedürfnisse, die leicht zu erfüllen sind und die – bleiben sie unberücksichtigt – die Lernlust blockieren. Der Wunsch nach mehr Freizeit zum Beispiel. Oder die Sehnsucht, als Ausgleich zum Studium mehr Sport treiben zu können oder wieder zu musizieren. Vielleicht so wie früher, als Sie noch bei Ihren Eltern lebten. Ihre inneren Stimmen verraten mehr über Sie, als Ihnen vermutlich bewusst ist. Wir werden in Step 4 und Step 5 noch auf dieses Thema eingehen.

Stefans Beispiel zeigt, dass er sein Studienfach zwar mochte, aber auf keinen Fall sofort nach dem Abschluss in das Familienunternehmen einsteigen wollte. Er hatte die Idee, sich bei den «Bauingenieuren ohne Grenzen» für ein Projekt zu bewerben, das sich mit Brunnenbau in Wüstenregionen beschäftigte. Er wollte erstmal unabhängig von seiner Familie Erfahrungen sammeln.

Starke Vorbilder geben Ihnen Rückenwind

Story

Marie war erst sieben Jahre alt, als sie ihre Tante zum ersten Mal auf die gynäkologische Station des Klinikums begleiten durfte. Diese war dort Oberärztin und freute sich über das Interesse ihrer kleinen Nichte. Marie wollte alles sehen und kennenlernen: die Neugeborenenstation, den Kreißsaal, das Wehenzimmer. Sie stellte ihrer Tante viele Fragen über die Abläufe und die Erlebnisse auf Station. Und genau damals beschloss sie, Ärztin zu werden.

Seitdem hatte sie bei allem, was sie tat, ihr klares Ziel vor Augen. Sie wusste, auch wenn es in der Schule mal mühsam wurde, wofür sie sich anstrengte. In der Grundschule bemühte sie sich um gute Noten, um auf das Gymnasium gehen zu können. Danach büffelte sie fürs Abitur, um einen Studienplatz zu ergattern. In der gesamten Oberstufe zählte sie Punkte, kalkulierte ihren Einsatz und verhandelte manchmal auch mit den Lehrern, wenn sie wusste, dass sie noch einen Punkt brauchte, um die entsprechende Abinote und damit auch den Numerus clausus im Fach Medizin zu erreichen. Stets hatte sie ihr Ziel vor Augen – heute ist Marie Assistentin in der Chirurgie einer Uniklinik. Sie hat sich bereits während des Studiums für die Fachrichtung entschieden.

Ein Vorbild kann Wunder wirken. Es motiviert, treibt an und gibt Kraft, auch schwierige Hürden zu nehmen. Ein selbstgewähltes «Idol», das wir bewundern, hält uns mental über Wasser, wenn wir mal Misserfolge einstecken müssen, und zeigt uns immer wieder einen neuen Weg, wie wir ans Ziel gelangen können. Ein Vorbild kann zu einem inneren Leuchtturm werden, der durch alle Wetterlagen hindurch Orientierung gibt. Mit ihm fällt es leichter, auf ein Ziel zu fokussieren.

Marie hat früh ein tragfähiges Vorbild gefunden. Das kommt eher selten vor. Oft begegnen uns in der Pubertät oder auch später noch Menschen, die wir bewundern können. «Helden» gibt es überall – im wahren Leben oder auch in Büchern. Joanne Rowling hat mit ihren Harry-Potter-Büchern einige «Helden» auf den Weg gebracht. Besonders die blitzgescheite und auch mutige Hermine dient manchen jungen Frauen als

Vorbild. Pädagogik-Studentin Martina nutzte sie zum Beispiel, um sich immer dann in Schwung zu bringen, wenn die Lernlust mal wieder in den Keller sank und ihr alles andere interessanter und spannender erschien als ihr Studium. Hermines Wissbegier und Selbstdisziplin, das waren Eigenschaften, die sie sich von ihr abschauen wollte, um ihre Motivationslöcher zu überbrücken.

Nicht immer werden Vorbilder frei Haus geliefert. Manchmal lohnt es sich auch, aktiv nach ihnen zu suchen. Im Sport, in der Politik, der Musik oder auch in der Wissenschaft. Madame Curie, Albert Schweitzer, Neil Armstrong oder Steve Jobs haben uns gezeigt, was sich mit Engagement und Einsatz erreichen lässt. Aber auch Sagen, Märchen und fantastische Kinderbücher bieten Helden, die junge Menschen mit ihrem Mut und ihrer Abenteuerlust bis ins Erwachsenenalter begleiten, wie beispielsweise die unkonventionelle Pippi Langstrumpf, Jim Knopf, der den Drachen überlistet, oder der gegen die Bösen kämpfende Batman.

Bauen Sie sich Ihren Helden

Letztlich spielt es keine Rolle, wen wir uns als Vorbild nehmen, wichtig ist nur, dass die Helden uns mental dabei unterstützen, ein Ziel zu erreichen. Und wir ihre positive Energie für den Lernalltag nutzen können.

Die Trainerin Barbara Messer (2004, S. 266) schreibt: «Helden sind Menschen oder Lebewesen, die etwas bewirken, die etwas tun, was wir gerne täten oder jetzt sogar wirklich tun müssen. Helden zeigen uns, dass es sich lohnt aufzubrechen, um das Glück zu suchen oder etwas Neues zu wagen. Helden zeigen uns, dass man gegen Drachen kämpfen muss oder allein durch dunkle Höhlen zu gehen vermag.»

Selbstcoaching | Heldensuche

Gibt es irgendeinen Menschen, eine Fantasiefigur, eine Gestalt aus einem Buch oder Film, ein Tier, das exakt jene Eigenschaften mitbringt, die Sie bräuchten, wenn Ihnen die Motivation zum Lernen fehlt?

- Wie ist diese Figur genau? Wie verhält sie sich in schwierigen Momenten? Und welche Fähigkeiten und Aspekte würden Sie gerne in Ihren Lernalltag integrieren?

- Wenn Sie diese Fähigkeiten hätten, was genau würde sich dann in Ihrem Lernalltag ändern? Welche Tätigkeiten gingen Ihnen leichter von der Hand?
- In welcher Situation in der nächsten Zeit könnten Sie die Eigenschaften dieses Wesens gut gebrauchen? Stellen Sie sich vor, Sie hätten diese nützlichen Eigenschaften mit an Bord – wie würden Sie sich dann verhalten?
- Formulieren Sie einen Satz, der Ihnen zusätzliche Energie gibt. Suchen Sie einen Satz, der Ihnen Mut macht und der Sie anfeuert!
- Wenn Sie mal wieder in einem «Lernloch» sitzen und nicht vorankommen: Holen Sie sich Ihren Helden an Ihre Seite, der Sie anfeuert. Stellen Sie sich vor, er begleitet Sie auf Ihrem «Lernabenteuer».

Tipp: Suchen Sie sich ein Bild von dieser Figur oder malen Sie selbst eines. Sie können sich ein Foto in Ihr Zimmer hängen oder das Bild Ihres «Helden» als Bildschirmschoner einsetzen. Machen Sie eine Liste mit den vorbildlichen Eigenschaften Ihres «Helden» und sorgen Sie dafür, dass Sie möglichst oft daran erinnert werden.

Den Motivatoren auf der Spur

Helden können Sie sich «backen», wie Sie gerade erfahren haben. Aber es gibt noch viele andere Facetten, wenn es um die Frage geht: Was motiviert mich so, dass ich leichter ins Lernen komme?

So kann zum Beispiel das soziale und räumliche Umfeld eine große Rolle spielen. Viele kennen das aus der Schule: Fächer, in denen «sympathische» Lehrer unterrichten, die auch an sozialem Austausch interessiert sind, lernen sich leichter. Studien (vgl. Brandstätter et al., 2013, S. 47) belegen, dass vor allem sozial interessierte Schüler in diesem Lernumfeld bessere Leistungen erzielen. Und dass auch Gruppenarbeit bei diesen Schülern zu den besten Arbeitsergebnissen führt. Das gleiche Phänomen zeigt sich bei ihnen im Sport, wenn sie für ihr Team und nicht für sich alleine antreten.

Diese Forschungen lassen sich auch auf den Alltag im Studium übertragen: Studierende, die den sozialen Austausch mit Kommilitonen und Dozenten wichtig finden, tun sich schwer, wenn sie ausschließlich über Vorlesungen lernen sollen und in einem Hörsaal mit 800 Leuten sitzen.

Sie lernen am besten in kleinen Gruppen und im Kontakt mit Assistenten und Dozenten – weil das soziale Miteinander für sie ein starker Motivator (vgl. Groß, 2011) ist.

Was motiviert Sie am meisten?

Andere Studierende haben andere Motivatoren, können eventuell überhaupt nicht in einer Gruppe lernen, sondern nur alleine zuhause am Schreibtisch. Sie brauchen etwas anderes. Der Motivationsexperte Harald Groß (2011) hat in Anlehnung an seine Schweizer Kollegin Silke Seemann die wichtigsten Motivatoren herausgefiltert, die uns dazu bringen, das zu tun, was wir uns vorgenommen haben. Denn wer seine Motivatoren kennt, hat einen entscheidenden Vorteil: Er kann sie einsetzen, wenn die Lernlust zu versiegen droht. Oder sich von Anfang an Bedingungen schaffen, unter denen es ihm leichter fällt, zu lernen und zu arbeiten.

Was sind mögliche Motivatoren, in welcher Weise wirken sie, und wie können Sie sie am besten aktivieren?

- **Arbeiten im Team:** Studierende mit diesem Motivator kommen schneller voran, wenn sie mit anderen eine Arbeitsgruppe bilden. Sie fühlen sich am wohlsten, wenn Sie im Studium sozial eingebunden sind? Zielführend ist es dann, wenn Sie in der Universität ein Arbeits-Netzwerk aufbauen. Es ist für Sie extrem motivierend, mit anderen zusammen zu lernen. Darum ist es wichtig, Lernpartner zu suchen – vor allem für die Fächer, die nicht zu Ihren Lieblingen gehören und mit denen Sie sich eher schwertun. Sprechen Sie andere Studierende an, ob sie mit Ihnen zusammen lernen möchten. Ideal sind zwei bis drei Personen. Wenn die Gruppe zu groß wird, geht das Arbeiten langsamer, und die Abstimmungsprozesse werden zu groß. Auch virtuelle Arbeitsgruppen sind denkbar. Über Skype lassen sich Inhalte ebenso gut austauschen wie in einer Face-to-Face-Situation.
- **Ein voller Tagesplan:** Wenn der Tag von Anfang an gut durchgetaktet ist, lernen Studierende, die diesen Motivator haben, besonders leicht.
  Wenn Sie nichts vorhaben und keine Prüfung unmittelbar bevorsteht, kommen Sie nur schwer ins Lernen. Sie beginnen den Tag

später als geplant, trödeln rum, erledigen dies und das – und spätestens am Nachmittag merken Sie, dass der Lernplan komplett auf der Strecke geblieben ist? Anders an Tagen mit vollem Terminkalender. Da schaffen Sie es noch zwischen Zentralübung, Vorlesung, Fitness-Studio und Gastro-Job, die restliche Zeit effizient zu nutzen und drei Stunden zu lernen. Klare Sache: Wer so tickt, dass ihn der volle Terminkalender ins Handeln bringt, sollte lange, ungeplante Tage vermeiden. Da ist es sinnvoll, morgens früh mit einem festen Termin zu starten und auch sonst einiges auf den Tageskalender zu packen. Ein zielstrebiger Tagesplan überträgt sich bei Ihnen auf die Lernmotivation.

- **Attraktiver Arbeitsplatz.** Ein aufgeräumter Schreibtisch, schöne Stifte, ein originelles Mousepad, eine Bibliothek mit Cafeteria – das kann, muss aber nicht das Lernen beflügeln.

  Eine gewisse Ästhetik ist Ihnen wichtig? Und auch, dass alles passt? Das Umfeld, die Arbeitsmaterialien, der Arbeitsplatz. Eine gewisse Flexibilität sollten Sie sich trotzdem erhalten, sonst sind Sie zu sehr auf einen Arbeitsplatz fixiert und können nicht lernen, wenn er Ihnen nicht zur Verfügung steht. Ideal wäre es, wenn Sie sich ein paar «mobile» Gegenstände anschaffen würden, die Sie an jeden Lern-Ort mitnehmen können. Vielleicht reicht ja schon das Bild von einem Meeresstrand auf dem Smartphone oder auf dem Bildschirm, um Sie in die richtige Stimmung zu versetzen; vielleicht ist es der kostbare Füller oder ein Schmuckstück, das Ihnen ein angenehmes Gefühl verleiht.

  In vielen Universitätsstädten gibt es eine reichliche Auswahl an Bibliotheken: Wenn Ihnen die Bibliothek Ihres eigenen Studienfachs zu laut oder ungemütlich ist, machen Sie sich auf die Suche. Muss es ruhiger sein? Oder brauchen Sie ein Grundrauschen, um das Gefühl zu haben, nicht mutterseelenallein zu arbeiten?

- **Verantwortlich sein.** Dieser Motivator greift bei Studierenden, die sich besonders ins Zeug legen, wenn es auf sie ankommt. Das kann bei einer gemeinsamen Gruppenarbeit sein, bei Experimenten im Labor, aber auch die Aussicht, nach bestandenen Prüfungen beispielsweise die Leitung des Kinder-Feriencamps zu übernehmen. Wenn es nur auf Sie ankommt, dann sind Sie da und auch bereit, viel zu leisten. Studierende mit diesem Motivator engagieren sich oft auf vielfältige Weise: in Organisationen, Vereinen oder anderen Gruppen. Sie können diesen Energieschub, der Ihnen das Gefühl gibt, für eine Sache verantwortlich zu sein, auch an der Hochschule nutzen – indem Sie federführend Gruppenarbeiten koordinieren, als Tutoren tätig sind, also sich auch in diesem Umfeld sozial engagieren.

- **Erfolge im Blick haben.** «Das habe ich bereits geschafft.» Dieses Gefühl treibt manche besonders an. Hier geht es meistens um bestandene Klausuren und andere Prüfungen.

  Sorgen Sie dafür, dass alles, was Sie in Ihrem Studium gemeistert haben, für Sie sichtbar ist. Sie können sich für jede bestandene Prüfung eine kleine Medaille basteln und diese an einer Pinnwand anbringen. Oder sich eine kleine Figur, ein Matchbox-Auto, einen schönen Stein aufs Regal legen. Hauptsache, Sie selbst haben Ihre kleinen und großen Erfolge im Blick.

- **Fortschritte erkennen.** In späteren Kapiteln dieses Buches beschreiben wir, wie aus Lernbergen kleine Hügel werden. Für Studierende mit diesem Motivator ist es wichtig, zu sehen, wie viel Stoff sie bereits gelernt haben.

  Sie fühlen sich motivierter, wenn Sie merken, dass Sie vorankommen? Teilen Sie sich den Stoff in kleine Pakete und kleben Sie Post-its für jedes beendete Lernpäckchen an die Wand. Oder: Machen Sie eine Checkliste und haken Sie jeden Punkt ab, den Sie erledigt haben. Wichtig ist, dass Sie analog vorgehen. Also keine Online-Listen führen, sondern die Listen ausdrucken. Dieser Motivator funktioniert besonders gut, wenn Sie beim Lernen Ihre Fortschritte erkennen können. Fällt Ihnen ein Fach sehr schwer, dann nehmen Sie sich zunächst nur eine kleine Aufgabe vor, eine Teilaufgabe, einen Aspekt. Wenn Sie den geschafft haben, machen Sie auf Ihrer Liste oder an Ihrer Pinnwand einen Haken oder einen Smiley. Dann kann's weitergehen.

- **Herausforderungen meistern.** Drei Prüfungen pro Semester, das ist für Studierende mit diesem Motivator zu wenig, davon sind sie überzeugt. Sie wollen mehr leisten als andere und die Latte höher legen. Kommen Sie richtig in Schwung, wenn es herausfordernd wird? Um es vorweg zu nehmen: Wenig hilfreich ist bei diesem Motivator, auf den letzten Drücker zu lernen und das als Herausforderung zu nehmen. So bleiben Sie unter Ihrem Potenzial, wie Sie in Step 6 nachlesen können. Möglicherweise fühlen Sie sich durch besonders schwierige Aufgaben herausgefordert. Wir empfehlen Ihnen in so einem Fall, Ihre Aufgaben immer gut zu mischen: schwierige mit leichten. Oder gleich einige Herausforderungen in den Stundenplan einzubauen – in Form von Praktika, schwierigen Fächern oder auch mit Pflichten, die Ihnen etwas abverlangen.

- **Kräfte messen.** Besser sein wollen als andere, und das am besten im unmittelbaren Wettbewerb. Wenn sich ein oder zwei Studierende mit diesem Motivator in einer Arbeitsgruppe treffen, dann geht hier die Post ab.

Wenn das auf Sie zutrifft, suchen Sie sich Menschen, an denen Sie sich messen können, mit denen Sie einen partnerschaftlichen Wettbewerb pflegen können. Wenn es Sie also reizt, schneller als Ihr Kommilitone durch die Prüfungsaufgaben zu kommen, dann nutzen Sie diesen Anreiz bewusst für sich. Natürlich können Sie auch mit sich in Wettbewerb treten: «Gestern habe ich drei von sechs Aufgaben richtig gelöst, heute schaffe ich vier!» Wenn es Sie in Schwung bringt, nutzen Sie den Helfer «Wettbewerb».

- **Anerkennung bekommen.** Lob motiviert. Wer diesen Motivator bei sich entdeckt, braucht Menschen in seiner Umgebung, die Erfolge sehen und auch anerkennen.

Lob kann bei Ihnen Wunder wirken? Oft geben uns Freunde oder Familienmitglieder diese Anerkennung. Die Gefahr liegt allerdings darin, dass die meisten die Fächer und die Anforderungen nicht gut kennen, und dann nehmen Sie dieses Lob vielleicht nicht so ernst. Auch Dozenten geizen an höheren Bildungseinrichtungen mit Lob, deshalb gibt es nur zwei Möglichkeiten: Sie loben sich selbst oder Sie loben sich unter Kommilitonen. Wenn Sie in einer Arbeitsgruppe unterwegs sind, bietet sich als Abschlussritual nach der Arbeitsphase an, noch einmal kurz darüber zu sprechen, was jeder zur Gruppe beigetragen hat und besonders gut kann.

- **Werte leben.** Sinnsuche ist bei diesen Studierenden ein Thema. Sie haben die Welt im Blick und lernen mit dem Ziel, später etwas bewegen zu wollen.

Menschen, die wie Sie etwas Sinnvolles tun wollen, überprüfen meistens immer wieder, ob sie auf dem richtigen Weg sind. Manchmal fällt es Ihnen schwer, Fächer zu lernen, die zwar zum Studium gehören, deren Nutzen sich aber nicht erschließt. Da es sich dabei aber häufig um Fächer handelt, die zum Grundstudium gehören, also Pflicht sind, müssen Sie sich einen Weg überlegen, wie Sie sich trotzdem zum Lernen motivieren können. Meistens funktioniert es ganz gut, wenn Sie beim Lernen zwischen für Sie «sinnlosen» Fächern und «interessanten» Fächern abwechseln.

- **Visionen folgen.** Diesem Motivator widmen wir fast ein ganzes Kapitel (Step 2). Träume können nach vorne ziehen, und je konkreter die Vision, umso stärker ist dieser Motivator.
  Unter einer Vision verstehen wir langfristige Ziele, die zwar noch in weiter Ferne liegen, aber trotzdem eine hohe Attraktivität haben. Es ist der Traum von dem, was nach dem Studium kommt. Wenn Sie eine Vision haben, was Sie später machen wollen, dann sorgen Sie dafür, dass diese lebendig bleibt und Sie sie nicht aus dem Kopf verlieren. Hilfreich könnte sein, wenn Sie sich ein Bild an den Arbeitsplatz hängen, das diese Vision visualisiert.
- **Vorbilder haben.** Nachbarn, Freunde, Eltern oder auch bekannte Persönlichkeiten spielen bei diesem Motivator eine Rolle. Denn diese Menschen haben gezeigt, dass man selbst gesteckte Ziele erreichen kann, und laden zum Nachahmen ein.
  Welche Zugkraft sogenannte «Helden» haben können, haben wir bereits in diesem Kapitel beschrieben. Sie können diese Vorbilder gut nutzen, indem Sie sie sich immer wieder bildlich in Erinnerung rufen. Zum Beispiel als Hintergrund auf Ihrem Desktop einspielen oder auf dem Display des Handys.

Vielleicht hat Sie bereits beim Lesen einer der Motivatoren angesprochen. Im Kasten auf der nächsten Seite finden Sie eine Arbeitsanleitung, wie Sie Ihren wichtigsten Motivator oder auch mehrere Motivatoren herausfinden. Nutzen Sie auch die Methode der Rückblende, um Ihren Motivatoren auf die Spur zu kommen.

Selbstcoaching | **Motivations-Format: Lernlust erhöhen**
Benötigtes Material: Weiße Papierbögen, dicker Filzstift.
Zeit: 30 Minuten.
Vorbereitung: Schreiben Sie auf jeweils ein Blatt einen Motivator: Arbeiten im Team, ein voller Tagesplan, Attraktiver Arbeitsplatz etc.

- Nehmen Sie die mit jeweils einem Motivator beschriebenen zwölf Blätter und verteilen Sie sie im Raum.
- Gehen Sie von einem Motivatoren-Blatt zum nächsten und lassen die einzelnen Motivatoren auf sich einwirken. Es ist wichtig, dass Sie sich bei dieser Übung bewegen. Denn dadurch sind Sie offener und freier in Ihrer Wahrnehmung.
- Jetzt ist Bauchgefühl gefragt. Welcher Motivator spricht Sie am meisten an? Was ist Ihr Hauptmotivator? Gibt es noch weitere Motivatoren?
- Wenn Sie sich darüber im Klaren sind, was Ihr Motivator ist oder Ihre Motivatoren sind, überlegen Sie, wie Sie diese(n) am besten einsetzen.

Selbstcoaching | **Rückblende**
Wenn Sie Ihre letzte Arbeits- und Lernwoche Revue passieren lassen:

- In welchen Momenten waren Sie da besonders motiviert zu arbeiten?
- Was war in diesen Situationen?
- Was genau hat dazu beigetragen, dass Sie so richtig gut in Schwung kamen?
- Wie könnten Sie diese Aspekte dauerhaft für Ihr Studium nutzen?
- Was konkret könnten Sie in Ihren Lernphasen tun, damit Sie motiviert an die Sache herangehen können?

Bilanz: erste Erfolge nutzen

Sie haben jetzt erfahren, wie Sie Motivatoren beim Lernen unterstützend einsetzen können. Ein positiver Blick auf das, was Ihnen bereits gelungen ist, gibt Ihnen Energie und unterstützt den Glauben an sich selbst. Inzwischen haben Sie schon eine Strecke in Ihrem Studium zurückgelegt und dabei wichtige Erfahrungen gesammelt.

Erinnern Sie sich an Ihren ersten Studien- oder Ausbildungstag? Sicher waren Sie etwas aufgeregt und vielleicht auch euphorisch. Fühlten Sie sich leistungsfähig und motiviert? Möglicherweise spürten Sie bereits nach den ersten Veranstaltungen, dass da einige Herausforderungen auf Sie zukommen. Und vielleicht auch, dass Sie trotz guter Abi-Noten ganz schön gefordert sind. Einige unserer Seminarteilnehmer berichten, dass es ziemlich ernüchternd für sie war, festzustellen, wie viele andere Cracks hier unterwegs sind. Sie waren doch immer so gut in Mathe, und jetzt sitzen Sie in einer Vorlesung zwischen «Checkern», die das alles schon zu kennen scheinen, was der Dozent in kryptischen Formulierungen erzählt. Das irritiert Sie vielleicht, macht Sie unsicher. Ein Phänomen kann sein, dass Sie jetzt plötzlich nur noch «Überflieger» wahrnehmen, die gelangweilt hinter ihren aufgeklappten Notebooks sitzen, und Sie die nicht mehr wahrnehmen, denen es genauso geht wie Ihnen.

Dieser Identitätsschock im ersten Semester ist fast normal. Auch dass Studierende, die immer gute Schulnoten hatten, gleich mal durch ein paar Klausuren fallen. Wichtig ist, wie Sie weitermachen. Wenn Sie anfangen die Folien, Arbeitsblätter und Skripte unbearbeitet liegen zu lassen und vor sich herzuschieben, wird der Berg immer größer, und schnell stellt sich ein Gefühl der Überforderung ein. Gelingt es Ihnen aber, die Herausforderung anzunehmen, nach Lösungen zu suchen und Ihre Lerntechniken zu verbessern, Zeit in nicht so geliebte Fächer zu investieren und sich womöglich noch Unterstützung von Kommilitonen und Dozenten zu holen, haben Sie einen wichtigen Schritt zu einem gelingenden Studium getan.

Story
Beate besuchte ein neusprachliches Gymnasium. In Mathe war sie nie schlecht, aber auch nicht brillant. Sie wusste lange nicht, was sie studieren wollte. Ihr Vater schlug ihr Jura und Volkswirtschaft vor. Aber das reizte sie überhaupt nicht. Sie schrieb sich in Elektrotechnik ein. Alle in ihrer Familie staunten. Das erste Semester bewältigte Beate einigermaßen. Manche Fächer, wie Technische Mechanik, bereiteten ihr Probleme, aber sie sammelte die nötigen Punkte um weiterzustudieren. Im zweiten Semester bestand sie einige Klausuren nicht, und die Zweifel wuchsen, ob sie wirklich im richtigen Fach sei. In einem

Einzel-Coaching ermutigten wir sie, eine erste Bilanz zu ziehen, aufzuschreiben: Was habe ich schon geschafft? Was nehme ich mir für das dritte Semester vor? Was muss ich dafür tun? Im nächsten Schritt erarbeitete sie sich das weitere Vorgehen: Wie kann ich meine Lernzeiten strukturieren? Mit wem kann ich zusammen lernen? Beate arbeitete hart und legte ein erfolgreiches drittes Semester hin. Der Bann war gebrochen. Niemand – und schon gar nicht sie selbst – stellte nochmal in Frage, ob sie in der E-Technik richtig war. Sie war jetzt gut angekommen in ihrem Studium und ging direkt auf den Bachelorabschluss zu.

Rückschläge als Weg zur Lösung

Wie schaffe ich es durchzuhalten, auch wenn's schwierig wird? Das ist die zentrale Frage, auf die Sie in diesem Buch viele Antworten finden. Mit Rückschlägen müssen Sie immer rechnen. Wenn es Ihnen aber gelingt, diese Misserfolge als Signale dafür zu deuten, wo Sie Ihre Kompetenz noch erweitern müssen, haben Sie eine große Chance, motiviert dabei zu bleiben. Wer erste Rückschläge als Beweis für seine Untalentiertheit oder mangelnde Intelligenz deutet, gerät unter Druck und entwickelt möglicherweise Prüfungsangst. Aber auch gegen die ist ein Kraut gewachsen, wie Sie in Step 8 erfahren. Bevor es jedoch so weit kommt, sichern Sie sich besser Hilfe bei Kommilitonen, Dozenten und Beratern. Gehen Sie davon aus, dass Sie nicht der Einzige sind, der sich mit bestimmten Aufgaben schwertut. Gehen Sie diese Herausforderung offensiv an – Sie werden eine Lösung finden.

Wir möchten Sie jetzt einladen, über den bisherigen Verlauf Ihres Studiums nachzudenken. Sicher gibt es an einigen oder sogar an vielen Stellen Optimierungsbedarf, was Ihr Lernverhalten betrifft. Aber sicher gibt es Einiges, das schon jetzt gut funktioniert. Leitfragen für Ihre Reflexion finden Sie im Selbstcoaching-Kasten «Juwelen schürfen».

Selbstcoaching | **Juwelen schürfen**

- Welche Fächer in Ihrem Studium, in Ihrer Ausbildung liegen Ihnen?
- In welchen Fächern sind Sie erfolgreich?
- Welche Ihrer Fähigkeiten, Talente und Kompetenzen können Sie dort einbringen?
- Welche Fächer fallen Ihnen schwer(er)?
- Welche Fächer lernen Sie nicht besonders gerne? Was genau stört Sie daran?
- Wann ist es schon mal passiert, dass Sie auch in einem «schwierigen» Fach erfolgreich waren? Wie haben Sie das geschafft?
- Wie ist Ihre Beziehung insgesamt zu Ihrem Studium? Wann macht es Ihnen Spaß, wann nicht?
- Was möchten Sie mit Ihrem Studium erreichen? Welches Ziel wartet nach dem Studium auf Sie?
- Was konkret möchten Sie an Ihrem Lern- und Arbeitsverhalten verändern, um mehr Erfolg im Studium zu haben?
- Was wäre in Ihrem Studium anders, wenn Sie dieses Verhalten oder diese Haltung verändern könnten? Was wäre dann möglich? Worauf müssten Sie verzichten?

Den positiven Kern finden

«Bei dem Fach frage ich mich, was das mit meinem späteren Beruf zu tun haben soll. Wozu soll ich das denn lernen? Das ergibt doch gar keinen Sinn!»

Dieses Problem, das Franz in einem unserer Seminare formuliert, hat (fast) jeder. Im Studium ist es wie überall im Leben: Einiges liegt einem mehr, anderes weniger. In jeder Ausbildung, in jedem Fachbereich an der Hochschule gibt es Themen, die wir nicht leiden können, in denen wir keinen Sinn für uns und das spätere Berufsleben sehen. Da Sie in einigen dieser Fächer Prüfungen bestehen müssen, bleibt nur: anerkennen, was ist. Und die Überlegung: Wie schaffe ich es, mich für ein «ungeliebtes» Fach zu motivieren?

Hier müssen Sie ein bisschen tricksen und sich selbst coachen. Denn wenn es Ihnen gelingt, einen positiveren emotionalen Zugang zu dem

Stoff zu bekommen, wird es Ihnen leichter fallen, ihn zu lernen. Und Sie werden den Stoff auch besser behalten. Sind Sie für ein Fach überhaupt nicht motiviert, benötigen Sie enorm viel Willen und auch Energie, die Ihnen an anderer Stelle fehlt (lesen Sie dazu Step 6).

Ein guter, vielfach erprobter Weg, ist, sich selbst in die richtige Stimmung zu bringen und sich das ungeliebte Fach «schmackhaft» zu machen. Das funktioniert allerdings nur, wenn Sie bereit sind, sich mit diesem Problem zu beschäftigen und etwas zu verändern. Im folgenden Kasten finden Sie Anregungen, wie Sie sich mit diesem Thema «positiv» auseinandersetzen können.

Selbstcoaching | Was bringt mir dieses Fach?

- Suchen Sie jemanden, der begeistert von diesem Fach ist, und lassen Sie sich erklären, was genau er daran spannend findet.
- Recherchieren Sie, wie Sie möglicherweise Inhalte des Faches in der Praxis anwenden können.
- Überlegen Sie sich, welche Fertigkeiten Sie beim Lernen des Fachs entwickeln und stärken. Und in welchen Zusammenhängen Ihnen diese Fähigkeiten noch hilfreich sein könnten.
- Analysieren Sie, ob es wirklich der Inhalt des Fachs oder mehr die Vermittlung des Stoffs ist, die Ihnen Mühe bereitet. Wenn Ihnen der Dozent und seine Art der Lehre nicht liegen, suchen Sie nach anderen Lehrbüchern oder Online-Vorlesungen, die Ihnen den Stoff vermitteln.
- Gehen Sie auf die Suche nach jemandem, der das Studium schon abgeschlossen hat und im Beruf steht. Fragen Sie ihn, wie es ihm damals mit dem Fach ging und wie er es heute beurteilt.

Mehr Leichtigkeit ins Studium bringen

Gut gestimmt fällt alles leichter – auch das Studium, die Ausbildung und später der Beruf. Es gibt viele unkomplizierte Übungen, die Sie als Gute-Laune-Macher in Ihren Alltag etablieren können. Und glauben Sie uns: Mit einem leichten Lächeln in den Mundwinkeln wird Ihnen das Lernen tatsächlich leichter von der Hand gehen. Der erste Schritt ist, dass Sie sich selbst um mehr Leichtigkeit bemühen. Psychologen sprechen von Priming, wenn sich Menschen durch die Veränderung einer äußeren Körperhaltung in eine andere innere Haltung begeben. Unser Stoffwechsel passt sich bis zu einem gewissen Grad der eingenommenen Körperhaltung an. Wenn Sie zum Beispiel mit hängenden Schultern und Blick nach unten durch die Hochschulgänge schleichen, werden Sie sich anders fühlen, als wenn Sie ganz bewusst mit zurückgenommener Schulter und hocherhobenen Hauptes einen Vorlesungssaal betreten. Probieren Sie es aus – es wird funktionieren.

Den einfachsten Priming-Test kennen Sie wahrscheinlich, vielleicht nutzen Sie ihn sogar bereits: Stellen Sie sich vor den Spiegel und ziehen Sie mit beiden Händen die Mundwinkel rechts und links nach oben. So dass es aussieht, als ob Sie lächeln. Wenn Sie eine Weile in dieser Position bleiben, werden Sie merken, wie sich Ihre Stimmung verändert und sich etwas «leichter», nämlich «lächelnd» anfühlt.

Auch mental können Sie sich in andere Gefühle beamen. Mit den Happiness-Questions, die auf Luc Isebaert (2009, S. 113) zurückgehen, einem belgischen Neurologen, Psychiater und Psychotherapeuten. In einer ruhigen Minute oder kurz vor dem Einschlafen, wenn Sie entspannt im Bett liegen, stellen Sie sich einfach folgende drei Fragen:
*   Was habe ich heute gemacht, womit ich zufrieden bin?
*   Was hat jemand anderer getan, über das ich mich gefreut habe? Habe ich darauf so reagiert, dass diese Person vielleicht wieder etwas Ähnliches macht?
*   Was habe ich heute gesehen, gehört oder gefühlt, das mir gefallen hat?

Wenn Sie sich diese Fragen regelmäßig beantworten, können Sie vermutlich feststellen, wie sich Ihr Blickwinkel verändert. Die «positiven» Ereignisse geraten in den Fokus, die «negativen» Erlebnisse werden blasser. Unsere menschliche Wahrnehmung ist häufig selektiv: Wir nehmen oft Negatives stärker wahr als Positives. Vor allem, wenn wir unter Druck stehen. Letztlich folgt unser Gehirn der «Klatschpressen-Logik». Es speichert, was außergewöhnlich oder katastrophal ist. Die vielen schönen Kleinigkeiten des Alltags gehen leicht verloren. Die Happiness-Questions helfen, dass sie erinnert werden, und sorgen so für mehr innere Ausgeglichenheit.

Eine Portion Energie, bitte!

Und noch eine kleine, nette Übung zum Schluss dieses Kapitels. Auch sie kommt wieder aus dem Priming und ist besonders hilfreich, wenn Sie vor einem Fach Bammel haben oder sich noch nicht ganz auf der Höhe fühlen. Die amerikanische Professorin Amy Cuddy (siehe http:// www.youtube.com/watch?v=TdU2l0i2Wh0) empfiehlt die sogenannte «power pose», eine Körperhaltung, die Ihnen ein Gefühl von Stärke vermittelt, wenn Sie darin einige Zeit verharren:

Stellen Sie sich breitbeinig hin, stützen Sie dabei die Hände auf die Hüften und bleiben Sie einige Minuten in dieser Haltung. Oder am Schreibtisch: Lehnen Sie sich auf dem Stuhl zurück, und legen Sie die Beine auf Ihren Schreibtisch. Bleiben Sie ebenfalls einige Minuten in dieser Position. Oder vor der Prüfung: Brust raus, Bauch rein und mit dieser selbstbewussten Haltung ein wenig auf und ab gehen.

Wechseln Sie ruhig ab: eine Minute in der ersten Haltung, die zweite Minute in einer anderen. Diese selbstsichere Körperhaltung wirkt auf unsere Gefühlswelt – wir fühlen uns danach nachweislich stärker und sicherer. Probieren Sie's einfach mal aus. Hilft auch beim Vortragen und Präsentieren vor Gruppen und in anderen herausfordernden Situationen.

Literatur, die sich zu lesen lohnt:

Martens, Jens-Uwe/Kuhl, Julius (2013). Die Kunst der Selbstmotivierung (5. überarbeitete Aufl.). Stuttgart: Kohlhammer Verlag.
Storch, Maja/Kuhl, Julius (2012). *Die Kraft aus dem Selbst*. Bern: Hans Huber Verlag.
Groß, Harald (2011). *Lernlust statt Paukfrust: Mit deinen Motivatoren leichter lernen in Schule, Studium und Beruf*. Berlin: Gert Schilling Verlag.

Step 2:
Wo wollen Sie eigentlich hin?

Um was geht's?

- Visionen entwickeln, mit denen Sie leichter durchs Studium kommen
- Semesterziele definieren, die realistisch, machbar und notwendig sind
- SMART-Ziele festlegen, die Sie von Woche zu Woche tragen

Wandern Sie mit Ihren Gedanken manchmal in die Zukunft? Versuchen Sie sich vorzustellen, wie Ihr Leben in 10, 20 oder 30 Jahren sein wird? Vielleicht sehen Sie sich in einem tollen Job, mit netten Kollegen, einer Familie, einem schönen Haus oder als unabhängiger Globetrotter, der auf der ganzen Welt daheim ist. Wie auch immer: Menschen, die sich Visionen erlauben, haben gute Chancen, ihre Ziele zu erreichen. Denn vor den meisten Erfolgen steht ein Traum, der darauf wartet realisiert zu werden.

Dieses Wissen können Sie in Ihrem Studium für sich nutzen. Besonders in Zeiten, in denen es nicht so voran geht, wie Sie sich das wünschen. Wir möchten Sie dazu einladen, eine kraftvolle Vision aufzubauen. Mit einem Ziel vor Augen fällt es leichter, Durststrecken durchzustehen, wie sie in einem Studium immer wieder auftauchen. Träumen ist dabei ausdrücklich erlaubt. Ein Bild von einer möglichen Zukunft erhöht die Energie und die Bereitschaft, die nötig sind, wenn es darum geht, sich auch mal durch ein Pflicht-Fach durchzubeißen, das einem überhaupt nicht liegt, das aber wichtige Credits bringt. Der Sinn, den wir hinter einer Arbeit sehen, macht es leichter, auch mal einen Stoff zu lernen, der uns auf den ersten Blick nicht interessiert. Wenn Sie wissen, warum Sie das tun und was Sie mit Ihrem Studium erreichen möchten, sind Sie motivierter und überwinden auch größere Hürden.

Die Kraft Ihrer Visionen

Wir haben immer wieder junge Leute in unseren Seminaren, die studieren, weil ihnen nichts Besseres eingefallen ist. Oder sich selber an der Hochschule «parken», wie Lena, die darauf wartet, einen Platz bei einer Pilotenausbildung zu bekommen, und nun Informatik studiert. Wer überhaupt keine Idee hat, wohin ihn die Ausbildung führen soll, braucht ungleich mehr Willenskraft, um auf Klausuren zu lernen, als andere, die ein Ziel vor Augen haben.

Mit einem Ziel im Kopf haben Sie etwas, das Sie nach vorne treibt. Dabei kann das jetzige Studium durchaus nur eine Zwischenstation sein, und lediglich die Voraussetzung für die Realisierung Ihrer Träume.

Bei Kathrin ist das der Fall, sie studiert BWL:

> Später möchte ich als Hundetrainerin mit eigener Hundeschule arbeiten. Das Studium dient mir nur als Mittel zum Zweck, um das für die teure Hundetrainer-Ausbildung nötige Geld zu verdienen. Für mich ist das ein starkes Motiv, mich ins Studium reinzuhängen.

Träumen Sie sich Ihre Zukunft

In unseren Coaching-Seminaren gehört es zu den schönsten und effektivsten Übungen, Visionen zu entwickeln und lebendig werden zu lassen. Das macht nicht nur den Teilnehmern Spaß, auch wir sind überrascht und oft auch begeistert, welche Fantasien beim Träumen plötzlich durch den Raum schweben. Alles Visionen, die nur darauf gewartet haben, ausgesprochen und visualisiert zu werden.

Die freiwerdende Energie ist spürbar, wenn wir uns auf diese Reisen in die Zukunft begeben. Da entstehen spannende Bilder, wenn sich zum Beispiel Henrik, der künftige Bauingenieur, im Hubschrauber auf die Baustelle einer Bergstation in den Alpen einfliegen sieht – und womöglich noch selbst am Steuerknüppel sitzt. Markus als Klimaforscher mit einem Jeep durch den Regenwald in Südamerika fährt. Sven als Mathematiker bei einer Großbank Anlagenrenditen rechnet, mit zwei Bildschirmen auf dem hellen Schreibtisch und blauem BMW als Dienstwagen in der Tiefgarage. Oder Michaela als Biochemikerin bei einer Pharmafirma Impfstoffe erforscht und sich vorstellt, mit ihrem Team in einem hellen Labor zu stehen, mit Blick auf grüne Bäume.

Hirnforscher wie Gerald Hüther (2014) betonen die Kraft dieser inneren Bilder. Sie sind die wahren Zugpferde zum Erfolg. Sie bestimmen unser Denken und Handeln. Und sie entfalten noch einmal eine besonders große Wirkung, wenn sie zu unseren inneren Überzeugungen, zu unserem Weltbild passen und uns begeistern können. Wer sich mit seinem Ziel identifizieren kann, ist auch bereit, bei «auftretenden Schwierigkeiten Zeit und Mühe» zu investieren (Brandstätter et al., 2013, S. 109). Denn auch das gehört zu den Erfolgsgeheimnissen der Visionen und Ziele: die Macht der positiven Gefühle, die mit Zukunftsvisionen verbunden sind.

Mit dem inneren Ziel-Bild lassen sich erfahrungsgemäß auch die regelmäßig wiederkehrenden Unlustgefühle austricksen und verhindern.
Diese typischen Hänger, die Sie daran hindern, mit dem Lernen überhaupt anzufangen, oder Sie nach kurzer Zeit frustriert abbrechen lassen.
Sie können mit Ihrer Vision physiologische Vorgänge im Körper steuern. Hirnforscher Hüther (2014, S. 72 f.) beschreibt in seinem Buch
«Was wir sind und was wir sein könnten», wie er mit einer Doktorandin
fastende Frauen wissenschaftlich begleitet hat. Dabei kam heraus, dass
selbst existenziell Unangenehmes, wie der Verzicht auf Nahrung, als
wenig belastend empfunden wird, wenn die Visionen stimmen.

Bei den Frauen, die sich aufs Fasten und das Ergebnis gefreut hatten,
sank der Kortisolspiegel – das Hormon Kortisol dient als Stressindika-
tor. Bei den Frauen, denen das Abspecken verordnet worden war, stieg
der Kortisolspiegel an – Hungern verursachte ihnen großen Stress. Sie
fühlten sich gezwungen und offenbar fremdbestimmt. Dieses Experiment zeigt, wie wichtig es ist, aus eigenem Willen, also autonom zu handeln und zu planen. Visionen, die Ihnen andere einreden, können kaum
die gleiche positive Wirkung entfalten, wie die Vision, die Sie selbst
gewählt haben und die Sie sich in Tagträumen immer wieder vor Ihr
inneres Auge holen können.

Ihr Bauch redet gerne mit

Doch es ist nicht der Verstand, das Großhirn, das uns steuert: In der
modernen Motivationspsychologie nimmt das Bauchgefühl als Indika-
tor für selbstgewählte Ziele einen immer größeren Raum ein. Es gilt
sozusagen als Signal aus unserem Unbewussten, einem innerpsychi-
schen Bereich, an den wir allein mit dem Verstand nicht herankommen.
Das Forscherteam um die Psychologin Maja Storch (2012) von der Universität Zürich hat in vielen Experimenten herausgefunden, dass wir ein
Ziel besonders gut erreichen, wenn wir es nicht nur mit der Großhirn-
rinde, wo das rationale Denken sitzt, attraktiv finden, sondern auch mit
unserem Erfahrungsgedächtnis, das im Stamm- und Zwischenhirn verankert ist. Dieser ist der evolutionstheoretisch «alte» Teil unseres
Gehirns. Die Wissenschaftler empfehlen, Visionen und Ziele daraufhin
zu prüfen, ob sie sich im Körper gut anfühlen. Ob sie ein angenehmes
«Bauchgefühl» machen.

Das lässt sich erspüren, wenn Sie Ihre Vision formulieren, sie auch mal laut wiederholen und in sich hineinhorchen. Fühlt es sich gut an, können Sie davon ausgehen, dass Sie die nötige Kraft und Energie mobilisieren, um Ihr Ziel zu erreichen. Mehr Disziplin benötigen Sie, wenn Sie sich zu einem Ziel zwingen, das Ihnen allein die Vernunft diktiert hat.

Walt Disneys meisterhafte Strategie

Einer der bekanntesten Visionäre war Walt Disney, der Erfinder der berühmten Comicfiguren und Produzent von Zeichentrick-, Spiel- und Naturfilmen. Von ihm stammt der Satz «If you can dream it, you can do it» (sinngem. Übersetzung: Wenn du den Traum hast, kannst du ihn auch verwirklichen). Nach ihm ist ein bekanntes Motivationstool benannt, das Sie auch selbst für sich einsetzen können.

Walt Disney hatte nämlich nicht nur Visionen, er war auch ein Meister darin, diese zu verwirklichen. Für den Prozess von der Idee bis zum Ziel soll er sich, so wird berichtet, durch drei verschiedene Arbeits-Räume bewegt haben. Zunächst setzte er sich in den Raum des Träumers, in dem er sich intensiv mit seiner Vision beschäftigte – so lange, bis er sie bildlich vor sich sah. Dann begab er sich in den Raum des Planers, in dem er strategisch plante und ein Konzept entwarf, mit dem er seine Vision konkret umsetzen wollte. Zuletzt betrat er den Raum des konstruktiven Kritikers, in dem er überlegte, was auf dem Weg zum Ziel noch schiefgehen könnte.

Die Disney-Strategie ist ein Instrument, das im Coaching häufig eingesetzt wird, wenn es um Karriereplanung geht. Auf der nächsten Seite finden Sie eine einfache Anleitung, wie Sie das Tool fürs Studium und auch für Ihre spätere berufliche Laufbahn nutzen können. Teilnehmer unserer Seminare setzen es nicht nur ein, um Ziele zu realisieren, es dient ihnen auch dazu, sich zu motivieren. Die Pädagogik-Studentin Anja hat uns dazu folgende Mail geschrieben:

«Ich persönlich finde es ganz schön motivierend zu sehen, was ich brauche, um mein Ziel zu erreichen. Und wenn ich mich an die Disney-Strategie erinnere, denke ich, hey, ich bin schon ganz schön weit gekommen. Ich sehe meine Ressourcen und die Dinge, die mir noch fehlen. Und sehe, das ist verschwindend gering zu den Dingen, die ich schon besitze.»

Selbstcoaching | **Walt-Disney-Format: Ziele strategisch angehen**
Benötigtes Material: 3 Stühle (ein Platz für den Visionär, ein Platz für den Realisten, ein Platz für den wohlwollenden Kritiker), einfarbige Karten, ein Stift; Zeit: 30 Minuten

1. Setzen Sie sich auf den Platz des «Visionärs».
   - Versuchen Sie sich vorzustellen, dass Sie Ihr Studium erfolgreich abgeschlossen haben. Wie fühlt sich das an?
   - Gehen Sie ein Stück weiter in die Zukunft und stellen sich vor, dass Sie Ihren «Traumjob» gefunden haben. Was sollte er sicherstellen? Ein festes Gehalt? Verantwortung (für ein Team)? Wollen Sie fest angestellt arbeiten? Sich selbstständig machen? Wie sieht Ihr Arbeitsplatz aus? Was sind Ihre Aufgaben? etc. Träumen Sie sich so lange in die Zukunft, bis Sie das Bild Ihres späteren Arbeitsplatzes vor sich haben. Dann genießen Sie noch einen Moment das Gefühl, angekommen zu sein, und spüren Sie in Ihrem Körper nach, wie sich das anfühlt.
2. Wechseln Sie auf den Platz des «Realisten».
   - Versuchen Sie Bilanz zu ziehen. Mit (innerem) Blick auf Ihren künftigen Arbeitsplatz notieren Sie jede Fähigkeit, jedes Wissensgebiet, jedes Skill auf je einer Karte.
     - Was haben Sie bereits erreicht?
     - Wie viele Schritte sind Sie schon gegangen?
     - Welche persönlichen Fähigkeiten bringen Sie mit, die Sie für diese Tätigkeit befähigen? Z.B. «Risikofreude», «Durchsetzungsvermögen», «die Fähigkeit zu kommunizieren», «die Fähigkeit, im Team zu arbeiten», «die Fähigkeit, analytisch zu denken», «die Fähigkeit Strategien zu entwickeln» etc.
     - Welches Wissen haben Sie sich bereits im Studium angeeignet oder in verschiedenen Praktika, als Werkstudent, in einem Job? Das können IT-Kenntnisse, Wissen über Projektmanagement, Anwendung von bestimmter Software sein.
     - Was fehlt Ihnen noch an persönlichen Skills und an Fertigkeiten und Wissen, das Sie sich noch an der Hochschule aneignen können?

- Legen Sie alle Karten auf den Boden, die bereits erreichten Dinge auf die eine Seite, das, was Sie sich noch aneignen wollen, auf die andere Seite.
3. Setzen Sie sich nun auf den Platz des «wohlwollenden Kritikers». Hier geht es nicht darum, die Vision vom «Traumjob» zu zerstören, sondern um die Risiken, die das Ziel gefährden können. Das ist Ihr eigenes Arbeitsverhalten, können aber auch andere äußere Umstände sein.
   - Welche Risiken können demnach auftreten? Und was können Sie dagegen tun?
   - Welche Strategie wäre sinnvoll, um diese Steine aus dem Weg zu räumen?
4. Wenn Sie auch diese Runde erfolgreich abgeschlossen haben, kehren Sie wieder auf den Platz des Visionärs zurück, schauen auf das, was Sie sich in dieser Runde erarbeitet haben. Fühlt es sich gut an? Oder zumindest machbar?

TIPP: Sie können diese Übung auch gemeinsam mit einem Kommilitonen machen. Erst entwickelt der eine seine Vision und dann der andere.

Ziele bringen Sie zum Erfolg

Motivationspsychologen sprechen von verschiedenen Arten von Zielen:

1. Visionen und Träume

Visionen und Träume sind die ganz großen Ziele, die dem Weg, den Sie mit Ihrem Studium eingeschlagen haben, einen höheren Sinn geben. Von ihnen war bisher die Rede. Mit ihrer Hilfe können Sie verborgene Energiereserven aktivieren, wenn Sie sich durch Stoffwüsten arbeiten, die Ihnen inhaltlich wenig liegen oder deren Sinn Sie (noch) nicht erkennen. Diese Ziele markieren das Ende einer sehr langen Reise. Wie erwähnt, sind sie in der Regel mit eigenen Werten und mit Idealen verbunden. Oder auch mit Vorbildern. So kann der Antrieb für einen

Medizinstudierenden darin bestehen, die Praxis der eigenen Eltern zu übernehmen, einen krisensicheren Beruf zu haben, den er überall ausüben kann, oder auch der Wunsch sein, sich der Organisation «Ärzte ohne Grenzen» anzuschließen, wie sich das zum Beispiel Anne erträumt. Ihr Vorbild ist ein Freund ihres Vaters, der in dieser Organisation tätig ist.

> ### Wissen | Warum innere Bilder wichtig sind
> Mit Worten lässt sich das Großhirn ansprechen. Wenn es um Gefühle geht, ist das limbische System stark beteiligt. Es gilt als Gefühlszentrum und als Motivationszentrale unseres Gehirns. Hier werden Endorphine, die als Glückshormone bekannt sind, ausgeschüttet. Hier sind auch die guten Bauchgefühle zuhause. Beim Lernen spielen sie eine besonders wichtige Rolle. Denn in einem emotional positiv gestimmten Modus lernt man leichter. Und weil Lernen nicht immer Spaß macht, brauchen wir als Brücke ein klares Bild einer Vision. Einer Vision, die wir deutlich vor uns sehen, die sich gut anfühlt und die wir unbedingt erreichen wollen.

2. Mittelfristige Ziele

Mittelfristige Ziele tragen Sie von einem Semester ins nächste Semester. Wenn Sie schon einmal eine Reise gemacht haben, auf der Sie viele Wochen oder Monate unterwegs waren, dann wissen Sie, dass es sinnvoll ist, immer wieder Etappenziele festzulegen. Am Ende jeder Etappe dürfen Sie sich etwas Ruhe gönnen und haben aber auch Zeit, zu überprüfen, ob Sie noch auf dem richtigen Weg sind. Im Rückblick auf die zurückgelegte Strecke können Sie vor dem Start in die nächste Etappe abschätzen, wie lange die Reise noch dauern wird.

Wenn Sie Ihr Studium mit einer langen Reise vergleichen, bedeutet das:
• Planen Sie von Semester zu Semester.
• Definieren Sie zu Beginn eines jeden Semesters, also im April und im Oktober, die Ziele, die Sie in den nächsten Monaten erreichen möchten.

- Klären Sie für sich:
  - Wie viele Prüfungen muss ich in diesem Semester ablegen?
  - Wie viele Credits brauche ich?
  - Gibt es noch Klausuren oder mündliche Prüfungen, die ich in den letzten Semestern nicht bestanden habe und die ich aktuell noch berücksichtigen muss?

  Und schließlich die wichtigste Frage:
- Was ist machbar?
- Wie viele Prüfungen kann ich überhaupt schaffen?

Bleiben Sie realistisch

Sich selbst und die eigenen Leistungen einschätzen – das ist gar nicht so leicht. Aber eine realistische Einschätzung ist von entscheidender Bedeutung für Ihren Studienfortschritt. Sie kennen sich selbst am besten und wissen, wo Ihre persönlichen Fallen sind und was für Sie unter guten Lernbedingungen machbar ist. Es besteht immer die Gefahr, dass sich Studierende zu viel aufladen und am Ende weniger Prüfungen bestehen als wenn sie von vornherein ein oder zwei Klausuren aufs nächste Semester geschoben hätten. Das gilt für alle, die Nachholklausuren aus vergangenen Semestern mit sich herumschleppen.

Es gibt Studiengänge, da gehören vierzehn bis sechzehn Prüfungen pro Semester zum normalen Studienverlauf. Aber diese Prüfungen sind dann so gestaltet, dass sie zu schaffen sind – für jeden normalbegabten Studierenden. Kritisch wird es, wenn es um Altlasten geht, sprich Prüfungen, die nachgeholt werden müssen. Hier brauchen Sie zum Formulieren des Semesterziels das nötige Augenmaß, und notfalls bleibt als Lösung tatsächlich nur, noch ein Semester bis zum Bachelor oder Master dranzuhängen. Diese strategische Überlegung kann erfolgversprechender sein, als sich zu übernehmen.

Gezielt das eigene Lernverhalten verändern

Früher anfangen zu lernen, regelmäßig in die Bibliothek gehen – auch das sind mögliche Ziele, die Sie sich setzen können. Sie werden die Erfahrung machen, dass es einiger Anläufe bedarf, bis Sie ein neues Verhalten implementieren und auch durchhalten. Wie Ihnen das gelingen kann, erfahren Sie in Step 6. Für diese Ziele gilt, wie für alle anderen auch: Sie sollten positiv und im Präsens formuliert sein. Motivationspsychologen sprechen in diesem Zusammenhang von Annäherungszielen (vgl. Storch/Krause, 2014, S. 87 f.). Diese drücken konkret aus, wo es hingehen soll, was Sie erreichen wollen. Positiv formulierte Ziele ziehen Sie nach vorne, im Gegensatz zu Zielen, in denen Sie beschreiben, was Sie nicht mehr wollen, den sogenannten Vermeidungszielen. Statt: «Ich möchte morgens nicht mehr so lange im Bett bleiben», setzen Sie sich als Ziel «Ich stehe jeden Morgen spätestens um 9 Uhr auf.» Oder statt «Ich möchte nicht mehr auf den letzten Drücker lernen», formulieren Sie «Ich bleibe ab der ersten Vorlesung am Ball». Wie das dann konkret aussehen könnte, lesen Sie im nächsten Abschnitt.

Am besten schreiben Sie Ihre Semester-Ziele einzeln auf und feilen so lange an jedem Ziel herum, bis es sich gut anhört und auch anfühlt. Testen Sie mit Ihrem Bauchgefühl, ob Sie emotional hinter Ihrem Vorhaben stehen. Wie klingt das Ziel? Erreichbar? Wie werden Sie sich fühlen, wenn Sie Ihr Ziel erreicht haben?

3. Kurzfristige Ziele

Fortschritte machen gute Laune, sie lösen Wohlbefinden aus. Diese Erkenntnis ist nicht nur ein immer wieder bestätigtes Ergebnis aus Motivationsstudien (vgl. Brandstätter et al., 2013, S. 109). Jeder, der schon einmal viel Zeit in eine Arbeit investiert und erfahren hat, wie sie immer mehr Gestalt annahm, kennt dieses angenehme Gefühl. Step by step dem Ziel entgegen, wie die Kamele in der Wüste, die auf die Oase zusteuern. Gefällt Ihnen dieses Bild? Oder stellen Sie sich lieber vor, wie Sie durch ein großes Becken schwimmen, Bahn um Bahn?

«Smarte» Ziele sind leichter erreichbar

Diese Strategie der kleinen Schritte bringt Sie sicher voran. Denn mit ihr können Sie gar nicht vom Weg abkommen. Kurze Arbeitseinheiten haben den Vorteil, dass Sie sie leicht überschauen und das Ende immer in Sicht bleibt. Sie sollten nur klar und präzise formuliert sein und ein fest definiertes Ende haben. Dann ist die Chance relativ groß, dass Sie

sie auch verwirklichen. In unseren Seminaren definieren wir die kurzfristigen Ziele nach dem **SMART**-Prinzip. Diese Form, Ziele zu definieren, kennen Sie vielleicht aus anderen Zusammenhängen; sie hat sich sehr bewährt. Wie es funktioniert, können Sie im Kasten nachlesen.

Wissen | So formulieren Sie ein «smartes» Ziel
Benötigtes Material: einfarbige Karten, ein Stift
Die Abkürzung **SMART** setzt sich aus fünf Begriffen zusammen, die die Basis für ein Ziel bilden, bei dem keine Frage offen bleibt und Sie genau wissen, wann Sie was zu tun haben.
S steht für spezifisch. Ihr Ziel sollte spezifisch und konkret definiert sein. Wenig hilfreich ist nach SMART-Kriterien die Formulierung «Ich will in diesem Semester mehr lernen als im Semester davor». Hier bleibt die Frage unbeantwortet, was «mehr» bedeutet. Ein Buch «mehr» lesen? Zwei Aufgaben «mehr» lösen? Überprüfen Sie sich selbst: Haben Sie wirklich Lust, «mehr» zu arbeiten? Zielführender wäre zum Beispiel: «Nächste Woche bereite ich Dienstagnachmittag und Donnerstagvormittag die Vorlesungen Mathe II und Technische Mechanik vor.»
M steht für messbar. Wie können Sie feststellen, dass Sie Ihr Ziel erreicht haben? Indem Sie die zwei Übungsblätter aus der Mathevorlesung gerechnet haben? Die Formeln und Beispiele auf Karteikarten übertragen haben? Notieren Sie genau, welche Aufgaben Sie konkret erledigen müssen, um das Ziel abhaken zu können.
A steht für attraktiv. Was macht das Ziel besonders reizvoll? Was ist daran für Sie erstrebenswert? Bringt es Sie voran? Gibt es einen Gewinn für Sie, wenn Sie dieses Ziel erreichen? Ein möglicher Gewinn könnte sein, dass Sie ohne schlechtes Gewissen Ihre Freizeit genießen können, wenn Sie das Wochenziel erledigt haben. Oder auch das Gefühl von Sicherheit, die nächste Prüfung stressfreier angehen zu können.
R steht für realistisch. Stehen Ihnen genügend Zeit, Wissen und Ressourcen zur Verfügung, um das Ziel zu erreichen? Reichen Ihnen die zur Verfügung stehenden Stunden? Sind Sie so gut vorbereitet, dass Sie Arbeitsblätter rechnen können? Wenn Sie an dieser Stelle merken, dass Ihre Zielvorgabe unrealistisch ist, empfiehlt es sich, das Ziel noch

einmal zu überdenken. Und eventuell noch ein weiteres Lern-Zeitfenster zu öffnen oder die Aufgabe zu modifizieren.

T steht für terminiert. Wann soll das Ziel erledigt sein? Legen Sie einen Termin fest. Bei unserem Beispiel ist das der Donnerstagabend. Spätestens dann können Sie Bilanz ziehen und feststellen, ob Sie Ihr smartes Ziel erreicht haben.

Drei Beispiele für smarte Ziele im laufenden Semester:
- In den nächsten vier Wochen pro Woche vier Übungsblätter rechnen, ein Kapitel aus Statistik bearbeiten. Zeit: Mo 10 bis 12 Uhr, Mittwoch 17 bis 19 Uhr, Freitag 14 bis 17 Uhr.
- Bis Mittwochabend meine Praktikumsbewerbung wegschicken. Dafür nehme ich mir am Sonntagnachmittag von 16 bis 18 Uhr und Dienstagabend von 18 bis 20 Uhr Zeit.
- Bis Freitag das Referat für Propädeutik fertig stellen. Montag von 14 bis 17 Uhr Stoff sammeln in der Bibliothek. Dienstag 9 bis 12 Uhr Gliederung vorbereiten, Folien texten. Mittwoch 18 bis 20 Uhr Bilder und Grafiken einfügen. Donnerstag den Vortrag vorbereiten.

Machen Sie Ihre Erfolge sichtbar

Ein weiterer Vorteil dieser kleinen Strategie ist, dass sich ein Ziel nach dem anderen abhaken lässt. Ihr Arbeitsgehirn können Sie besonders gut bei Laune halten, wenn Sie Ihre kleinen Erfolge visualisieren. Sie können zum Beispiel für jedes erreichte Ziel ein Post-it an die Pinnwand kleben oder eine kleine Figur auf dem Fensterbrett aufstellen. Oder, wie eine Studierende im Einzelcoaching erzählte, einen selbstgebastelten kleinen Orden an den WG-Kühlschrank hängen.

Gut formulierte Ziele bewirken Wunder. Sie bringen Sie automatisch ins Arbeiten, ohne dass Sie viel Zeit für Überlegungen («Welches Fach soll ich jetzt bearbeiten?») verschwenden müssen. Und Sie haben den unschlagbaren Effekt, dass Sie vielleicht zum ersten Mal seit Langem Ihre Freizeit genießen können, weil Sie Ihr Tagespensum erledigt haben.

Im Seminar setzen wir, wenn es gewünscht wird, auch «Buddys» ein. Andere Teilnehmer übernehmen diese Aufgabe. Sie fragen freundlich nach, ob das Ziel erreicht ist. Oder verabreden sich sogar mit Kommilitonen, um gemeinsam die (bis zu diesem Zeitpunkt oft verpasste) Vorlesung zu besuchen. Auf diese Weise haben es während eines unserer Seminare vier Studierende aus dem Fachbereich Umweltingenieurwesen geschafft, eine Vorlesung zu besuchen, die Montagmorgen um acht Uhr stattfand. Anschließend sind alle vier erst zum Kaffeetrinken und dann gemeinsam in die Bibliothek gegangen.

Buddys sollen weniger als Kontrolle empfunden werden, sondern mehr als Unterstützer im Hintergrund. Oft reicht es schon, zu wissen, dass jemand da ist, der noch ein bisschen mitdenkt, und das Lernen fällt leichter. Umweltingenieur-Studentin Julia erzählte beim nächsten Seminartag:

> «Zum ersten Mal war ich vor dem ausgemachten Termin mit meiner Arbeit fertig und konnte das meinem Buddy stolz mitteilen.»

Ziele erreichen – ein persönliches Schicksal?

«Ich kann's einfach nicht und werde es nie können» oder «Ich beiße mich jetzt da durch, das wäre doch gelacht» – diese Sätze kennen wir alle, weil wir sie schon gehört oder vielleicht in ähnlicher Weise selber schon gesagt haben. Sie spiegeln eine innere Haltung wider und haben etwas mit unserer Theorie über uns selbst zu tun. Dahinter stehen zwei unterschiedliche Überzeugungen und Motive, warum wir uns mit einem Stoff beschäftigen und lernen: Weil wir unser Wissen erweitern möchten? Oder weil wir beweisen wollen, dass wir die Fähigkeit zum Beispiel zum Studieren haben. Je nachdem, wie die Antwort auf diese Frage ausfällt, könnte sie ein Indiz dafür sein, ob Sie Ihre Studien-Ziele erfolgreich erreichen. Wissenschaftler sprechen in diesem Zusammenhang von Menschen mit Lernzielen oder mit Performance-Zielen. Wer ein Lernziel verfolgt, also etwas können und wissen möchte, scheint eher bereit zu sein, sich durchzubeißen, bis er sein Ziel erreicht hat. Die «Performer» dagegen geben schneller auf und zweifeln an ihren Fähigkeiten. Sie nehmen es als «Schicksal», wenn es nicht gut läuft und machen persönliche Eigenschaften dafür verantwortlich, die sie für unveränderbar halten. (vgl. Brandstätter et al., 2013, S. 113)

Da wir davon ausgehen, dass jeder das Potenzial hat, seine Persönlichkeit zu entwickeln und innere Haltungen zu verändern, empfehlen wir den «Performern» an dieser Stelle, sich das Kapitel genauer anzuschauen, in dem wir auf «innere Botschaften» eingehen, die hinter diesen Überzeugungen stehen können. In Step 4 geht es in diesem Zusammenhang um «Glaubenssätze», die möglicherweise einen Erfolg behindern.

Quotes | Mit smarten Zielen ans Ziel kommen

Paul, 5. Semester Agrarwissenschaften, hat sich früher «ziemlich durchs Studium durchgewurschtelt» und einige Misserfolge einstecken müssen:

«Mit SMART-Zielen habe ich festgelegt, dass ich bis zum Prüfungstag eine bestimmte und machbare Zahl an Reaktionsgleichungen und Lerninhalten wiederhole. Da ich mir kleine Ziele gesteckt habe, habe ich die auch gut erreicht und konnte mich besser beim Lernen konzentrieren.»

Adrian, 4. Semester Mathematik, ist es sogar gelungen, wieder Drive in sein Studium zu bekommen, er war kurz davor aufzugeben:

«Früher war ich mir nicht sicher, ob ich mein Studium überhaupt fertigstellen würde, aber mit SMART-Zielen fand ich zu einem geordneten Uni-Alltag zurück. Inzwischen habe ich Tages- und Wochenziele, die klar definiert sind und die ich in der Regel auch erreiche.»

Marlene, 2. Semester Politikwissenschaften, die sich immer zu viel vorgenommen hatte und dadurch wenig erreichte:

«Vor allem das Setzen von SMART-Zielen hat mir geholfen, etwas Ordnung in den Alltag zu bringen. Das gelang mir nicht nur dadurch, dass ich mich auf ein bestimmtes Datum und eine Uhrzeit festgelegt habe, sondern auch dadurch, dass ich ein realistisches, erreichbares Ziel vor Augen hatte. Früher habe ich mir immer zu hohe Maßstäbe gesetzt und damit mein Gewissen beruhigt, aber dann doch nichts getan. Jetzt «belüge» ich mich nicht mehr und nehme mir nur noch das vor, was ich auch schaffen kann.»

Story

Maximilian studiert im 6. Semester Betriebswirtschaft. Er hat sich für ein Lerncoaching-Seminar angemeldet, weil es nicht so richtig vorangeht mit seinem Studium. Er müsste längst die Bachelorarbeit schreiben, ihm fehlen aber noch drei Klausuren – zwei davon versucht er bereits zum dritten Mal. Seine Noten sind eher mäßig.

Maximilian wirkt selbstsicher, ist sportlich. Snowboarden im Winter, Fußball und Segeln im Sommer sind seine Leidenschaft. Er ist viel unterwegs, mit Freunden. Betont, wie wichtig ihm seine Freiheit ist, und dass er nichts so sehr hasst wie feste Pläne. Am liebsten lässt er sich treiben, schaut aufs Wetter und entscheidet dann, ob er zur Vorlesung geht oder an den See fährt.

Er weiß genau, was er später beruflich machen will. Möchte in einer globalen Beraterfirma tätig sein, viel ins Ausland reisen. Maximilian ist sich darüber im Klaren, dass er das angestrebte Masterstudium nicht so lässig betreiben kann wie den Bachelor. Aber feste Lernpläne, sich den Stoff und die Zeit einteilen, kommt für ihn nicht in Frage.

Mit charmantem Lächeln erzählt er, wie er sich schon mit vierzehn Jahren seine Nischen gesucht hat. Wie er heimlich auf Festivals gegangen ist, und seine Eltern glaubten, dass er bei einem Freund sei. Wie er mit sechzehn nachts davongeschlichen ist, um zu feiern oder einfach nur durch die Stadt zu ziehen. Der Drang nach Autonomie, der sicherlich bei allen Jugendlichen vorhanden und auch wichtig ist, scheint bei Maximilian besonders ausgeprägt zu sein. Der Gedanke, sich von Studienplänen den Tag diktieren zu lassen, ist ihm unerträglich. Er spricht von seinem «Freiheits- und Spontanitätsdrang» und betont, dass «exakte Pläne», die ihm vorschreiben, was er zu tun hat, bei ihm nicht funktionieren.

Nachdem er einen Tag beobachtet hat, wie die anderen Seminarteilnehmer Semesterziele formulieren, sich nach den SMART-Kriterien kurzfristige Ziele suchen, sich absprechen, wer wen anruft, um sich gegenseitig zu unterstützen, überrascht uns Maximilian in der Schlussrunde des Seminartags mit der Ankündigung, er habe sich nun doch vorgenommen, sich jeden Sonntag zu überlegen, an welchen Tagen in der Woche er sich ausschließlich um sein Studium kümmern möchte. Allerdings mit einem Ausweichtag, um seiner Spontanität doch noch einen Raum zu geben. Außerdem hat er beschlossen, vorher zu entscheiden, welche Fächer er an diesen Tagen zusätzlich lernt. Wie genau das aussehen wird – da möchte er sich noch nicht «festlegen».

Beim nächsten Seminartag berichtet er, dass es bis auf eine Ausnahme ganz gut geklappt habe. Doch er merkt auch, dass er zwar mehr für das Studium arbeitet als vorher, aber es wohl immer noch nicht genug ist und ihm vor allem der Überblick fehlt. Deshalb nimmt er sich vor, genauer zu planen und eventuell Lernzeiten und konkrete Inhalte für seine Lerntage festzulegen.

Wochen nach dem Seminar erreicht uns eine Mail von Maximilian, dass es gut läuft mit seinem Studium. Er schreibt, dass er sich doch entschieden hat, die Wochenziele ziemlich genau zu definieren, und dass er auf diese Weise fokussierter lernen kann – und mehr freie Zeit zur Verfügung hat.

Literatur, die sich zu lesen lohnt:

Hüther, Gerald (2014). Was wir sind und was wir können. Frankfurt: Fischer Verlag.

Storch, Maja (2012). Das Geheimnis kluger Entscheidungen. München: Piper Verlag.

Step 3:
Äußere Hindernisse
beiseite räumen

Um was geht's?

- Lern-Planung, die Sie zum Erfolg führt
- Werkzeuge aus dem Zeitmanagement, die Sie richtig takten
- Ausgewählte Lernstrategien, die Ihnen das Lernen erleichtern

Zeit zum Lernen – Zeit zum Leben

«Viel Lernen bringt viel.» Diese Überzeugung führt bei vielen Studierenden dazu, dass sie in den letzten Wochen vor den Prüfungen stundenlang in der Bibliothek verbringen, zu wenige Pausen machen und bis tief in die Nacht hinein lernen. Und irgendwo unterwegs steigt das Gehirn klammheimlich aus. Physisch sitzen wir dann zwar noch vor den Büchern, schreiben Karteikarten oder Formeln – aber im Kopf bleibt nichts mehr hängen. Am nächsten Tag starten wir mit «Tabula rasa». In der Klausur kommt einem dann Vieles bekannt vor. Aber das Wissen lässt sich nicht abrufen, es ist nicht tief genug verarbeitet. Das Gehirn war über weite Strecken im Offline-Modus.

Viele Teilnehmer in unseren Workshops tappen in diese Falle. Die Prüfungen liegen noch weit weg: «Ach, das ist ja noch viel Zeit! Das plane ich dann in vier Wochen.» Und dann wird in den letzten Wochen alles reingepaukt, was geht.

Aber kein Mensch – auch nicht der scheinbar so begabte Kumpel mit den tollen Noten – kann vierzehn Stunden am Tag lernen. So funktioniert das menschliche Gehirn nicht.

Langfristige Strategien lohnen sich

Sie brauchen insgesamt weniger Zeit und verankern den Lernstoff besser, wenn Sie die Lernarbeit auf mehrere Tage und Wochen verteilen. Dazu sollten Sie einigermaßen abschätzen, wie hoch Ihr Aufwand sein wird, und konkrete Lernfenster festlegen. Beachten Sie bei Ihren Berechnungen aber auch, wie viel Zeit Sie für den Alltag benötigen: fürs Einkaufen, Aufräumen, Putzen und Essen. Für Wegzeiten, um von A nach B zu kommen, für Zeiten, in denen Sie soziale Kontakte pflegen, wie den 80. Geburtstag der Großmutter oder den Anruf einer Freundin, die Liebeskummer hat.

Dazu kommt, dass der Lernfortschritt nicht linear verläuft. In der Lernpsychologie spricht man vom Lernplateau. Meist kommen wir am Anfang rasch voran, wir machen schnell Fortschritte. Dann stellt sich nach einiger Zeit das Phänomen ein, dass wir zwar noch den gleichen Einsatz aufbringen, aber den Lernstoff langsamer aufnehmen. Das ist ein Zeichen dafür, dass unser Gehirn die vielen Einzelinformationen verarbeitet und sie in sinnvolle Blöcke überführt. Jetzt also bloß nicht aufgeben. Und daran denken, dass unsere Berechnungen meist zu optimistisch sind. Denn Lernen ist nur ein Teil unseres Lebens und, wenn der Fortschritt mal nicht so spürbar ist: einfach weitermachen. Vielleicht mal eine andere Lerntechnik ausprobieren. Nach einiger Zeit hat das Gehirn wieder Kapazitäten, und Sie kommen im Lernstoff wieder gut voran.

Der ehrliche Check: Wie viel Zeit brauche ich wofür?

«Durch das Zeitgitter wurde mir das erste Mal klar, dass ich meine Tage während des Semesters so stark durchtakte, dass mir komplett die Zeit für die Vor- und Nachbereitung des Stoffes fehlt. Als Konsequenz habe ich ein paar Termine abgesagt. Nun sind meine Tage übersichtlicher, ich komme besser voran und fühle mich auch noch gut damit.» (Melanie, Pharmaziestudentin)

Der erste Schritt beim Erstellen eines Lernplans ist eine Art Bilanz: Dokumentieren Sie Ihre Tätigkeiten über zwei Wochen. Dazu hilft Ihnen das Zeitgitter. Ein Beispiel für dieses Zeitgitter finden Sie auf der nächsten Seite. Notieren Sie genau, was Sie tun und wie viel Zeit Sie jede Aktivität kostet. Übrigens gehören alle Vorlesungen, Unterrichtszeiten, Übungen, Tutorien oder Seminare zur Lernzeit.

Nach zwei Wochen haben Sie einen guten Überblick darüber, wie viel Zeit Sie wofür benötigen. Sie erkennen, wo Ihre Zeitfresser liegen: Geht Ihnen viel Zeit durch Fahren verloren? Haben Sie viele soziale Verpflichtungen? Verdienen Sie noch Geld in einem Job, und der nimmt Ihnen zwei Lerntage?

Und jetzt wird's ernst: Werfen Sie einen kritischen Blick darauf, ob es realistisch ist, alle Prüfungen zu schaffen, wenn die Wochen so wie im Zeitgitter weiter laufen. Wo genau haben Sie Zeitfenster zum freien Lernen? Dazu müssen Sie sich einen Überblick über die Stoffmenge verschaffen, die Sie zu bewältigen haben. Da geht es ganz einfach darum, Folien und Skriptseiten zu zählen, Bücher aufzulisten, die Sie unbedingt lesen müssen, und darum Aufgabenblätter und Altklausuren zu addieren. Und dann berechnen Sie einfach, wie viel Stoff Sie pro Woche bewältigen müssen, wie viel Stoff pro Tag.

Ihr persönliches Zeitgitter

Woche/ Datum	Lernzeit (Vorlesung, Übungen, Seminar, Lernphasen)	Freizeit (Sport, Spaß, Treffen mit Freunden)	Sonstige Zeit (Haushalt, Mahlzeiten, Fahrten, Jobben)
Montag			
Dienstag			
Mittwoch			
Donnerstag			
Freitag			
Samstag			
Sonntag			

Wenn Sie täglich 2 Stunden Zeit haben, sich mit dem Lernstoff ausein-anderzusetzen, die Berechnung ergibt aber ein Soll von 5 Stunden, kann kein Lernplan dieser Welt Ihnen helfen. Seien Sie mutig und verschlie-ßen Sie nicht die Augen vor diesem Ergebnis. Ändern Sie etwas an Ihrer Strategie, solange die Prüfungen noch weit genug weg sind.

Letztlich haben Sie zwei Optionen: Entweder Sie schreiben eine oder zwei Klausuren nicht mit. Das hat zur Folge, dass sich im nächsten Semester wieder zwei Klausuren aus dem vorherigen Semester ange-häuft haben. Wenn Sie das in jedem Semester so praktizieren, schieben Sie allmählich einen Berg an offenen Klausuren vor sich her, der Ihnen enormen Druck macht.

Oder: Sie überlegen, auf welche Aktivitäten Sie für eine bestimmte Zeit verzichten können, wo Sie Zeitfenster schaffen können, ohne dass Sie mit 14 Stunden Arbeit pro Tag konfrontiert sind. Können Sie mit Ihrer Familie vereinbaren, ein paar Wochenenden nicht nach Hause zu kommen? Können Sie bestimmte Aufgaben an Familienmitglieder und Freunde delegieren – natürlich mit dem Angebot, für diese lieben Men-schen später etwas zum Ausgleich zu tun?

Entscheiden Sie rechtzeitig, welche Strategie Sie wählen.

Oberstes Gebot: Ein Tag sollte in der Woche frei sein, zumindest bis 4 Wochen vor Klausurstart. Sie brauchen diese Auszeit, um Ihren Akku wieder zu laden. Es ist übrigens wesentlich erholsamer und damit leis-tungsfördernder, wenn Sie sich einen ganzen Tag frei nehmen statt zwei halbe Tage. Durch die längere Pause erholt sich das Gehirn besser.

Die meisten Studiengänge und Ausbildungen sind als Vollzeit-Akti-vitäten gedacht. Wenn Sie schon zwei Tage pro Woche arbeiten, drei Tage von früh bis spät Unterricht haben, bleibt nur noch ein Tag zum Lernen und einer zur Erholung. In einem solchen Fall müssen Sie damit rechnen, dass Ihr Studium etwas länger dauern wird, oder Sie versu-chen, Ihren Job in der Ferienzeit aufzustocken, um ihn in der Lernzeit wieder zu reduzieren. Es lohnt sich auch, über einen Studienkredit oder die Bewerbung um ein Stipendium nachzudenken.

Aus unserer Arbeit mit Studierenden wissen wir, dass die finanzielle Grundsicherung für viele ein Thema ist. Wenn wir permanent Angst haben müssen, die Miete nicht zahlen zu können oder am Ende des Monats nicht mehr einkaufen gehen zu können, fällt es enorm schwer, sich voll und ganz auf den Lernstoff zu konzentrieren. Wichtig wäre in einem solchen Fall, zumindest immer ein Semester finanziell abzusichern. Möglicherweise können Sie das Studium auch für ein Urlaubssemester unterbrechen und dann so intensiv arbeiten, dass Sie wieder zwei Semester mit weniger Arbeiten zurechtkommen. Immer wenn Sie für Ihren Unterhalt neben Ihrem Studium oder Ihrer Ausbildung aufkommen müssen, haben Sie eine erhöhte Belastung. Umso mehr sollten Sie für sich gut planen, damit Ihnen nicht unterwegs die Luft ausgeht.

Hilfreiche Adressen für finanzielle Unterstützungsleistungen

Deutschland
www.studienkredit.de
www.e-fellows.net
www.arbeiterkind.de

Schweiz
www.berufsberatung.ch

Österreich
http://www.studieren.at/studienfinanzierung

Tipp
Wir haben immer wieder Teilnehmer in unseren Workshops, die zwei oder sogar drei Prüfungen an einem Tag schreiben möchten. Aus unserer Erfahrung wissen wir, dass das in den allermeisten Fällen nicht klappt. Im besten Fall wird die erste Prüfung bestanden, die zweite im Regelfall nicht oder nur knapp. Für die dritte Klausur fehlen dann schlichtweg die Kraft und die Konzentration. Wenn Sie also mehrere Prüfungen an einem Tag geplant haben, überlegen Sie, welche Sie streichen können.

Bei all den Überlegungen: Vor dem Start in die Lern- und Prüfungszeit ist es wichtig, die eigene Leistungsfähigkeit richtig einzuschätzen. Die meisten überschätzen sich. Ein Lerntag hat sechs bis acht Stunden, über kurze Zeit hinweg können es vielleicht auch mal zehn Stunden sein. Deshalb: Planen Sie realistisch und bauen Sie lieber ein paar Pufferzeiten ein.

Gehört dazu: erfolgreiche und ineffektive Tage

Die größte Herausforderung im Studium und in vielen Ausbildungen ist es, sich seine Lernzeiten eigenständig zu organisieren und eigenverantwortlich abzuschätzen, wie viel Zeit welches Thema benötigt. Hundertprozentig alles zu lernen, ist kaum möglich. Was zählt, ist Ausdauer und die Fähigkeit, jeden Tag einen kleinen Schritt nach vorne zu machen und so step by step den Lernstoff zu meistern.

Seien Sie gnädig mit sich, wenn Sie an einem Tag mal nicht so viel geschafft haben – über zwei oder drei Monate hinweg können Sie nicht jeden Tag gleich gut lernen, gleich viel leisten. Es werden immer mal wieder Tage dazwischen liegen, an denen Sie müde, demotiviert oder einfach unkonzentriert sind. Wenn Sie früh genug angefangen haben, sich mit dem Lernstoff zu beschäftigen, dürfen ein paar Tage auch mal unproduktiv sein. Wenn sich ein solcher Tiefpunkt über mehrere Tage und Wochen hinzieht, ist es ratsam zu analysieren, was Sie am Lernen hindert oder was Sie so belastet, dass Sie nicht mehr leistungsfähig sind. Hilfreiche Anlaufstellen können die psychosozialen Beratungsstellen und Studienberatungen sein.

Vielleicht mögen Sie sich auch ein Lerntagebuch anschaffen: ein kleines Heft, in das Sie täglich eintragen, was Sie geschafft haben, wie es Ihnen beim Lernen ergangen ist und was Sie sich für die folgenden Tage vornehmen. Das Reflektieren des Lernprozesses ist ein wichtiger Bestandteil erfolgreichen Lernens. Wenn Sie bewusst Soll und Ist vergleichen, können Sie rechtzeitig Ihren Kurs ändern. Denn dann wissen Sie, wo Sie stehen und können sich Lösungen überlegen, um noch besser zu werden.

Belohnungen versüßen die Lernzeiten

Wer über einen langen Zeitraum regelmäßig und konsequent auf sein Ziel hinarbeitet, braucht zwischendurch kleine Highlights in Form von Belohnungen.

Sie können sich mit kleinen materiellen Dingen belohnen: ein Eis, eine lustige Postkarte. Oder auch mit Dingen, die nichts kosten: ein Spaziergang durch den Park, ein Gespräch mit einem guten Freund, der Film, der heute Abend im Fernsehen läuft, schöne Musik.

Alkohol ist keine ratsame Belohnung in Lernzeiten. Zwar entspannt uns das Feierabendbier vermeintlich, aber wir schlafen nachgewiesen schlechter, wenn wir Alkohol zu uns nehmen (vgl. dazu auch Step 9).

Wenn es Ihnen schwerfällt, sich selbst zu loben, stellen Sie sich eine gute Freundin oder einen guten Freund an Ihrer Seite vor. Was würde er oder sie zu Ihnen sagen, um Sie aufzumuntern und zum Weitermachen zu motivieren?

Achten Sie darauf, dass Sie sich nicht nur dafür belohnen, dass Sie alles geschafft haben, was Sie sich vorgenommen haben, dass Sie alle Ergebnisse richtig berechnet haben – sondern auch dafür, dass Sie sich drei Stunden mit der Materie auseinandergesetzt haben, dass Sie sich Hilfe von einem Freund geholt haben. Was zählt, ist jeder kleine Schritt nach vorne.

In Michael Endes Kinderbuch Momo verrät der alte Straßenkehrer Beppo sein Geheimnis, das man wunderbar aufs Lernen übertragen kann:

«Manchmal hat man eine sehr lange Straße vor sich. Man denkt, die ist so schrecklich lang; das kann man niemals schaffen, denkt man. (...) Und dann fängt man an, sich zu eilen. Und man eilt sich immer mehr. Jedes Mal, wenn man aufblickt, sieht man, dass es gar nicht weniger wird, was noch vor einem liegt.
Und man strengt sich noch mehr an, man kriegt es mit der Angst, und zum Schluss ist man ganz außer Puste und kann nicht mehr. Und die Straße liegt immer noch vor einem. So darf man es nicht machen. (...)
Man darf nie an die ganze Straße auf einmal denken, verstehst du? Man muss nur an den nächsten Schritt denken, an den nächsten Atemzug, an den nächsten Besenstrich. Und immer wieder nur an den nächsten. (...) Dann macht es Freude; das ist wichtig, dann macht man seine Sache gut. Und so soll es sein. (...)
Auf einmal merkt man, dass man Schritt für Schritt die ganze Straße gemacht hat. Man hat gar nicht gemerkt wie, und man ist nicht außer Puste. (...) Das ist wichtig.» (Ende, 1973, S. 36 f.)

Selbstcoaching | Ablenkungen analysieren

Wenn Sie feststellen, dass Sie sich über längere Zeit gar nicht mehr belohnen konnten, nehmen Sie sich ein wenig Zeit für eine Analyse:

- Was genau läuft falsch?
- Nehmen Sie sich zu viel vor für einen Tag und geraten deshalb so unter Druck?
- Haben Sie zu wenig gelernt, weil es so viele Ablenkungen gab?
- Welche Ablenkungen waren das?
- Und wie könnten Sie sie ausschalten?
- Haben Sie zu viel gearbeitet und so Ihr Gehirn überlastet?
- Gibt es derzeit Probleme, die Sie beschäftigen und die Ihnen die Konzentration rauben? Fällt Ihnen der Stoff schwer, und wer könnte Ihnen dabei helfen, einen Zugang zu diesem Stoff zu finden?

Rituale für den Lernalltag nutzen

Der Mensch ist ein Gewohnheitstier. Wir haben oft mehr oder weniger ausgeprägte Rituale in unserem Alltag. Die einen brauchen einen Kaffee, um wach zu werden. Andere hören erstmal Musik; wieder andere gehen auf die Yogamatte und üben den Sonnengruß. Rituale haben die wunderbare Eigenschaft, dass wir einfach handeln – ohne zu überlegen, ohne viel Kraft. Wir tun es einfach!

Wäre es nicht ein wunderbarer Zustand, wenn wir in diesem Modus ins tägliche Lernen einsteigen – ohne groß nachzudenken, ohne dass wir den inneren Schweinehund besiegen müssen? Probieren Sie es aus! Schaffen Sie sich Rituale. Es kann helfen, sich immer vor dem Lernen den gleichen Tee zu kochen, erst nochmal kurz auf dem Balkon durchzuschnaufen und dann den Lieblingsstift in die Hand zu nehmen und sich das erste Skript zu schnappen. Irgendwann sind wir auf Lernen gepolt, wenn wir den Tee mit heißem Wasser aufgießen und den Geruch wahrnehmen.

Freie Tage einplanen

Hilfreich ist in Lernzeiten auch, nicht nur den Einstieg in den Lernalltag, sondern auch den Ablauf des Tages über längere Zeit ähnlich zu gestalten. Möglicherweise klingt es für Sie ein bisschen nach Klosterleben – für Ihre Leistungsfähigkeit kann es aber enorm förderlich sein, sich an bestimmte gleichbleibende Abläufe zu halten. Dann sparen Sie sich nämlich das lange Überlegen: «Womit fange ich jetzt an? Wann lege ich los?» Denn diese Fragen kosten Energie und Willenskraft (dazu mehr in Step 6).

Eine Extraportion Flexibilität gönnen Sie sich, indem Sie Ihre freien Tage abwechseln, einen Jokertag einplanen, an dem Sie das erledigen, was zu kurz gekommen ist, oder sich schöne Dinge für den Abend vornehmen.

Selbstcoaching | Ideen für ein Anfangsritual
- Den Raum lüften und kräftig durchatmen
- Etwas zu trinken bereit stellen (Wasser, ungesüßter Tee)
- Alle Materialien bereitlegen
- Das Handy ausstellen
- Kurz in sich gehen und sich sein Ziel für den heutigen Lerntag vergegenwärtigen, auch daran denken, wie stolz Sie sein werden, wenn Sie alles beendet haben

Wie könnte Ihr persönliches Anfangsritual aussehen?

Wissen | Lernplan: Wie viel Zeit wofür?
¾ der Zeit gehört dem konzentrierten Lernen, ⅛ der Wiederholung und ⅛ sind als Pufferzeiten einzuplanen. In den Pufferzeiten erledigen Sie all das, was Sie noch nicht geschafft haben.
Ein idealer Lerntag könnte so aussehen: Drei Stunden am Vormittag von 9–12 Uhr konzentriertes Lernen, eine Stunde Mittagspause, drei Stunden am Nachmittag von 14–17 Uhr, ein Stündchen Wiederholung am Ende der zweiten Lernzeit (gegen 17.30 Uhr), eine Stunde Puffer bis zum Termin am Abend um 20 Uhr.

Einen eigenen Rhythmus finden

«Drei Uhr, das ist immer zu spät oder zu früh für alles, was man machen will.» (Jean-Paul Sartre).

Freie Tage ohne Struktur sind gefährlich. Kein Termin, dafür viel Zeit zum Lernen – da brauchen Sie enorm Selbstdisziplin, um den Tag optimal zu strukturieren. Ein Lernplan hilft, auch an den scheinbar endlosen Tagen pünktlich zu starten. Die Nachfrage «Schon am Schreibtisch?» als Post-it an der Zimmertüre kann eine Rutsche ins Lernen bauen.

Wann der beste Zeitpunkt ist, morgens zu starten? Das hängt von unserem Biorhythmus ab. Die Frühaufsteher können gerne schon zwischen 7 und 8 Uhr loslegen. Ihr Lerntag ist dann aber auch gegen 20 Uhr beendet.

Sind Sie Spätaufsteher? Dann kommen Sie vermutlich erst gegen 10 Uhr richtig in Schwung, dafür können Sie dann auch bis 22 Uhr arbeiten. Veranstaltungen an Hochschulen oder berufsbildenden Schulen nehmen auf unseren Biorhythmus leider keine Rücksicht. Umso wichtiger ist es, dass Sie in Ihren eigenverantwortlichen Lernphasen darauf achten, wann Sie besonders leistungsfähig sind.

Im Allgemeinen haben wir alle in den Vormittagsstunden ein Leistungshoch, gegen Mittag fällt die Energie ab, dann essen wir meist und machen eine längere Pause. Am Nachmittag erleben wir dann nochmal ein Leistungshoch.

Tipp: Ein regelmäßiger Tagesablauf, der die individuellen Leistungstiefs berücksichtigt und die Leistungshochs für konzentriertes Arbeiten nutzt, trägt wesentlich zum Prüfungserfolg bei.

Wenn Ihnen das jetzt zu sehr nach Omas Ratschlägen klingt: Stellen Sie sich einfach vor, Sie stünden bereits im Berufsleben. Betrachten Sie das Lernen als einen «Job». Sie setzen sich zu den im Büro üblichen Zeiten an Ihren Arbeitsplatz und verlassen ihn nach acht oder neun Stunden – und dann beginnt die Freizeit.

Achten Sie darauf, dass Sie Ihre Lerntage bewusst abschließen: Dazu gehört, den Arbeitsplatz aufzuräumen, alles weg- oder einzupacken und somit den Kopf freizumachen für andere Dinge. Sie können sich innerlich auch sagen: «So, jetzt hast du heute viel gearbeitet und dir einen schönen Abend verdient.»

Manchmal ist es nicht leicht, die unterschiedlichen Lebensbereiche voneinander zu trennen. Wenn Sie beispielsweise in einem Zimmer arbeiten, essen und schlafen. Für Ihre Erholung ist es aber wichtig, dass Sie nicht am Sofa sitzen und alle Ordner und Arbeitsblätter im Blickfeld haben. Trennen Sie gerade in einem beengten Wohnumfeld Arbeit und Freizeit deutlich voneinander. Vielleicht hilft Ihnen auch hier wieder ein kleines Ritual: Die Utensilien des Tages werden auf eine bestimmte Weise aufgeräumt, sie stehen auf und strecken sich, und dann hören Sie erstmal eine bestimmte Musik.

Selbstcoaching | Ideen für ein Schlussritual
- Nochmal kurz Revue passieren lassen, was Sie alles an diesem Tag gemacht haben, eine Lieblingsmusik anmachen
- Das Erfolgstagebuch mit dem Erfolg des Tages füllen
- Auf einem Zettel notieren, was für den kommenden Tag ansteht
- Die Unterlagen ordnen und zur Seite räumen
- Tassen, Teller wegräumen
- Kurz am leeren Schreibtisch stehenbleiben, tief durchatmen, sich strecken
- Sich einen bequemen Sessel suchen und ins Lerntagebuch notieren, was Ihnen gelungen ist, was Sie verändern möchten ...
- Abschlusssatz: «So, das war's. Jetzt kommt ...!»

Und wie könnte Ihr Schlussritual aussehen?

Lernpläne individuell gestalten

«Ich war mir zu Beginn nicht sicher, was mir dieser Lernplan bringen sollte. Dann habe ich mir einfach mal das Ziel gesetzt, mich eine Woche daran zu halten. In dieser Woche habe ich für die Uni mehr gelernt als davor. Ich war überrascht von dem Ergebnis. Seither mache ich mir jeden Tag einen Wochenplan.» (Juliane, Studentin der Molekularen Biotechnologie)

In der Schule wurde das Wissen in angenehmen Häppchen vermittelt, der Stoff insgesamt war übersichtlich. Ein paar Nachmittage Vorbereitung haben für die Klausuren gereicht.

In der Hochschule und in langjährigen Ausbildungen sieht das anders aus. Wenn wir nicht frühzeitig beginnen, uns mit dem Lernstoff auseinanderzusetzen und ihn in kleine Portionen zu unterteilen, haben wir keine Chance. Die Prüfungen erheben sich wie ein unüberwindbarer Berg vor uns. Die Kunst besteht darin, diesen Berg in kleine verdaubare Häppchen zu zerteilen. Und dabei hilft ein früher Start ungemein!

Ein Lernplan hat sich für viele unserer Seminarteilnehmer als enorm wertvoll herausgestellt. Wir empfehlen dabei wie folgt vorzugehen:

- Verschaffen Sie sich einen Überblick über die Stoffmenge und die zur Verfügung stehende Zeit.
- Tragen Sie alle Verpflichtungen in eine Wochentabelle: Job, Vorlesungen, Unterricht, feste Sport- und Freizeitaktivitäten.
- Planen Sie Ihren freien Tag ein.
- Jetzt füllen Sie nach und nach in die verbleibenden Zeitfenster Ihre Lernzeiten ein. Sinnvoll ist es, zeitnah Vorlesungen und Unterrichtseinheiten nachzubereiten.
- Für die Fächer, die umfangreich und schwierig sind, planen Sie schon jetzt mehr Lernzeit ein.
- Leichtere Fächer, die erst am Ende der Prüfungszeit relevant werden, brauchen weniger Lernzeit oder möglicherweise zum jetzigen Zeitpunkt noch kein Zeitfenster.
- Fragen Sie sich kritisch, wie früh Sie mit der einzelnen Prüfungsvorbereitung beginnen müssen. Acht Fächer gleichzeitig zu lernen, überfordert uns. Drei bis fünf Fächer kann man über die Woche hinweg bearbeiten.
- Komplettieren Sie den Plan, indem Sie Ihre Freizeittermine eintragen. Auch wenn Sie nichts Bestimmtes vorhaben, tragen Sie dennoch klar und deutlich FREI ein.
- Stellen Sie die einzelnen Kategorien wie «Unterricht/Uni», «Selbstständiges Lernen», «Freizeit» in unterschiedlichen Farben dar. So sehen Sie auf einen Blick, dass Ihr Leben bunt bleibt, dass es auch freie Zeit gibt. Das stärkt Ihr Gefühl, nicht nur fürs Lernen zu leben.

So, nun ist Ihr Lernplan für eine Woche fertig! Beachten Sie, dass ein Lerntag nicht über 8–10 Stunden hinausgehen sollte. Das Ganze könnte dann beispielsweise so aussehen (siehe Seiten 66–67).

Für viele ist es ungewohnt, Lernzeiten einzuplanen. Sie nehmen sich pro Lerneinheit ein oder zwei Kapitel oder eine bestimmte Menge an Folien vor. Lernpsychologisch ist das weniger empfehlenswert: Der Druck steigt, wenn Sie eine bestimmte Stoffmenge in der geplanten Zeit bewältigen müssen. Denn wenn Sie Ihr Ziel nicht erreichen, sind Sie frustriert und steigen womöglich mit einem Defizitgefühl aus einer konzentrierten Lernphase aus. Produktiver sind Sie mit der Haltung: «Mal sehen, wie weit ich komme». So ist Ihr Gehirn wesentlich aufnahmebereiter. Sinnvoller ist es deshalb, Zeitfenster einzuplanen. Falls Sie feststellen, dass diese nicht ausreichen, legen Sie neue zusätzliche Fenster fest, statt schon vorhandene Zeitfenster auszudehnen. Wenn die Konzentration nicht mehr vorhanden ist, machen Sie besser eine Pause.

Achten Sie außerdem darauf, die Fächer abzuwechseln. Über sechs Stunden nur Mathematik zu büffeln, bringt weniger, als noch ein Lernfach dazuzunehmen. Wechseln Sie regelmäßig die Art Ihrer Lernaktivität: erst ein wenig knobeln und rechnen, dann auswendig lernen, dann ein paar Skizzen erstellen. Wenn Sie nur noch ein Fach zu lernen haben, können Sie vielleicht innerhalb dieses Lernstoffs unterschiedliche Dinge tun: rechnen, dann Multiple Choice-Aufgaben machen, dann ein paar Formeln in eine Formelsammlung schreiben. Wenn sich Lernelemente zu sehr ähneln, hemmen sie sich gegenseitig. Abwechslung tut unserem Gehirn gut!

Wenn Sie zwei sehr ähnliche Inhalte lernen müssen – zum Beispiel lernen Sie Italienisch und Spanisch parallel – bietet es sich an, die Vokabeln bewusst verknüpft zu lernen. Sie würden sich dann die beiden Vokabeln für das Wort Zeit – tempo und tiempo – gemeinsam aufschreiben und am besten noch den Vokal i im Spanischen markieren. Mehr zu diesem Thema lesen Sie in Step 5.

Tage/Datum	Lernzeit (Vorlesungen, Übungen, Seminare, Lernphasen)	Freizeit (Sport, Spaß, Treffen mit Freunden)	Sonstige Zeit (Haushalt, Mahlzeiten, Fahrten, Jobben)
Montag	09:45 – 12:15 Vorlesung und Übung Nutzung regenerativer Energien (NRE)		08:00 – 09:00 Duschen, Frühstück
			09:00 – 09:30 Fahrt Uni
			12:15 – 13:15 Mittagessen/Pause
	13:15 – 14:30 Theorie NRE zusammenfassen		
	14:45 – 16:15 Vorlesung Wirtschaftsprivatrecht		
	16:30 – 18:00 Wirtschaftsprivatrecht zusammenfassen		18:30 – 19:00 Fahrt nach Hause
			19:00 – 19:30 Abendessen
		Ab 19:30 Freizeit (Freunde treffen, Kino, DVD schauen ect.)	
Dienstag			07:00 – 08:00 Duschen, Frühstück

08:00 – 08:30 Fahrt Uni

13:00 – 14:00 Mittagessen/Pause

17:15 – 17:45 Fahrt nach Hause

19:00 – 19:30 Abendessen

08:00 – 9:00 Duschen, Frühstück

08:45 – 11:15 Vorlesung und Übung Nachrichtentechnik

11:30 – 13:00 Übung Finanz und Investition

14:00 – 15:30 Nachrichtentechnik zusammenfassen

15:45 – 17:15 Altklausuren wieder-holen Wirtschaftsprivatrecht

18:00 – 19:00 Joggen

Ab 19:30 Freizeit (ausgehen, DVD schauen ect.)

Mittwoch

usw.

Damit der Plan ins Laufen kommt ...

Geben Sie sich nach ihrem ersten Lerntag einen Moment Zeit, um zu reflektieren, wie es gelaufen ist:

- Haben Sie die Zeiten eingehalten?
- Was ist an Störungen aufgetaucht?
- Was haben Sie nicht geschafft?
- Möchten Sie aufgrund der Erfahrungen dieses Tages den Lernplan für die kommenden Tage verändern?

Kein Lernplan ist in Stein gemeißelt: Es geht vielmehr darum, den eigenen Lernprozess zu überdenken und – wenn nötig – Veränderungen vorzunehmen. Wenn Sie merken, dass Sie im Moment noch keine sechs Stunden pro Tag konzentriert lernen können, kürzen Sie Ihre Zeiten zunächst und erhöhen Sie sie später wieder. Wenn Sie spüren, dass Sie sich insgesamt zu viel vorgenommen haben, reduzieren Sie die Stoffmenge.

Fällt Ihnen durch ein unerwartetes Ereignis eine Lernzeit völlig aus, suchen Sie sich ein Zeitfenster, in dem Sie diese Zeit nachholen können.

Das Prinzip heißt: plan – do – check – act und wurde entwickelt von dem Statistiker William Edwards Deming unter Bezugnahme auf den Shewhart-Zyklus des Physikers Walter Andrew Shewhart. Sie haben in Ihrem Lernplan festgelegt, welche Arbeiten Sie erledigen wollen. Am Morgen kontrollieren Sie nur nochmal kurz, ob alles so laufen kann wie geplant. Dann starten Sie mit dem Lernen. Im Anschluss an Ihre Lernphase vergleichen Sie Ihre Ergebnisse mit Ihren Zielen, um die Diskrepanzen festzustellen. Dann folgt die Analyse: Woran lag es, dass Sie sich ablenken ließen? Und wie können Sie dafür sorgen, dass die nächste Lernphase ungestörter verläuft? Wichtig ist, aus jeder Erfahrung zu lernen, eine Veränderung am Vorgehen vorzunehmen.

Und für alle, die allzu feste Strukturen nicht leiden können:

Wer grundsätzlich einen großen Widerstand verspürt, einen Lernplan zu erstellen, kann folgenden Trick anwenden:

«Exakte Pläne sind mir zu eng. Ich mag mich nicht festlegen, weil ich meine Freizeit spontan einteilen möchte. Deshalb nehme ich mir vor, jede Woche zwei Tage zu lernen, und das entscheide ich kurzfristig, Anfang der Woche. Und dann genehmige ich mir noch einen Ausweichtag, um trotzdem spontan zu bleiben.»

Marcos Bedürfnis nach Spontaneität ist so groß, dass er es nur über den Umweg der festgelegten Lerntage schafft, ausreichend Zeit in sein Studium zu investieren. Er hat damit eine Balance zwischen Freiheit und Struktur gefunden. Wie viel Festlegung tut Ihnen gut, wo brauchen Sie Freiheit? Probieren Sie's aus, welches Maß für Sie erfolgreich ist.

Das Gehirn braucht regelmäßige Pausen

In zahlreichen Veröffentlichungen zum Lernen findet man genaue Angaben, nach wie vielen Minuten Sie am besten eine Pause machen sollten und wie lange diese sein sollte.

Wir sehen das ein bisschen anders. Unsere Erfahrung ist, dass es von Lerner zu Lerner variiert, wie er seine Pausen gestalten sollte: Wenn Sie Mühe haben, überhaupt ins Lernen einzusteigen und dranzubleiben, dürfen Sie sich längere Lernphasen gönnen. Bei vielen Menschen lässt die Konzentration nach etwa einer halben Stunde nach. Dann machen viele eine Mini-Pause, strecken sich ein wenig, holen sich ein Glas Wasser und machen wieder weiter. Solche Pausen können Sie aber auch ganz aus dem Lernen werfen, wenn Sie sich ohnehin nicht leicht konzentrieren können. Nach anderthalb bis zwei Stunden steht oft eine längere Pause von 10–15 Minuten an. Wer länger konzentriert bleiben kann, warum nicht?

Wichtig ist in jedem Fall, dass Sie eine längere Mittagspause machen, damit sich das Gehirn erholen und die Informationen einspeichern kann. In allen Pausen sollten Sie weder Zeitung lesen, noch Mails abrufen oder Sudoku machen – am besten einfach alles weglassen, was geistig anstrengt. Mit Freunden reden, sich bewegen, kochen, aufräumen. Das ist alles bestens!

Wenn Sie Ihr Bedürfnis nach Pausen noch nicht so richtig einschätzen können, stellen Sie sich einen Wecker auf den Schreibtisch, und notieren Sie während eines Lerntags, wann Sie Pausen machen und wie lange diese sind.

Untersuchungen haben gezeigt, dass mehrere kürzere Pausen die Leistungsfähigkeit positiver beeinflussen als wenige längere. Ganz ohne

Pausen sinkt allerdings unsere Leistungsfähigkeit erheblich. Sie sind somit keine verlorene Zeit, sondern Schmieröl für unser wichtigstes Organ – für das Gehirn!

Sechs Methoden, um leichter zu lernen

Helfer aus dem Zeitmanagement

Das klassische Zeitmanagement kennt ein paar Methoden, die auch beim Lernen hilfreich sind. Unsere Teilnehmer berichten uns häufig, dass es ihnen hilft, sich einen Semester- oder Jahresplan zu kaufen und im Zimmer an der Wand anzubringen. So haben sie stets einen guten Überblick über die Wochen und Monate. An diesen Jahresplan können Sie auch Ihre «To-do-Listen» hängen, die Startpunkte der Lernphasen eintragen und die Reise nach Sardinien markieren. So behalten Sie immer den Überblick.

ALPEN-Methode

Das ist eine Möglichkeit ein Projekt zu planen. Mit der ALPEN-Methode, die aus fünf Elementen besteht, planen Sie nach dem Prinzip:
- **A**ufgaben, Termine und geplante Aktivitäten notieren
- **L**änge schätzen
- **P**ufferzeiten einplanen
- **E**ntscheidungen treffen
- **N**achkontrolle

Diese Methode ist einfach und äußerst effektiv, wenn Sie Ihre Tage planen wollen. Sie eignet sich hervorragend, wenn Sie eine Seminar- oder Abschlussarbeit verfassen.

ABC-Analyse

Die ABC-Analyse strukturiert die einzelnen Aufgaben eines Tages. Häufig haben wir viel mehr zu tun, als wir an einem Tag bewältigen können. Deshalb ist es wichtig, immer wieder Prioritäten zu setzen. Unter «**A**» fallen alle Aufgaben, die unmittelbar mit Ihren Zielen zu tun haben, und dringende Aufgaben, die keinen Aufschub dulden.

«**B**»-Aufgaben haben keine Eile und können deshalb terminiert werden. Sie tragen diese am besten gleich in den Kalender ein.

«**C**»-Aufgaben sind solche, die nicht unbedingt Sie machen müssen, die jetzt auch keine Wichtigkeit für Sie haben. Im Umgang mit solchen Aufgaben lohnt es sich, die Frage zu stellen: «Muss das sein? Wann muss es sein? Muss ich das tun oder kann ich jemanden bitten?»

Nicht selten können wir auf einige «C»-Aufgaben auch ganz verzichten. Wenn Ihnen die Einteilung in Buchstaben nicht zusagt, fragen Sie sich am Vorabend doch einfach: Was will ich morgen unbedingt erledigen? Was könnte ich erledigen? Und was ist so unwichtig, dass ich es auch ohne Folgen ganz lassen kann?

Starter für den Lerntag

Womit fange ich heute an? Manche motiviert es, am Morgen gleich mit einer Unbedingt-Aufgabe zu starten. Das kann auch eine echte «Kröte» sein – eine schwierige und herausfordernde Aufgabe. Wenn sie die geschafft haben, sind sie so stolz und motiviert, dass der Rest des Tages gut weiterläuft. Wieder andere laufen sich gerne erstmal mit einer harmlosen und angenehmen Aufgabe warm. Und ihre Motivation steigt dadurch für die schwierigeren Aufgaben.

Beobachten Sie, was zu Ihnen am besten passt. Und bleiben Sie ehrlich zu sich selbst. Aufräumen, Mails schreiben, das Ordnen von Unterlagen oder andere Aufgaben dienen oft als Mittel zum Aufschieben. Sie sollten im besten Fall ins konzentrierte Arbeiten führen.

Pomodoro-Technik

Die Pomodoro-Technik wurde von Francesco Cirillo in den 1980er-Jahren entwickelt. Ihre Stärke liegt aus unserer Sicht darin, dass Sie ein strukturiertes Vorgehen bietet und sich gleichzeitig optimal an individuelle Bedürfnisse anpassen lässt. Alles, was Sie dazu brauchen, ist ein Küchenwecker oder auch ein Timer und drei verschiedene Blätter: auf dem einen Blatt steht Ihr Tagesplan mit den einzelnen Aufgaben, die Sie sich für diesen Tag vorgenommen haben. Diese ergeben sich im Idealfall aus Ihrem Lernplan.

Dann gibt es eine Aufgabenliste, in die Sie alles eintragen, was Sie in den kommenden Wochen erledigen müssen. Die Aufgaben auf dieser

Liste sind völlig ungeordnet. Sie können darauf noch eine Rubrik «ungeplant und dringend» einfügen. Dort tragen Sie alle Aufgaben ein, die Ihnen untertags einfallen und für die Sie noch kein Zeitfenster vorgesehen haben. Zuletzt haben Sie noch ein Protokoll-Blatt, auf dem Sie notieren, welche Ablenkungen Ihnen in der Arbeit begegnen, und alle Gedanken zum Lernprozess.

Pomodoro-Technik heißt diese Methode übrigens, weil der Küchenwecker die Form einer Tomate hat und die Zeitfenster von 25 Minuten immer als «Pomodoro» gedacht werden. Sie sammeln also über den Tag hinweg so viele Pomodori wie möglich.

In jedem Pomodoro geht es darum, sich nicht ablenken zu lassen – sollte Ihnen ein wichtiger Gedanke zwischendurch kommen, notieren Sie ihn sofort unter «ungeplant und dringend». Dann ist er festgehalten und belastet Ihre Konzentration nicht weiter.

Und so geht's:
- Ziehen Sie Ihren Wecker auf 25 Minuten auf und legen dann los.
- Nach 25 Minuten stoppen Sie – auch wenn Sie mittendrin sind – und legen eine Pause von 5 Minuten ein.
- Danach kommt das nächste Pomodoro.

Dieser Ablauf führt dazu, dass Sie sehr konzentrierte Arbeitsphasen haben und Ihrem Gehirn im Anschluss eine Einspeicherhilfe anbieten. Jedes Pomodoro, das Sie geschafft haben, ist eine Belohnung wert – Sie malen einen Kreis auf ein Blatt Papier, Sie zeichnen ein Pomodoro, Sie machen einen Haken. Jede erledigte Aufgabe wird ausgestrichen. So erhalten Sie sofort eine positive Rückmeldung zum Lernen. Das motiviert Sie weiterzumachen.

Wenn wir uns nun mal eine komplexe Zeichen- oder Rechenaufgabe ansehen: Dafür reicht ein Pomodoro natürlich nicht aus. Sie brauchen dann eben mehrere. Die Pomodoro-Technik bewirkt ganz automatisch, dass Sie Ihre Aufgaben in kleine überschaubare Häppchen zerteilen. Dabei kommt es nicht darauf an, nach 25 Minuten einen Sinnabschnitt beendet zu haben. Sie lassen Ihren Stift einfach fallen, gönnen sich fünf Minuten Pause und setzen wieder ein. Vielleicht brauchen Sie 3–4 Pomodori, um die Aufgabe zu beenden. Diese Erfahrung können Sie nutzen, um Ihre Lernpläne ein Stück weit realistischer zu gestalten. Gerade wenn uns der Lernstoff noch nicht vertraut ist, schätzen wir die Zeit oft falsch ein.

In der Pomodoro-Technik schauen Sie jeden Abend auf Ihr Protokoll und ziehen daraus Schlüsse, wie Sie die folgenden Lerntage optimieren können. Staffan Nöteberg (2011) schlägt zusätzlich vor, die Jetzt-Aufgabe mit Leuchtstift zu markieren und sich möglicherweise noch zusätzlich auf einen Extra-Zettel zu schreiben. Das unterstützt die Fokussierung auf ein Thema.

Weitere Informationen zur Pomodoro-Technik finden Sie auf der offiziellen Seite von Francesco Cirillo www.pomodorotechnique.com und bei Staffan Nöteberg unter http://blog.staffannoteberg.com.

Das 4-Minuten-Prinzip

Um uns vor lästigen Daueraufgaben zu befreien, hilft das 4-Minuten-Prinzip: Erledigen Sie alles, was weniger als vier Minuten dauert, sofort. Das kann ein kurzer Anruf beim Arzt sein, die Waschmaschine anzuschmeißen oder den Tisch abzuräumen. Denn alles, was unerledigt um uns herum bleibt, beschäftigt uns unbewusst weiter.

Tipp: Wichtige Dinge, die Sie momentan nicht erledigen können, notieren Sie terminiert auf einem Zettel. Dann hängen Sie den Zettel sichtbar auf Ihren Kalender oder auf ein Board. Ab sofort müssen Sie nicht mehr darüber nachdenken, ob und wann Sie heute den Einkauf machen. Die Sache ist erstmal erledigt!

Der richtige Ort zum Lernen

Um unser Lernen zu planen, müssen wir viele Entscheidungen treffen. Dazu gehört auch die Wahl eines geeigneten Lernortes. Vielen unserer Teilnehmer fällt es schwer, zu Hause zu lernen, egal, ob im Elternhaus, in einer WG oder im Studentenwohnheim. Überall dort lauern Ablenkungen: die Mitbewohnerin möchte gemeinsam einen Tee trinken, die Mutter bittet um einen kurzen Besorgungsgang, der Hund braucht ein wenig Auslauf.

In den meisten Universitätsstädten gibt es eine große Auswahl an Bibliotheken. Machen Sie sich auf die Suche nach der für Sie geeigneten Bibliothek – es muss nicht immer die Ihres Ausbildungsfaches sein.

Vielleicht erkennen Sie auch, dass Sie verschiedene Lernorte brauchen – je nach Art des Lernstoffs oder abhängig vom Fach, das Sie gerade lernen. Möglicherweise lösen Sie in der Stille einer Bibliothek gerne Rechenaufgaben, während Sie das Auswendiglernen von volkswirtschaftlichen Modellen lieber nach Hause verlegen. Dorthin, wo Sie laut vor sich hinsprechen, mal was auf ein Lernposter zeichnen und jederzeit Pause machen können. Den Wechsel zwischen Ihren Lernorten könnten Sie fürs Radfahren oder Laufen nutzen. Dann haben Sie auch noch etwas für Ihre körperliche (und geistige) Fitness getan.

Sie nutzen Ihre Zeit optimal, wenn es Ihnen gelingt, an unterschiedlichen Orten zu lernen: Auf der Zugfahrt pauken Sie mit Ihren Karteikarten Englischvokabeln, die Arbeitsnische in der Bibliothek ist ideal, um juristische Fälle zu beantworten, und den Schreibtisch zu Hause nutzen Sie für die Erstellung von Zusammenfassungen und Mindmaps.

Auch unsere Körperhaltung beim Lernen beeinflusst unsere Konzentration: auf dem Bett liegend oder im Schlafanzug in einem gemütlichen Sessel lümmelnd können wir uns nicht so gut konzentrieren. Im Pyjama und mit der Kaffeetasse in der Hand kommt kaum das passende

Selbstcoaching | Einen passenden Lernplatz finden
Fragen, die Sie beim Finden Ihres Lernortes inspirieren können:
- Wie ruhig muss es um mich herum sein? Brauche ich absolute Stille, um mich zu konzentrieren? Oder ist es für mich angenehmer, ein paar Stimmen im Hintergrund zu hören?
- Für welches Fach brauche ich welche Umgebung? (Mathematische Fächer, Lernfächer, kreative Entwicklungen)
- Wie viel Platz habe ich gerne um mich herum? Lerne ich gut, wenn ich ganz alleine in einem Raum bin, oder tut es mir gut, all die anderen zu sehen, die auch arbeiten?
- Welche Bücher benötige ich dringend um mich herum? Und wo kann ich sie finden, damit ich mir das Schleppen erspare?
- Wie wichtig ist mir das äußere Ambiente? Und welches fördert mein Lernen? Brauche ich die kleine Teeküche nebenan oder schützt mich gerade die spartanische Einrichtung vor Ablenkung?
- Wie kann ich die Fahrzeiten zwischen meinen unterschiedlichen Lernorten sinnvoll nutzen? Was sollte ich immer dabei haben?

Arbeitsklima auf, eher Kaffeehauslaune. Die äußere «Arbeitshaltung» hat Einfluss auf unsere Leistungsfähigkeit. Es ist sinnvoll, angezogen und mit einer gewissen Körperspannung am Schreibtisch zu sitzen.

Wenn Sie wissen, wo Sie was am besten lernen, können Sie diese Erkenntnisse in Ihren Lernplan einfließen lassen. Bedenken Sie dabei immer, ob es sich lohnt, weite Wegstrecken auf sich zu nehmen, oder wie Sie diese sinnvoll nutzen können. Wenn Sie fast eine Stunde zur Bibliothek unterwegs sind, lohnt es sich möglicherweise doch das Umfeld zu Hause so zu gestalten, dass Sie auch dort konzentriert arbeiten können.

Lerntechniken in Kürze – Turbos fürs Lernen

Manchmal kommen wir nicht so richtig in Schwung. Wissen nicht, wo und wie wir anfangen sollen. Auch beim Lernen tut Abwechslung gut. Ein Wechsel der Lerntechniken kann das Lernen erleichtern. Veränderungen bringen wieder Schwung in den Lernalltag. Wir stellen Ihnen hier vier erprobte Methoden vor.

Das große Bild (Global Picture)

Für viele ist es wichtig, erstmal den großen Zusammenhang zu erkennen, bevor sie sich an die Detailarbeit machen. Bevor Sie sich mit einem Fach, einem Skript oder einem Buch beschäftigen, verschaffen Sie sich erstmal einen Überblick:

- Was genau will der Kurs erreichen?
- Worum geht es in diesem Buch?
- Welche Probleme löst dieses Fach, diese Technik?
- Auf welche Lebensfragen gibt der Kurs eine Antwort?

Die Fragen, die Sie sich zum Sinn des Lernstoffs stellen, helfen Ihnen, im Gehirn die entsprechenden «Schubladen» zu erzeugen. Die Einzelinformationen können dann dort einsortiert werden. Schauen Sie ins Inhaltsverzeichnis – dort finden Sie schon die Struktur.

Mindmapping und andere hilfreiche Karten

Die Methode «Mindmap» arbeitet mit Bild und Text. Sie geht auf Tony Buzan (2002) zurück. Der Vorteil: Sie nutzen zwei unterschiedliche Merk-Wege. Sobald Sie sich einen Überblick über das Fach verschafft haben, können Sie mit Ihrer Mindmap starten. In die Mitte kommt der Titel des Kurses oder des Faches. Die einzelnen Kapitel werden zu den Ästen der Mindmap. Je weiter Sie sich in den Stoff einarbeiten, umso mehr Details können Sie auf der Mindmap eintragen. Am Ende ist ein großes Bild des Faches entstanden, das Sie als Merkhilfe oder aktiv zum Wiederholen des Stoffes nutzen können. Für die Fans des digitalen Lernens: Mindmaps kann man auch im Computer erstellen. Es gibt zwei kostenfreie Angebote: FreeMind und MindMeister. Der MindManager ist ein kostenpflichtiges Angebot, das sicher die umfangreichsten Möglichkeiten bietet. Die Testversion ist kostenfrei.

Besonders gut geeignet sind aus unserer Sicht Mindmaps
- für ein erstes Brainstorming zu einem Thema (z. B. erster Entwurf für eine Seminararbeit oder ein Protokoll)
- für das Abspeichern bekannter Inhalte (z. B. um aktiv Lernstoff zu wiederholen; eignet sich auch gut, um mit anderen darüber zu sprechen)
- zum Überblick, für das Global Picture, das große Bild (z. B. um das Kapitel, das ich gerade gelernt habe, in den Gesamtzusammenhang einzuordnen)

Über eine Mindmap lassen sich oft inhaltliche Abhängigkeiten nicht darstellen.

Sie können sich für diese Anforderung von der Methode inspirieren lassen und auf dieser Basis Ihre eigenen Lernschaubilder entwickeln. Visualisierungen sind hilfreich und prägen sich leichter ein: kleine Bilder, Grafiken, Tabellen. Der Lernpsychologe Peter Gasser (2010, S. 100 f.) spricht in diesem Zusammenhang von Concept-Maps und Learn-Maps. Jede Form der Visualisierung und der Komprimierung des Lernstoffes dient der Tiefenverarbeitung. Sie können Ihre eigene Methode entwickeln, Inhalte anschaulich so kurz zu fassen, dass Sie sie sich gut einprägen können. Diese Lern-Schaubilder reduzieren die Stoffmenge und machen logische Beziehungen, Abfolgen und Hierarchien klar.

Da solche Learn-Maps sehr individuell sind, können auch nur Sie damit lernen. Es lohnt nicht, sich so gestaltete Aufzeichnungen von anderen auszuleihen. Betrachten Sie es so: Die Herstellung solcher Lern-Bilder ist Ihr erster persönlicher Lerndurchgang!

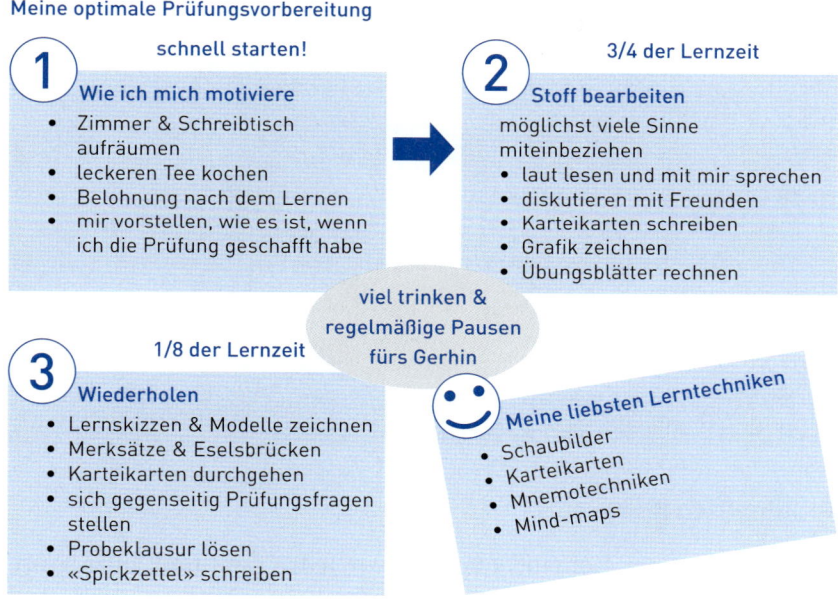

Karteikarten

Unschlagbar ist die gute alte Karteikarten-Methode, wenn es darum geht, viele Informationen auswendig im Kopf zu behalten und in Prüfungen wiederzugeben. Nehmen Sie am besten DIN-A5 Karteikarten. Die ermöglichen Ihnen einen Lernstoff so festzuhalten, dass Sie ihn mit einem Blick scannen können. Die Größe erlaubt nicht nur die übersichtliche Darstellung einzelner Begriffe und Definitionen, auch Schaubilder und Mini-Mindmaps lassen sich gut darstellen. Sie können diese Lernkarten mitnehmen, wenn Sie unterwegs sind. Die bewährte Methode des Lernkastens mit fünf Fächern stellen wir Ihnen im Kasten auf der nächsten Seite vor.

Lerntipp

Lernkasten mit fünf Fächern

- Alle Karten kommen zunächst ins erste Fach.
- Beschäftigen Sie sich dann mit dem ersten Kartenstapel. Alle Karten, deren Stoff Sie im Kopf haben, stellen Sie ein Fach weiter, der Rest geht zurück ins erste Fach.
- Nach ein paar Tagen wiederholen Sie das zweite Fach nach dem gleichen Prinzip: gelernte Karten kommen ins nächste Fach, der Rest zurück ins erste Fach. Die Karten aus dem ersten Fach werden auch wiederholt: alles, was jetzt klar ist, rückt weiter, und alles, was noch nicht im Kopf ist, bleibt dort.
- Mit den anderen Fächern verfahren sie genauso.

Über diese Karteikartenmethode erhalten Sie stets einen guten Überblick über das, was Sie schon können. Außerdem durchlaufen Sie relativ spielerisch mehrere Wiederholungen.

Für das Auswendiglernen brauchen wir zwischen sieben bis acht Wiederholungen, ansonsten reichen auch drei bis vier.

Pragmatisch lesen:

Beim Lesen eines Romans genießen wir jeden Satz und jedes Wort. Texte fürs Studium oder die Ausbildung benötigen dagegen eine andere Lesetechnik, Sie wollen den Inhalt so schnell und effektiv wie möglich erfassen. Zwei Lese-Methoden können Sie dabei unterstützen:

1. Minimierung der Lesemenge
Ziehen Sie eine Linie von etwa 1,5 Zentimetern vom Textrand rechts und links entfernt. Dann lesen Sie einfach nur das, was zwischen diesen beiden Linien steht. So lesen Sie nicht mehr die gesamte Zeile Wort für Wort, sondern konzentrieren sich auf Sinnzusammenhänge. Bei mathematischen Formeln klappt das allerdings nicht.

2. Erhöhung des Lesetempos
Fahren Sie mit dem Zeigefinger unter der Zeile entlang, die Sie gerade lesen. Der Finger gibt das Tempo vor, weil die Augen der Geschwindigkeit folgen, in der der Finger unter den Zeilen entlang fährt. Das funk-

Lerntipp

Leichter lesen und behalten

Eine für das Studium geeignete Methode, um sich Texte anzueignen, ist PQ4R-Methode, die von Thomas und Robinson (1972) entwickelt wurde:

Preview: Schauen Sie sich das Buch, den Text oberflächlich an. Lesen Sie Titel, Kapitelüberschriften, Klappentext, Vorwort. Überfliegen Sie die Abschnitte.

Question: Verwandeln Sie die Kapitelüberschriften in Fragen und formulieren Sie Fragen zu den einzelnen Abschnitten.

Read: Jetzt erst lesen Sie den Text langsam und gründlich. Versuchen Sie Ihre Fragen mithilfe der gelesenen Informationen zu beantworten. Unterstreichen Sie die Keywords.

Reflect: Versuchen Sie die neu gelesenen Inhalte mit bereits vorhandenem Wissen in Verbindung zu bringen.

Recite: Jetzt sind Sie schon in der Lage, die neuen Informationen mit eigenen Worten zu formulieren. Machen Sie das nach jedem Abschnitt – schriftlich oder mündlich. Wenn es Ihnen nicht gelingt, lesen Sie den Abschnitt noch einmal.

Review: Gehen Sie das Kapitel mit den relevanten Abschnitten gedanklich noch einmal durch. Versuchen Sie jetzt möglichst alle Fragen noch einmal zu beantworten.

Gehen Sie davon aus, dass Sie einen Fachtext ohnehin mindestens dreimal lesen, um ihn gut zu verstehen. Lösen Sie sich von dem Gedanken, Sie müssten jedes einzelne Wort verstehen.

Durch die erste Phase Preview verschaffen Sie sich einen guten Überblick, der Ihnen im besten Fall hilft, nur die wichtigen Informationen zu lesen. Gerade bei kompletten Fachbüchern brauchen Sie oft nicht alle Kapitel. Hand aufs Herz? Sind Sie beim Lesen dieses Buches nicht auch selektiv vorgegangen? Scheuen Sie sich also nicht davor, bei wissenschaftlicher Literatur genauso zu handeln. Wenn Sie genau wissen, was Sie suchen, können Sie zielsicher auswählen. Im zweiten Durchgang schaffen Sie Verständnis. Dann erst im dritten Durchgang erarbeiten Sie sich den Text Detail für Detail.

tioniert natürlich nur in einem bestimmten Rahmen. Wird das Tempo zu hoch, fällt die Konzentration wieder ab. Sie können statt des Fingers auch einen Stift benutzen.

Mixen Sie sich Ihren Lern-Cocktail

Sie haben in diesem Kapitel viel über Lerntechniken erfahren. Nicht jede der vorgestellten Methoden wird Ihnen zusagen. Denn jeder Mensch lernt anders. Wählen Sie ganz bewusst aus, was zu Ihnen passt, und entwickeln Sie Ihren eigenen Stil. Und rechnen Sie damit, dass Sie, nachdem Sie die eine oder andere Methode ausprobiert haben, feststellen, welche bei Ihnen funktioniert und welche nicht. Wir lernen vieles über «trial and error», oder wie Peter Gasser (2010, S. 47) formuliert: «Der Weg vom Laien- zum Expertengedächtnis führt über Lernen und Üben, mit Freude und Frust, mit Hoffnung und Ausdauer, mit Misserfolgen und Erfolg.»

Verabschieden Sie sich also ganz bewusst von der Vorstellung, irgendeine Wundermethode würde Sie automatisch zum Super-Brain machen, oder Sie müssten nur den ultimativen Tag haben und dann könnten Sie sich alles merken. Lernen ist anstrengend und spannend zugleich. Mit Interesse und einem Repertoire an passenden Lernstrategien können Sie Ihre Hürden erfolgreich nehmen!

Literatur, die sich zu lesen lohnt:

Gasser, Peter (2010). *Gehirngerecht lernen. Eine Lernanleitung auf neurobiologischer Grundlage.* Bern: Hep-Verlag.

Metzig, Werner & Schuster, Martin (2009). *Lernen zu lernen* (8. Aufl.). Berlin/Heidelberg: Springer.

Nöteberg, Staffan (2011). *Die Pomodoro-Technik in der Praxis. Der einfache Weg, mehr in kürzerer Zeit zu erledigen.* Heidelberg: dpunkt Verlag.

Nussbaum, Cornelia (2007). *Organisieren Sie noch oder leben Sie schon? Zeitmanagement für kreative Chaoten.* Frankfurt: Campus Verlag.

Rustler, Florian (2011). *Mind Mapping für Dummies.* Weinheim: Wiley-VCH Verlag.

Step 4:
Beseitigen Sie Ihre
inneren Hindernisse

Um was geht's?

- Die Kraft der positiven Emotionen fürs Lernen nutzen
- Hinderliche Gedanken in Unterstützer verwandeln
- Perfektionismus ade! Pragmatisch alle Hürden nehmen

Es gibt Tage, da wachen wir auf und fühlen uns fit. An denen springen wir aus dem Bett, starten gut gelaunt in den Tag, und alles geht leicht von der Hand. Und sollten wir an so einem Tag vorhaben zu lernen, können wir davon ausgehen, dass wir uns besonders gut konzentrieren können. Denn wer gut drauf ist, schafft wesentlich mehr, lässt sich auch weniger ablenken. Und: In einem positiven Modus ist unser Gehirn besonders aufnahmebereit (Lesen Sie hierzu auch Step 5).

Beim Lernen spielt es deshalb eine große Rolle, in welcher Stimmung wir am Schreibtisch sitzen. Gehirnforscher weisen immer wieder darauf hin, dass Emotionen entscheidend dazu beitragen, ob und wie wir den bearbeiteten Stoff behalten. Gut gestimmt, benötigen wir weniger Zeit. Wir nehmen das Gelernte schneller auf und speichern es auch in effektiver Weise. Mehr dazu im Kasten unten.

Gut gestimmt lernt es sich leichter

Nun gibt es allerdings auch Zeiten, in denen wir schlechter gestimmt sind. Entweder, weil es etwas gibt, das uns seelisch belastet, vielleicht aber auch, weil wir lernen wollen, sollen oder gar müssen. Denn die Zeit drängt, der Lernplan sagt, was zu tun ist, und es gibt keine Alternative. Der Stoff muss bearbeitet werden, unabhängig davon, wie Sie sich gerade fühlen. Und weil eine schlechte Stimmung nicht unbedingt die beste Basis ist, um effektiv zu lernen, ist ein erfolgversprechender Weg,

> **Wissen | Warum Emotionen wichtig sind fürs Lernen**
> Emotionen beeinflussen die Qualität des Lernens enorm. Je nachdem, ob wir gut oder schlecht gestimmt sind, speichern wir Informationen unterschiedlich ab. Der Hirnforscher Manfred Spitzer (2007) hat in zahlreichen Experimenten nachgewiesen, dass es einen klaren Stimmungseffekt auf das Gedächtnis gibt.
> Wenn wir mit Angst oder unter Druck lernen, tun wir uns schwerer, kreative Lösungen zu finden. Wenn wir gut drauf sind, verknüpft unser Gehirn Inhalte besser und verarbeitet Informationen insgesamt tiefer. Und das hat zur Folge, dass wir dieses Wissen später besser abrufen oder es für kreative Lösungen nutzen können.

sich in eine andere Gemütslage zu versetzen. Wir sind unseren Gefühlen und Stimmungen nicht so hilflos ausgeliefert, wie wir oft glauben.

Sie haben einige Möglichkeiten, Ihre Stimmung zu verbessern. In Step 6 beschreiben wir, wie sich allein durch eine veränderte Körperhaltung die Stimmung heben lässt (statt mit hängenden Schultern mit hoch erhobenem Kopf gehen). Es gibt aber noch andere Übungen, mit denen Sie sich erfolgreich in einen anderen Gefühlsmodus versetzen können, zum Beispiel mit einem «Brief für Regentage» (nach Isebaert, 2009, S. 110).

Selbstcoaching |Ein Brief für Regentage
Material: Papier, Stift; Zeit: 40 Minuten
Dieses Tool bereiten Sie am besten vor, wenn Sie in einer guten Stimmung sind:
Suchen Sie sich einen ruhigen Platz, an dem Sie bequem sitzen können. Manchmal ist es hilfreich, ein paarmal tief zu atmen, um zur Ruhe zu kommen oder auch die Augen zu schließen. Nehmen Sie dann das Blatt Papier und den Stift zur Hand.
Sie schreiben nun einen Brief an sich selbst – für die Momente, in denen es Ihnen nicht so gut geht, sozusagen einen Prophylaxe-Brief für die Stimmungstiefs in Ihrem Leben. Und das sollte der Brief enthalten:
- eine Liste von Aktivitäten, die Ihre volle Konzentration brauchen, bei denen Sie die Welt um Sie herum total vergessen,
- eine Liste von Aktivitäten, die Sie gerne tun (die Ihnen Spaß machen, die Sie trösten),
- eine Liste von Namen und Telefonnummern von hilfreichen Freunden und Familienmitgliedern,
- Ihre guten Eigenschaften mit konkreten Beispielen, in denen sie sich gezeigt haben,
- Ihre Talente und Fähigkeiten mit konkreten Beispielen,
- und was immer Sie sich sonst noch an gutem Rat geben können für «schlechte» Tage.

Diesen Brief bewahren Sie gut auf und holen ihn hervor, wenn es Ihnen nicht gut geht und Sie Mühe haben, Ihre Aufgaben anzugehen. Beim Lesen des Briefs, werden Sie eine positive emotionale Veränderung spüren – vorausgesetzt, Sie sind bereit, sich auf den Inhalt einzulassen.

Um keine Missverständnisse aufkommen zu lassen: Gefühle sind wichtige Indikatoren dafür, wie es uns geht, und das soll auch so bleiben. Bei den Übungen, die wir Ihnen hier vorstellen, sollten Sie Ihre Gedanken nicht zensieren und schlechte Gefühle nicht verdrängen. Das würde Ihnen auf Dauer auch nicht gelingen. Ziel ist es, die eigenen Gefühle so in den Griff zu bekommen, dass Sie nicht zum Spielball Ihrer Emotionen werden. Sie für den Augenblick unschädlich zu machen, zu verhindern, dass diese dann dazwischenfunken, wenn Sie sie gerade nicht brauchen können – weil Sie ein Skript lesen, ein Aufgabenblatt lösen oder ein Exzerpt machen wollen. Dieses bewusste Steuern von Emotionen ist möglich. Aber: Es fällt manchmal leichter, und manchmal scheint es schier unmöglich zu sein.

Liebeskummer ist der Klassiker, wenn es um Gefühle geht, die einen nicht mehr loslassen. In diesem Fall ist es hilfreich, sich emotionale Zeitfenster zu schaffen und in den Tagesplan einzutragen. Das sind festgelegte Zeiten, in denen Sie Ihrem Kummer Raum geben: Vereinbaren Sie mit sich und Ihrem Liebeskummer einen Termin, an dem alle schmerzhaften Gedanken und Gefühle, wie Trauer, das Gefühl von Einsamkeit und Wut, stattfinden dürfen. Das ist eine bekannte Methode. Der Hypnotherapeut Luc Isebaert (2009) nennt dieses Zeitfenster das «Grübelviertelstündchen» und empfiehlt, schlechten Gedanken und Gefühlen ein- oder zweimal täglich Raum und Zeit zu geben. Sie können sich für Ihre Grübelviertelstündchen ein eigenes Heft anlegen. Schreiben hilft, die Gedanken zu ordnen, wichtige von unwichtigen zu unterscheiden und neue Ideen zu entwickeln. Allein durch das Niederschreiben gewinnen Sie Distanz.

Wenn Sie in einem Raum schlafen, essen und arbeiten, geben Sie Ihrem Grübelviertelstündchen einen festen Platz. Das kann ein Sitzkissen sein oder ein Stuhl. Und nur auf diesem Möbel erlauben Sie sich dann ausgiebig zu grübeln.

Sie glauben, dass sich der Umgang mit Gefühlen nicht planen lässt? Wir sind davon überzeugt, dass es Ihnen gelingt und Sie dadurch einige Stunden ungestört am Schreibtisch sitzen können. Probieren Sie es einfach aus.

Ängste dürfen sein – aber bitte später

Der erste wichtige Schritt – bevor Sie Ihre Gefühle auf das Grübelviertelstündchen verweisen – ist jedoch, diese Emotionen als solche zu akzeptieren. Die Erfahrung zeigt, dass Gefühle dann ihre volle Kraft entwickeln, wenn wir so tun, als ob sie nicht vorhanden sind, oder wenn wir sie uns ausreden wollen. Unser Verstand neigt gelegentlich dazu, bei unangenehmen Gefühlen, wie beispielsweise Angst, eine rigorose Haltung einzunehmen. Er will sie verscheuchen und den Druck wegdenken, indem er sich sagt: «So ein Quatsch! Ich brauche keine Angst zu haben, es gibt ja gar keinen Grund dafür! Ich schreibe jetzt einfach hin, was ich weiß. Die anderen schaffen das doch auch.»

Der Psychotherapeut Matthias Wengenroth (2013, S. 58 ff.) nennt unseren menschlichen Verstand in diesem Zusammenhang einen «Problemerkennungsapparat», der sofort Lösungen parat hält. Das ist zwar gut gemeint von unserem Verstand; der Haken an der Sache ist nur: Wenn wir uns willentlich bemühen, keine Angst zu haben, wird sie garantiert präsenter (Lesen Sie mehr zum Thema «Prüfungsangst» in Step 8).

Sie kennen sicherlich das Rosa-Elefanten-Experiment: Es beinhaltet die Anweisung: «Denken Sie jetzt nicht an einen rosa Elefanten!» Was passiert daraufhin? Ziemlich sicher schwebt gleich ein schöner rosaroter Elefant vor Ihrem inneren Auge vorüber. Genauso verhält es sich mit den Emotionen: Je mehr wir uns befehlen, keine Angst zu haben, umso nervöser werden wir. Was Sie aber tun können, ist die Angst wahrnehmen und entscheiden: Ich werde mir die Angst später noch einmal genauer anschauen – und mir vielleicht sogar Hilfe holen. Sie werden merken, wie allein dieses Vorgehen Sie schon etwas beruhigen kann.

Gedanken auf den Prüfstand legen

Nun gibt es noch viele andere Ablenkungen, Gedanken, die uns anfliegen und uns vom Lernen abhalten, indem sie die Konzentration stören. In unseren Seminaren stellen in Anlehnung an Wengenroth (2013) wir verschiedene Übungen vor, mit denen Sie Ihre Aufmerksamkeit erhöhen und sich – falls nötig – selbst beruhigen. So lassen sich Gedanken auf vielfältige Weise vorübergehend neutralisieren, weiterschicken oder für später konservieren:

- Setzen Sie den Gedanken in Ihrer Vorstellung auf ein Papierschiffchen und lassen Sie ihn den Fluss hinunterfahren oder in einer Wolke weiterziehen.
- Verfremden Sie den Gedanken. Sprechen Sie ihn laut aus und verändern Sie die Vokale wie bei dem Kinderlied «Drei Chinesen mit dem Kontrabass».
- Geben Sie den Gedanken in ein Online-Übersetzungstool ein und lassen die Worte in eine andere Sprache und zurück übersetzen. Anschließend können Sie ihn sicherlich nicht mehr ernst nehmen.
- Schreiben Sie sich den Gedanken auf einen Zettel. Dann ist er konserviert, wird nicht vergessen, und Sie können sich später mit ihm beschäftigen – falls nötig.

Ausführlich beschriebene Übungen hierzu finden Sie im Kasten «Fünf Übungen für störende Gedanken und Gefühle» auf Seite 101.

Hinderliche Überzeugungen entdecken

«Nur wenn ich hundert Prozent gebe, bin ich wirklich gut.»

«Nach dem Studium ist mein Leben vorbei, und es gibt keinen Spaß mehr.»

«Ich schaffe alles, ich muss nur wollen.»

«Mathematik kann keiner in der Familie.»

«Eigentlich bin ich zu dumm fürs Studium.»

Jeder von uns hat innere Überzeugungen und Gedanken, die er schon lange mit sich herumträgt. Das sind oft Botschaften, die tief verankert sind und sich nicht einfach auflösen oder verändern lassen. Auch wenn wir wissen, dass sie hinderlich sind und uns davon abhalten, das zu tun, was wir uns wünschen. Wir haben diese Überzeugungen von Eltern, Lehrern oder Freunden übernommen – meist schon in unserer Kindheit.

Darunter gibt es nützliche Überzeugungen und solche, die uns blockieren. Irgendwann stehen wir dann im Leben vor einer Herausforderung, wie zum Beispiel ein Studium, und merken: «Nee, so komme ich

---

Wissen | **Glaubenssätze identifizieren**

Beispiele für typische Glaubenssätze, die einschränken und unter Druck setzen:

Lesen Sie die folgende Liste und achten Sie darauf, ob einer der Sätze Sie anspricht, in Ihnen eine Resonanz auslöst.

- Ehrlich währt am längsten.
- Mich mag keiner.
- Ich mache immer alles falsch.
- Wenn ich mal Erfolg habe, dann habe ich Glück gehabt.
- Wenn ich keinen sehr guten Abschluss habe, kann ich keine Karriere machen.
- Unsere Familie hat an der Universität nichts zu suchen.
- Meine Herkunft ist mein Schicksal.
- Ich habe kein Talent.
- Leistung muss weh tun.
- Den Status, den ich mir wünsche, erreiche ich nie.
- Nur wenn ich viel Geld verdiene, respektieren mich die anderen.
- Ich bin weniger wert als andere.
- Andere sind wichtiger als ich.
- Grenzen sind für mich eine unüberwindliche Mauer.
- Meine Herkunft wird mich mittelmäßig bleiben lassen.
- Mein Leben ist eine einzige Party.
- Ich bin dumm und habe ein Talent zum Faulenzen.
- Ich bin ein Versager.
- Ich muss mich um andere kümmern, um leben zu dürfen.
- Ich bin nicht liebenswert.

---

nicht mehr weiter!» Dann ist es Zeit, sich diesen inneren Botschaften zuzuwenden und sie zu hinterfragen. Es lohnt sich: Denn wer zum Beispiel glaubt, dass seiner Familie ein Mathematik-Gen fehlt, hat ein Problem, wenn zum Studium eine Mathe-Klausur gehört. Wer überzeugt ist, dass der Spaß im Leben mit dem Examen endet, wird seinen Bachelor oder Master möglichst hinauszögern. Und dass der Satz «Eigentlich bin ich zu dumm fürs Studium» nicht motivierend ist, versteht sich von selbst.

Den eigenen inneren Antreiber kennenlernen

Weil uns diese «Glaubenssätze» zunächst gar nicht bewusst sind, brauchen wir ein Werkzeug, um ihnen auf die Schliche zu kommen. Einen guten Zugang zu unseren hemmenden Überzeugungen bietet das Konzept der «Inneren Antreiber» aus der Transaktionsanalyse, die der Arzt und Psychoanalytiker Eric Berne (vgl. Berne, 2006) entwickelt hat.

Nach diesem Konzept hat jeder von uns einen oder mehrere innere Antreiber, aus denen sich auch Glaubenssätze entwickeln können. Diese Antreiber sind nicht per se schlecht. Sie können sehr hilfreich sein. Es kommt auf die Ausprägung an. Wenn einer der Antreiber zur ausschließlichen Richtschnur wird, setzt er uns massiv unter Druck. Wir stellen Ihnen hier die fünf Antreiber vor. Sie können selbst prüfen, in welchem Sie sich möglicherweise wiedererkennen. Vielleicht fühlen Sie sich auch von zwei oder drei im Alltag und im Studium «angetrieben».

1. Sei perfekt!
Überzeugung: Nur wenn ich perfekt bin, bin ich gut genug!
Hinter diesem Antreiber steckt die Überzeugung, nicht gut genug zu sein und sich deshalb enorm anstrengen zu müssen. Menschen mit diesem Antreiber erlauben sich keine Fehler und verausgaben sich leicht. Sie zeigen ein hohes Maß an Perfektionismus und achten oft zu wenig auf ihren Energiehaushalt.

2. Sei stark!
Überzeugung: Wenn ich Schwäche zeige, bin ich verloren!
Wer diesen Antreiber zu seinem besten Freund gemacht hat, zeigt vor niemandem Schwäche. Egal, was passiert, Menschen mit diesem Antreiber gehen erhobenen Hauptes durch alle Krisen. Sie haben Angst, sich schwach zu zeigen und sich damit der Willkür der anderen auszuliefern. Die Stärke gibt ihnen Sicherheit.

3. Mach's anderen recht!
Überzeugung: Nur wenn die anderen zufrieden sind, darf ich es auch sein!
Menschen mit diesem Antreiber sind stets bemüht, die Wünsche anderer zu erfüllen. Sie können ihre eigene Leistung nur schätzen, wenn alle um sie herum damit zufrieden sind. Sie haben Angst, auf Ablehnung zu

stoßen und nicht mehr dazuzugehören, wenn sie ihre eigene Meinung vertreten.

4. Streng dich an!

Überzeugung: Ohne Anstrengung ist jeder Erfolg wertlos!

Erfolg ohne Anstrengung ist undenkbar, ja fast unanständig für Anhänger dieses Antreibers. Sie denken, dass Leistung an der Mühe gemessen wird, nicht am Ergebnis. Aus ihrer Sicht ist Qualität ohne Anstrengung nicht denkbar. Sie überarbeiten sich leicht, stecken Unmengen an Zeit in Themen, die möglicherweise gar nicht zum Ziel führen.

5. Beeil dich!

Überzeugung: Nur wenn ich alles mitnehme, geht es mir gut!

Wenn sich jemand diesem Antreiber verpflichtet fühlt, hetzt er durchs Leben nach dem Motto «Viel bringt viel.» Dahinter steckt die Überzeugung, dass er ein umso erfüllteres Leben führt, je mehr er tut. Er will überall dabei sein, bloß nichts verpassen. Oft kommt es dann auch zu Schnellschüssen, ohne genau zu überlegen, wo es hingehen soll. Die Geschwindigkeit ist an vielen Stellen zu hoch (siehe Kasten).

Selbstcoaching | Innere Antreiber und Glaubenssätze entschärfen

Material: Papier, Stift zum Schreiben

Zeit: ca. 40 Minuten

Schauen Sie sich Ihren hinderlichen Antreiber bzw. Glaubenssatz an, stellen Sie sich hin und sprechen ihn laut aus. Im Stehen spüren Sie deutlicher Ihre körperlichen Reaktionen auf den Satz. Beantworten Sie sich dann folgende Fragen – nicht nur mit dem Verstand, sondern auch mit Ihrem Bauchgefühl:

1. Ist das wahr? (Ja oder Nein. Bei Nein gehen Sie zu Frage drei)
2. Können Sie mit absoluter Sicherheit wissen, dass das wahr ist (Ja oder Nein)
3. Wie reagieren Sie, was spüren Sie, was fühlen Sie, wenn Sie diesen Gedanken glauben?
   a) Bringt dieser Gedanke Frieden oder Stress in Ihr Leben?
   b) Welche Gefühle tauchen auf, wenn Sie diesen Gedanken glauben?

c) Wie behandeln Sie sich, wenn Sie diesen Gedanken glauben? Wie behandeln Sie andere Menschen?

4. Angenommen, es gäbe diesen Gedanken gar nicht. Sie hätten ihn noch nie geglaubt. Wer wären Sie dann? Wie wäre Ihr Leben ohne diesen Gedanken?

5. Finden Sie jetzt Umkehrungen von diesem Satz oder neue Interpretationen, die für Ihre momentane Situation nützlicher sind.

Beispiel: «Nur wenn ich perfekt bin, bin ich gut genug!»
Mögliche Umkehrungen:
«Nur wenn ich gut genug bin, bin ich perfekt!»
«Nur wenn ich total unperfekt bin, bin ich gut genug!»
«Immer wenn ich perfekt bin, bin ich gut genug.»
«Auch wenn ich nicht perfekt bin, bin ich gut genug!»
«Wenn ich gut bin, bin ich perfekt.»
«Ich bin perfekt und gut.»

Und vielleicht wird dann aus dem alten Satz ein neuer wie «Ich bin gut genug und darf auch einen Punkt setzen.»

Aus den spielerischen Abwandlungen des alten Satzes entsteht nach einiger Zeit ein Satz, der Wohlbefinden und Erleichterung auslöst. Achten Sie auch hier wieder ganz stark auf Ihr Bauchgefühl. Welcher Satz macht Ihnen richtig Laune? Und genau den schreiben Sie dann auf ein Blatt Papier und hängen ihn dort auf, wo Sie meist beim Lernen sitzen. Damit Sie ihn möglichst oft sehen und lesen. So gewinnt er immer mehr Bedeutung für Ihr Denken.

Das sind die fünf Antreiber aus der Transaktionsanalyse. Vielleicht haben Sie schon eine Ahnung, welcher bei Ihnen besonders hoch ausgeprägt ist und Ihnen manchmal ein Bein stellt. Die Übung im Kasten oben hilft Ihnen, diese Überzeugung zu hinterfragen und auch zu entschärfen, indem Sie einen sogenannten «Erlauber-Satz» entwickeln. Diese Übung folgt der Fragetechnik von «The Work» nach Byron Katie. Weiter Informationen zu The Work finden Sie unter www.thework.com/deutsch. Das ist ein Satz, der gut tut, der viele Handlungsoptionen offen lässt, statt einzuschränken. Mit dem Satz gehen Sie leichter und erfolgreicher durchs Studium und durch Ihr Leben.

Mit Misserfolgen (gut) leben lernen

Ihre inneren Antreiber haben Sie bereits kennengelernt. Wie aber steht's mit Ihrer Fehlerkultur? Auch ein unfreundlicher bzw. unerbittlicher Umgang mit Fehlern raubt Energie und kann Sie in Ihrem Studium behindern. Für viele Studierende gehören Fehler nicht zu den besten Freunden. Kein Wunder! Bereits in der Grundschule hat der Lehrer sie rot angestrichen. Und je mehr von ihnen auf dem Blatt zu sehen waren, umso schlechter war die Note. Wir haben schon in der Kindheit verinnerlicht: Fehler bitte vermeiden!

Und an diesem Credo halten wir danach auch noch häufig fest, obwohl wir wissen, dass es nicht lebenstauglich ist. Denn Fehler passieren immer wieder. Wir müssen mit ihnen leben lernen. Im besten Fall werden Sie tatsächlich unsere Freunde. Und so bleibt uns nur, unser Denken zu hinterfragen:

- Was ist eigentlich ein Fehler?
- Ist es gut Fehler zu vermeiden? Ist es nicht normal Fehler zu machen?
- Kann es nicht sein, dass ein Fehler auch gute Aspekte in sich birgt?
- Gibt es etwas, was ich durch diesen Fehler gelernt habe?
- Gibt es Konsequenzen, die ich nicht gezogen hätte, wenn ich den Fehler nicht gemacht hätte?
- Was ist mir jetzt in Zukunft möglich, was mir vor dem Fehler nicht möglich war?

Merken Sie was? Möglicherweise verändert sich bereits beim Lesen der Fragen Ihr Blick auf die eigenen Fehler. Wenn Sie sie beantworten, haben Sie eine gute Chance, Niederlagen zu überwinden. Aus diesen Fragen können Sie Lösungsstrategien entwickeln und einen Schritt vorankommen.

Dazu folgende Überlegungen: Sind Sie nach einem Fehler erstmal sauer auf sich selbst? Beschimpfen Sie sich innerlich und werten sich ab? Dann stoppen Sie an dieser Stelle! An wen genau richten Sie Ihren Vorwurf? An den, der jetzt hier steht und die Erfahrung des Fehlers bereits hinter sich hat? Na, der wird sich herzlich bedanken und sagen:

«Weiß ich doch alles. Finde ich genauso! Ich hätte das auch anders gemacht!» Der hat also mit der Angelegenheit rein gar nichts zu tun.

Na, dann richten Sie den Vorwurf eben an den, der Sie vor dem Fehler waren, an Ihr Ich vor einiger Zeit: «Sag mal, bist du bescheuert? Wie konntest du nicht sehen, dass das völlig daneben geht?» Und das frühere Ich wird dann ganz gelassen von seinem Standpunkt aus antworten: «Moment, ich kann da nichts dafür. Ich hatte ja die Erfahrung noch nicht gemacht. Von deiner Position aus kannst du jetzt leicht reden. Hinterher ist man immer schlauer!» Also, der hat auch nichts damit zu tun.

Das ist typisch: Wenn wir einen Misserfolg erleben, suchen wir einen Schuldigen. Und wir fragen nach dem Warum. Soweit so gut. Aber die Antwort auf diese Frage entscheidet über den weiteren Verlauf der Dinge und vielleicht auch Ihres Studiums. (vgl. Weiner, 1994, der in seiner Attributionstheorie der Frage nachging, wie sich Menschen Misserfolg und Erfolg erklären)

Sie haben zwei Möglichkeiten:
- Angenommen, Sie sind durch eine Prüfung gefallen. Möglicherweise erklären Sie sich den Misserfolg dadurch, dass Sie zu wenig gelernt haben. Dann wissen Sie genau, was vor der Wiederholungsklausur zu tun ist: mehr Zeit fürs Lernen einplanen, sich mit einer Lerngruppe verabreden, ein Repetitorium besuchen. Es gibt jede Menge Lösungsideen.
- Sie erklären sich den Misserfolg, indem sie sich einfach für unbegabt und nicht ausreichend intelligent halten. Wie ist dann Ihre Reaktion? Sie fühlen sich wie ein Versager, Ihre Motivation geht in den Keller, sie können sich kaum vorstellen, ein weiteres Mal anzutreten. Dementsprechend können Sie nicht so konzentriert lernen, wie Sie es sich wünschen würden. Und die Wahrscheinlichkeit ist groß, dass Sie nicht optimal auf die nächste Prüfung vorbereitet sind.

Krisen und Niederlagen meistern

Es geht nicht darum, eine Niederlage schönzureden. Ziel sollte sein, aus Niederlagen zu lernen und besser zu werden. Wer Misserfolge ausschließlich auf seine mangelnden Fähigkeiten zurückführt, programmiert das nächste Scheitern bereits vor, und damit sinkt die Chance auf ein erfolgreiches Studium.

> Das Gelingen ist manchmal das Endresultat einer ganzen Reihe missglückter Versuche. (Vincent van Gogh)

Dieses Zitat stammt von Vincent van Gogh, dem berühmten holländischen Maler. Wie recht er hat. Denn: Letztlich bleibt ein Fehler nur ein Fehler, wenn wir ihn nicht zum Lernen nutzen. Es kommt immer darauf an, welche Konsequenzen wir aus den Fehlern ziehen. Und wie wir mit ihnen umgehen. Wenn Sie aus einer Niederlage eine Erfolgsstory machen möchten, empfehlen wir Ihnen die folgenden sechs Schritte zu gehen. Mit ihnen kommen Sie nach einem Misserfolg schnell wieder zu Kräften:

1. Stufe: Erkennen Sie den Fehler oder die Niederlage an. Es ist eben passiert. Ja, so ist es!
2. Stufe: Lassen Sie Ihre negativen Gefühle (Wut, Trauer, Enttäuschung) eine begrenzte Zeit zu (gerne auch im Rahmen eines Grübelviertelstündchens).
3. Stufe: Analysieren Sie den Fehler, die Niederlage:
   • Was ist mein Anteil daran?
   • Welche Faktoren, die ich nicht steuern konnte, haben zum Misserfolg geführt?
   • Was kann ich in Zukunft besser machen?
4. Stufe: Seien Sie fürsorglich mit sich selbst. Gönnen Sie sich ein gutes Essen, ein Bad, einen Abend mit Freunden. Genehmigen Sie sich eine Verschnaufpause, bis Sie wieder durchstarten.
5. Stufe: Erinnern Sie sich an Ihre Erfolge:
   • An welche Erfolge in meinem Leben denke ich besonders gerne zurück?
   • Was habe ich in diesen Situationen gespürt, was habe ich erlebt?
   • Habe ich in diesen Situationen so etwas wie Stolz auf mich und Freude über meine Leistung empfunden?
   • Wo im Körper war diese Freude, dieser Stolz spürbar?
   • Und welchen Erfolg hatte ich in letzter Zeit, über den ich mich bisher zu wenig gefreut habe?

Tipp: Visualisieren Sie Ihre Erfolge auf bunten Post-its oder schreiben Sie eine lange Liste. Denken Sie an Erfolge in der Schule, bei Ihrem Hobby, bei Ihren ehrenamtlichen Interessen. Denken Sie weit zurück: bis in die Grundschule, zur Pfadfinderstunde, bis zum ersten Kuss. Gestalten Sie Ihre eigene Erfolgsgalerie und verschönern Sie damit Ihr Zimmer.

6. Stufe: Richten Sie den Blick nach vorne und suchen sich neue Ziele:
    *   Welche Möglichkeiten habe ich jetzt?
    *   Was möchte ich erreichen?
    *   Was ist ein erster guter Schritt in diese Richtung?

Wenn Sie alle Phasen bewusst durchlaufen, haben Sie eine gute Chance, kraftvoll an Ihren Zielen weiterzuarbeiten.

Raus aus der Perfektionismus-Falle

Muss ich eigentlich alles wissen? Nein, das müssen Sie nicht. Es ist völlig unrealistisch, den Stoff hundertprozentig erfassen zu wollen. Sie können nicht alles mitschreiben, was der Professor sagt, alle Inhalte klar und deutlich auf Karteikarten festhalten oder alle Arbeitsblätter vor der Prüfung dreimal durchgehen. Verabschieden Sie sich von Ihrer Arbeitsweise in der Schule. Da gab es noch ausreichend Raum, dem eigenen Perfektionismus zu frönen. Im Studium oder in der Ausbildung ist an vielen Stellen ein pragmatisches Vorgehen gefragt.

Perfektionismus ist nicht von vornherein schlecht: Viele Menschen brennen für eine Sache oder einen Beruf. Sie üben ihre Tätigkeit mit einem hohen Maß an Perfektionismus aus, und das ist gut so. Schließlich wollen wir mit dem Auto über eine Brücke fahren, die stabil gebaut ist, oder eine Narkose so überstehen, dass wir nach ein paar Stunden wieder munter sind. Ein hoher Leistungsanspruch kann in vielen Situationen äußerst nützlich sein. Die Perfektionismusforscherin Dr. Christine Alstötter-Gleich weist darauf hin, dass perfektionistische Tendenzen an sich nicht schädlich sind. Sogenannte «funktionale Perfektionisten» setzen sich zwar hohe Leistungsstandards, aber sie stellen nicht ihre gesamte Persönlichkeit in Frage, wenn sie mal versagen (vgl. Geo-Wissen, 2013, Nr. 52, S. 58–63).

Belastend wird der Perfektionsanspruch für Menschen, die in allen Situationen um jeden Preis perfekt sein müssen, weil sie Angst davor haben, Fehler zu machen. Bei diesen Menschen führt ein einziger Fehler zu massiven Selbstzweifeln. Sie misstrauen ihren Fähigkeiten und sind sehr bemüht, es ihrer Umwelt recht zu machen. Weil sich ihr Leistungsanspruch durch alle Lebensbereiche (Studium, Arbeit, Freizeit, Beziehung, Ehrenamt) zieht, kann Erschöpfung bis hin zu Burn-out entstehen. Perfektionismus in dieser Form ist auf Dauer gesundheitsschädlich.

Studierende mit einem dysfunktionalen Perfektionsanspruch sind nie fertig. Denn ein Ergebnis kann immer noch besser sein. Wer keine Instanz hat, die auch mal zufrieden ist mit einer Leistung, arbeitet immer weiter, bis er irgendwann einmal nicht mehr kann. Er ist dem in diesem Kapitel beschriebenen inneren Antreiber «Sei perfekt!» ausgeliefert.

Perfektionisten lernen für eine Klausur bis zum letzten Moment. Einfach mal nur durchkommen, das gibt es nicht. Überall ist Höchstleistung gefragt. Bei schriftlichen Hausarbeiten finden Perfektionisten kein Ende: Könnte dieser Artikel noch relevant sein? Oder ist dort noch eine Information zu finden, die die bisherigen Erkenntnisse in Frage stellt? Und dann reicht oft die Zeit nicht mehr, alle Informationen auf ein paar Seiten zu bannen. Die Folge ist ein tiefes Unbehagen mit dem Ergebnis – unabhängig von der Benotung. Perfektionisten verlieren den Aufwand völlig aus den Augen. Der Königsweg ist hier ein gesunder Pragmatismus und seine Ansprüche auf ein gesundes Maß zu bringen.

Sieben Schritte auf dem Weg zum gesunden Perfektionismus

1. Die Wurzeln des Perfektionismus

Perfektionismus hat seine Wurzeln oftmals in der Kindheit, und dort kann man ihm auf die Schliche kommen: Wie wurde mit Leistung umgegangen? Welches Maß an Leistung war normal, wurde erwartet? Wurden Sie geliebt um Ihrer selbst willen oder nur, wenn Sie gute Leistung erbracht haben? Haben Sie generell nur über Leistung Aufmerksamkeit und Anerkennung erhalten?

Diesen Fragen können Sie in einer ruhigen Minute nachgehen. Und eines ist klar. Genauso wie der Perfektionismus irgendwann gelernt wurde, so kann er langsam auch wieder verlernt werden. Seien Sie also geduldig mit sich selbst!

Machen Sie sich klar: Perfektion an sich gibt es nicht. Es handelt sich dabei immer um eine subjektive Einschätzung. Was für den einen perfekt ist, muss es für den anderen nicht sein. Und darin liegt genau die Falle! Es geht immer noch besser – aber für wen? Für die anderen, denen Sie gefallen möchten? Um sich vor den anderen keine Blöße zu geben? Um Anerkennung von den anderen zu bekommen? Und ist der Perfektionismus auch heute noch der einzige Weg, um Liebe und Anerkennung zu bekommen? Oder haben Sie jetzt noch ganz andere Möglichkeiten?

2. Das Gute am Perfektionismus
Was bringt Ihnen der Perfektionismus? Wo hilft er Ihnen in Ihrem Alltag? Was ermöglicht er Ihnen? Wo stört er Sie? Wo bringt er Sie unter Druck, stresst er Sie?

Fertigen Sie zwei Listen an. In welchem Verhältnis stehen Vor- und Nachteile? Nehmen Sie die Nachteile für die Vorteile gerne in Kauf? Oder wiegen die Nachteile schwerer?

3. Wo zeigt sich der Perfektionismus?
In welchen Situationen stört Sie Ihr Perfektionismus? Was denken und fühlen Sie dann? Wie verhalten Sie sich? Wie könnte die Situation laufen, wenn Sie weniger perfektionistisch wären? In welchen Situationen wären Sie gerne in Zukunft ein bisschen weniger perfektionistisch?

4. Im Alltag üben
Am besten lernt sich's spielerisch. Erlauben Sie sich mal ein Kapitel beim Lernen einfach auszulassen. Vielleicht nicht, wenn Sie auf Ihre wichtigste Klausur lernen; wählen Sie dafür eine Klausur, die besonders breit Wissen abfragt, dann fällt das nicht so ins Gewicht, so bleibt das Risiko kalkulierbar und Sie überfordern sich nicht. Oder: Schreiben Sie in einer Vorlesung einfach mal ein bisschen weniger mit oder gehen fünf Minuten vor Ende. Und dann beobachten Sie sich dabei, wie es Ihnen geht, welche Folgen Ihr neues Verhalten hat – wahrscheinlich gar keine. Wunderbar. Wenn die Welt genauso weiterläuft wie bisher, warum sich dann weiter stressen?

Nehmen Sie sich für Ihr Anti-Perfektionismus-Training auch kleine Alltagssituationen vor. Bettina Stackelberg (2013) schlägt vor, mal mit

Absicht zwei verschiedene Socken anzuziehen oder ungeschminkt zum Bäcker zu gehen. Überlegen Sie sich eine Kleinigkeit, bei der Sie Ihren Perfektionismus mal ablegen könnten, ohne großen Schaden zu erleiden.

5. Entscheidungen trainieren

Perfektionisten entscheiden sich ungern. Es könnte ja immer noch eine bessere Entscheidung geben. Oder man müsste ja erstmal nachdenken, ob das wirklich eine gute Entscheidung ist. Aber das wissen wir eben erst, wenn wir uns entschieden haben. Entscheiden ist also eine Frage des Mutes. Einfach mal ins kalte Wasser springen und schauen, wie's dort ist.

Um schneller entscheiden zu können, gibt es eine schöne kleine Alltagsübung: Beim nächsten Restaurantbesuch entscheiden Sie sich nach 20 Sekunden für einen Platz und wechseln den Tisch nicht mehr. Wenn Sie die Speisekarte in Händen halten, entscheiden Sie nach 30 Sekunden, was Sie essen wollen und entscheiden sich nicht mehr um. Diese Übung können Sie in unterschiedlichen Variationen in Ihren Alltag integrieren: beim Einkaufen in der Bäckerei, im Supermarkt, im Buchladen. Aller Wahrscheinlichkeit nach machen Sie jede Menge gute und unerwartete Erfahrungen. Und das ohne langes Nachdenken!

6. Finger weg von Vergleichen

Der Philosoph Sören Kierkegaard nennt das Vergleichen das «Ende des Glücks und den Anfang der Unzufriedenheit». Es gibt immer Bessere, Klügere, Schönere, Reichere. Nehmen Sie sich selbst als Maßstab. Notieren Sie in einem Heft, welche Fortschritte Sie jeden Tag gemacht haben oder was Sie geschafft haben. Jeden Tag einen kleinen Erfolg notieren. So nehmen Sie wahr, dass Sie sich weiterentwickeln – ohne sich an anderen zu messen.

7. Energie und damit Kraft schonen

Lernen Sie mit Ihrer Energie hauszuhalten. Es bedarf einiger Übung, um zu spüren, wann es genug ist, wann die Kraft nicht mehr reicht und wann die eigenen Batterien aufgefüllt werden müssen. Auf sich selbst achten, ist eine Fähigkeit, die Sie lernen können – und sie ist entscheidend, um gesund zu bleiben. Eine kleine Übung hierzu finden Sie im Kasten auf der Seite 58.

Selbstcoaching | **Das eigene Energiefass füllen**

Material: Vier weiße DIN-A4-Blätter, ein dickerer Filzstift; Zeit: 30 Minuten

Malen Sie auf ein Blatt Papier ein Fass. Dann überlegen Sie kurz, wie viel Energie Sie in Ihrer momentanen Lebensphase verspüren. Wie stark ist gerade Ihr Energiefass gefüllt? Zu 80, 60 oder nur 40 Prozent? Zeichnen Sie die Füllmenge ein.

Nehmen Sie drei weitere Blätter: eines für den Verstand, eines für den Körper und ein Blatt fürs Herz. Sie können Symbole auf die Bögen malen oder auch den Begriff darauf schreiben. Dann legen Sie diese drei Blätter vor sich auf den Boden und stellen sich nacheinander vor ein Blatt und überlegen, wie Sie in dem Bereich Energie tanken können.

- Beginnen Sie mit dem Körper: Wann habe ich Zeit, etwas für meinen Körper zu tun? Was kann ich tun?
- Wechseln Sie zum Verstand: Wann habe ich Zeit, meinen Verstand zu nähren? Meinen Geist?
- Und stellen Sie sich zuletzt vor das Blatt mit dem Herz: Wie kann ich mein Herz wieder mit positiven Emotionen füllen?

Notieren Sie für jeden der drei Bereiche, wie Sie über kleine Alltagshandlungen mehr Energie erzeugen können.

Gerade Perfektionisten haben es nötig, pfleglich mit sich umzugehen, weil sie oftmals die eigenen Grenzen übersehen und sich verausgaben. Wenn Sie sich ab und zu in Ihrem Alltag fragen, wie viel Energie Ihnen gerade zur Verfügung steht, gewöhnen Sie sich automatisch eine fürsorgliche Haltung sich selbst gegenüber an und spüren, wann Ihr Perfektionismus mal wieder Pause machen darf.

(nach Wellensiek, 2012, S 47)

Quotes

Katharina, Studentin im Maschinenbau:

Mir wurde durch das Coaching bewusst, wie sehr ich mich abwertete und wie stark mein innerer Kritiker war. Erst als ich lernte, meine Erfolge und Stärken wahrzunehmen und mit mir freundschaftlicher umzugehen, konnte ich lockerer in die Prüfungen gehen. Die Ergebnisse sind seither wesentlich besser.

Alexandra, Studentin der Architektur:

Mir hat die Erkenntnis geholfen, dass ich meinen negativen Gedanken nicht hilflos ausgeliefert bin, sondern selbst bestimmen kann, was ich denke und was nicht. Seither gelingt es mir viel besser, meine Stimmung zu beeinflussen. Ich bin wesentlich ausgeglichener und leistungsfähiger.

Michael, Student der Ingenieurwissenschaften:

Die Prüfungsphase war anstrengend, aber mit Geduld konnte ich mich durch die Lerntage und die Prüfungen durchbeißen. Es gab sowohl gute als auch schlechte Tage. Aber ich habe nie aufgegeben, sondern mich motiviert und weitergelernt. Die schlechten Gedanken habe ich vorbeiziehen lassen und mich auf das konzentriert, was ich schon geschafft habe.

Es hat sich diesmal insgesamt einfach leichter angefühlt. Und zum ersten Mal habe ich in einem Semester alle Prüfungen geschafft!

Sabine, Studentin der Soziologie:

Ich hatte früher immer sehr große Mühe, nach einem Misserfolg wieder auf den Damm zu kommen. Jetzt weiß ich einfach, dass Rückschläge dazugehören und dass ich aus ihnen etwas lernen kann. Wenn ich in eine Wiederholungsklausur gehe, schäme ich mich nicht mehr und bin nicht völlig verkrampft. So konnte ich im letzten Semester auch alles aufholen, was ich vermasselt hatte.

Stefan, Jurastudent:

Seitdem ich meinen Antreiber «Sei perfekt!» kenne und ihn für mich umformuliert habe, kann ich endlich um 19 Uhr aus der Bibliothek gehen und den Abend genießen. Ich bin dann ganz entspannt im Hier und Jetzt, weil ich weiß, dass ich alles getan habe, was nötig ist. Das fühlt sich viel leichter an!

Story

Michel studiert jetzt Elektrotechnik, nachdem er Physik nach zwei Semestern an den Nagel gehängt hat. Der Abbruch seines ersten Studiums erinnerte ihn an alte Zeiten in der Schule, als seine Grundschullehrerin ihn für die Hauptschule empfahl. Keiner erkannte damals, dass Michel eine Lese-Rechtschreib-Schwäche hatte. Er wurde einfach als untalentiert abgestempelt.

Michel hat sich durchgeboxt: erst auf der Hauptschule, später auf der Realschule, Fachabitur, allgemeines Abitur und dann ging er an die Hochschule. Hier wollte er endlich allen beweisen, dass sein Kopf richtig gut funktionierte. Und dann nach zwei Semestern kam die bittere Erkenntnis, dass er Physik nicht schaffen konnte.

Dieser Misserfolg ließ alle alten Gefühle wieder wach werden: Ohnmacht, Wut und Versagensängste machten sich breit. Michel war ständig damit beschäftigt, sich mit den Besten in seinem neuen Studienfach zu vergleichen. Er wollte um jeden Preis mithalten, Mittelmaß war verboten. Michel betrieb permanent ein strenges Benchmarking seiner Leistungen und seiner Person. Das brachte ihn dazu, manchmal die schon gerechneten Aufgaben in einer Klausur einfach durchzustreichen und abzugeben, weil er spürte, die erhoffte Note nicht zu erreichen. Also lieber durchfallen, als mit 3,7 bestehen.

Michel setzte sich stark unter Druck. Das Lernen wurde immer mehr zur Plage. Er war oft unkonzentriert oder schweifte in Gedanken ab. Und letztlich kamen immer mehr Noten dazu, mit denen er nicht zufrieden war.

Erst als Michel im Coaching erkannte, welche alten Erfahrungen und welche negativen Gedanken in ihm wieder aktiv wurden, konnte er sich allmählich davon distanzieren. Immer wieder verfiel er in die alten Denkmuster. Mit der Zeit konnte er aber immer konzentrierter lernen und ruhiger die Prüfungen bestreiten. Das ständige Vergleichen in seinem Kopf ließ nach; er achtete mehr auf sich und seine Bedürfnisse. Mit einem gut durchdachten Lernplan, der Arbeiten und freie Zeit geschickt miteinander kombinierte, kam er gut voran. Michel schreibt gerade seine Bachelorarbeit an der University of Tokyo. Er berichtet, er sei mit sich und seiner Person nun viel zufriedener. Und auch im Studium sei er immer erfolgreicher unterwegs.

Selbstcoaching

Zwei Übungen für die Konzentration

Augenübung

Eine schnell wirkende Stressreduktion aus der Energetischen Psychologie:

Beschreiben Sie mit der Bewegung Ihrer Augäpfel eine Acht: Beide Augäpfel schauen nach links oben, wandern nach links außen, dann nach links unten. Jetzt geht der Blick nach rechts oben, dann nach rechts außen, nach rechts unten und wieder nach links usw. (Bohne, 2008, S. 64)

Fingerübung

Halten Sie beide Hände vor sich auf Bauchhöhe und führen Sie sie nur an den Fingerspitzen zusammen, die Handflächen berühren sich nicht. Atmen Sie entspannt weiter und halten Sie diese Stellung einige Minuten. Diese Übung erhöht die Konzentration und ist auch hilfreich in mündlichen Prüfungen. Sie können die Hände mit den sich berührenden Fingerspitzen auch auf dem Tisch auflegen.

Fünf Übungen für störende Gedanken und Gefühle

Gedankenstopp

Diese Übung können Sie einsetzen, wenn Sie beim Lernen immer wieder in Ihren Gedanken abschweifen oder wenn Sie spüren, wie Ihre Gedanken immer mehr um die Prüfung kreisen und ein beklemmendes Gefühl auslösen.

Sobald diese unerwünschten Gedanken auftauchen, sagen Sie innerlich STOPP. Sie können auch laut STOPP sagen und gleichzeitig mit der flachen Hand auf den Tisch schlagen oder in die Hände klatschen. Sagen Sie so oft STOPP, bis die Gedanken verflogen sind.

Bei Prüfungsangst können Sie sich statt der beklemmenden Gedanken schöne Szenen vorstellen, die Sie erlebt haben. Einen Spaziergang am Strand, einen lustigen Abend im Club u. ä. Versetzen Sie sich in das Gefühl, das Sie mit dem angenehmen Erlebnis verbinden, und genießen Sie es.

Zen-Variante
Gedanken vorüberziehen lassen. Die Idee: Wir denken und fühlen nur das, was wir an uns herankommen lassen. Negative Gefühle und Gedanken gehören per se nicht zu uns, wir nehmen sie nur an und geben uns ihnen hin. Übung: Die Gedanken wie Wolken einfach an uns vorüberziehen lassen. Sie begrüßen: Aha, da bist du, aber ich mag mich jetzt nicht mit dir beschäftigen. Die Gedanken einfach weiterschicken ... Das bedarf einiger Übung, funktioniert aber dann sehr gut.

Reise-Variante
Mit geschlossenen Augen stellen Sie sich ein Bild vor, in dem eine regelmäßige, fließende Bewegung enthalten ist. Das können Blätter in einem Fluss sein, Goldfische in einem Aquarium oder auch ein fahrender Zug, den man von einer Brücke von oben beobachtet. Wenn Sie einen störenden Gedanken wahrnehmen, schreiben Sie ihn geistig auf das Blatt, den Fisch, den Zug oder welches Bild Sie auch immer für sich gefunden haben. Und dann lassen Sie diesen Gegenstand mit Ihrem Gedanken weiterziehen.

Gedanken verfremden
Formulieren Sie den belastenden Gedanken in einem Satz und sprechen Sie ihn mit geänderten Vokalen aus. Sie kennen sicherlich das Kinderlied von den drei Chinesen mit dem Kontrabass. Es wird in mehreren Varianten gesungen: Mal verwandeln sich alle Vokale in ein «i», dann in ein «a», dann in ein «u» usw. Verfremden Sie den Gedanken nach diesem Schema und amüsieren Sie sich über das Ergebnis.
Oder tippen Sie Ihren Gedanken in ein Online-Übersetzungstool und lassen ihn in eine Fremdsprache übersetzen. Und dann wieder zurück ins Deutsche. Auch diese Technik verfremdet unsere Gedanken so, dass Sie kaum mehr die Wirkung vom Anfang haben. (vgl. Wengenroth, 2013)

Literatur, die sich zu lesen lohnt:

Peichl, Jochen (2014). *Rote Karte für den inneren Kritiker*. München: Kösel Verlag.
Stackelberg, Bettina (2013). *Gut reicht* völlig. Selbstbewusste Wege aus der Perfektionsfalle. München: Beck Verlag.
Wengenroth, Matthias (2013). *Das Leben annehmen. So hilft die Akzeptanz- und Commitmenttherapie (ACT)*. Bern: Hans Huber Verlag.

Step 5:
Nutzen Sie Ihr Potenzial

Um was geht's?

- Lernstoff nachhaltig speichern
- Mit ungeliebten Fächern umgehen
- Ablenkungen vermeiden
- Innere Bedürfnisse erkennen und integrieren

«Früher habe ich intensiv zwei, drei Tage vor der Prüfung gelernt, alles in mich hineingestopft – und nach der Prüfung hatte ich dann alles wieder vergessen.»

«Bulimisches» Lernen ist die umgangssprachliche Beschreibung dafür, was Sebastian, Student des Maschinenbauwesens, hier schildert. Die meisten kennen es noch aus der Schulzeit. Da wird der Stoff schnell am Abend zuvor eingepaukt und am nächsten Morgen ausgespuckt. Das funktioniert – aber nur begrenzt. In manchen Schulfächern kann diese Art zu lernen ausreichen, um einigermaßen im Mittelfeld mitzuschwimmen. In einem Studium können Sie damit die eine oder andere Klausur bestehen. Aber spätestens im vierten oder fünften Semester spüren Sie die Defizite dann, wenn die Themen komplexer werden.

Diese Erfahrung hat auch Sebastian gemacht: In den ersten zwei Semestern lief es noch ganz gut. Damals hat er fast alle Klausuren mit diesen kurzfristigen Lernsprints geschafft. Er sagt selbst, dass er mit seinen Noten weniger zufrieden war, «aber ich bin froh, dass ich durchgekommen bin». Inzwischen ist er im vierten Semester und hat noch viele Altlasten im Gepäck: sechs Prüfungen aus der Vergangenheit, aktuell stehen sieben neue Klausuren an. Weil er diese Herausforderung selbst auch als ziemlich sportlich wahrnimmt, hat er sich bei uns im Lerncoaching angemeldet.

Wer sich zu viel vornimmt, leistet weniger

Üblicherweise ziehen wir mit den Studierenden in so einer Situation eine Art Bilanz: Wie viel Stoff ist zu lernen? Wie viel Zeit steht zur Verfügung? Welche Prüfungen sind zwingend? Welche können geschoben werden? Denn: 13 Prüfungen sind – zumindest in Sebastians Studienfach – nur schwer zu schaffen. Und wir machen oft die Erfahrung, wer auf zu viele Klausuren lernt, besteht weniger, als wenn er sich von Anfang an beschränkt. Wir haben uns mit Sebastian auf zehn Prüfungsfächer geeinigt. Durch die ist er dann tatsächlich auch durchgekommen – und die Ergebnisse waren besser als in den ersten drei Semestern. Allerdings hat Sebastian auch sein Lernverhalten verändert:

«Ich habe mir angewöhnt, in den Vorlesungen Stichworte zu notieren und den Stoff noch innerhalb von drei Tagen nachzuarbeiten. Ich lese Mitschriften, Folien und das Skript, mache Übungsblätter, um die gestellten Aufgabentypen einmal selbst bearbeitet zu haben. Ich lerne eher auf Verständnis, bleibe damit am Stoff dran und muss in der Prüfungszeit nicht wieder von vorne beginnen.»

So tickt Ihr Gehirn

Für Sebastian war das ein Paradigmenwechsel: Er ist vom «Assoziationslernen» (Hofmann/Löhle, 2012, S. 31 f.), dem Auswendiglernen, zum «Verarbeitungslernen» übergegangen. Es gibt durchaus Stoff, bei dem es sinnvoll ist, auswendig zu lernen. Vokabeln, Formeln, Daten und Fakten gehören dazu. Wenn wir aber dieses Wissen in einem neuen oder ungewohnten Kontext einsetzen wollen, benötigen wir ein gewisses Grundverständnis von der Materie. Und das erhalten wir mit einer Lernstrategie, die das Langzeitgedächtnis bedient.

Dazu ist es wichtig zu wissen, dass Lernen, Lernstoff behalten oder wieder vergessen in einem engen Zusammenhang mit den Strukturen unseres Gehirns steht. Es gibt drei unterschiedliche Speicher. Je nachdem, wie wir sie bedienen, desto flüchtiger oder beständiger sind Wahrnehmungen und neues Wissen. Zunächst landet alles, was wir mit unseren Sinnen aufnehmen, was wir hören, sehen, fühlen, schmecken und riechen im sensorischen Speicher. Dort bleiben die Informationen nur wenige Sekunden und wandern, wenn sie uns in irgendeiner Form als wichtig erscheinen, in den Kurzzeitspeicher. Das ist jener Bereich, den wir als Kurzzeitgedächtnis kennen. Wird die Information dort als relevant angesehen und verstärkt, besteht die Chance, dass sie im Langzeitspeicher aufgenommen wird.

Das Kurzzeitgedächtnis wird im Alltag und beim Lernen ständig gefüttert und hat nur ein begrenztes Speichervolumen. Etwa fünf bis neun Plätze stehen hier zur Verfügung. Allein eine Telefonnummer, die neun Stellen hat und bei der wir uns jede Ziffer einzeln merken wollen, kann schon den kompletten Platz füllen.

Den Speicherplatz erweitern

Das Vertrackte mit dem Kurzzeitgedächtnis ist: Auch wenn wir uns fest vornehmen, die Nummer im Kopf zu behalten, sobald neue Informationen unseren Kurzzeitspeicher erreichen, werden zumindest Teile der vorigen Informationen gelöscht bzw. überschrieben, weil der Speicher sonst überläuft. Nur wenn es uns gelungen ist, die Nummer bis zum Eintreffen neuer Informationen mehrmals zu wiederholen und uns einzuprägen, ist sie – wenn wir Glück haben – im Langzeitgedächtnis gelandet. Das ist ein Prozess, den wir erst dann wahrnehmen, wenn wir bewusst versuchen uns zu erinnern und merken, dass wir die Nummer wieder vergessen haben.

Die Autoren Eberhardt Hofmann und Monika Löhle (2012, S. 31 f.) vergleichen das Kurzzeitgedächtnis mit einer Kommode, die fünf bis neun Schubladen hat. In jede Schublade passt eine Information. Ein Trick, die Kapazität des Kurzzeitgedächtnisses zu erweitern, ist sogenannte «Chunks», Bündel von Informationen, zu bilden und sie zu verknüpfen. So lässt sich mehr in eine Schublade hineinstopfen.

Jeder kennt die typischen «Eselsbrücken» aus dem Geschichtsunterricht. Dazu gehören «753 – Rom kroch aus dem Ei» oder «Fourteen, hundred, nineteen-two Columbus sailed the oceans blue». Im ersten Beispiel sind die Informationen «Rom», «Jahreszahl 753», «Stadtgründung» gebündelt, das passt in eine Schublade. Beim zweiten Beispiel geht es um die Informationen «Jahreszahl 1492», «Kolumbus», «Entdeckung», «Segelschiff» und «Überquerung Ozean». Das sind zwar fünf Informationen, sie benötigen aber nur einen Speicherplatz, weil sie zusammengefasst sind.

Diese Brücken bzw. Chunks können Sie sich selbst bauen, indem Sie mit Ihrem Lernstoff entsprechende Verknüpfungen herstellen. Ein Klassiker aus dem Bereich der Astronomie, bei dem es um die Namen der Planeten geht, ist: «**M**ein **V**ater **E**rklärt **M**ir **J**eden **S**onntag **U**nsere **N**eun **P**laneten». Soll heißen: **M**erkur, **V**enus, **E**rde, **M**ars, **J**upiter, **S**aturn, **U**ranus, **N**eptun, **P**luto. Wobei unter Astronomen gestritten wird, ob der relativ kleine Pluto seinen Status als Planet behalten darf.

Auch kleine Geschichten helfen Lernstoff zu speichern. Michaela, Studentin der Biochemie, hat für sperrige Formeln ein Krimi-Konzept entwickelt und spart damit Speicherplatz:

«Ich habe immer Probleme, mir alle chemischen Strukturen ein-zuprägen. Und da hilft mir meine Leidenschaft fürs Schreiben. Ich baue dann meine Krimihelden einfach in die Strukturen mit ein. Die Geschichte kann ich dann laut lesen und merke mir so die Zusammenhänge viel leichter.»

Nur verarbeitetes Wissen ist zuverlässig abrufbar

Unser Gedächtnis arbeitet demnach selektiv und sorgt dafür, dass nur relevante Informationen gespeichert bleiben. Es funktioniert wie eine Art Trichter, der sich nach unten verjüngt und nur das Wesentliche durchlässt. Eine Vielzahl von Informationen kommt über das senso-rische Gedächtnis hereingeflogen, einiges bleibt im Kurzzeitgedächt-nis hängen und weniges wandert von dort ins Langzeitgedächtnis. Hofmann und Löhle vergleichen den Filter des Gedächtnisses mit den Wachen einer Burg und den Schleusen eines Operationssaals:

> «Je näher man den Gemächern des Königs (des Langzeitgedächt-nisses) kommt, desto strenger ist der Zutritt bewacht und regle-mentiert.» Analog dazu: «Je näher man dem eigentlichen Opera-tionssaal (Langzeitgedächtnis) kommt, desto größere Anforderun-gen werden an die Reinheit (Relevanz der Informationen) gestellt.» (Hofmann/Löhle, 2012, S. 16)

Es bedarf also einigen Aufwands, um den «Wächter» unseres Langzeit-gedächtnisses dazu zu bewegen, Informationen zu speichern. Wir kön-nen Sie aber beruhigen: Er ist bestechlich. Wenn ihm etwas besonders gut gefällt, öffnet er das Tor zum Langzeitspeicher. Das ist dann der Fall, wenn es Ihnen gelingt, den Lernstoff an eine positive Emotion zu kop-peln. Auch eine gewisse Beharrlichkeit ist wichtig, um Wissen langfris-tig zu speichern. Am besten spielen Sie den Lernstoff mehrmals und, wenn möglich, über verschiedene Sinneskanäle ein. (Mehr darüber fin-den Sie im Kasten auf der nächsten Seite).

Wissen | Zeit sparen und den Lernstoff nachhaltig speichern

Informationen sind flüchtig. Um sie festzuhalten und zu speichern, bedarf es einiger Voraussetzung.

- Wahrnehmung über verschiedene Sinneskanäle, beispielsweise über die Augen (visuell), über die Ohren (auditiv) oder über Haptik und Motorik (kinästhetisch). Wenn Sie zum Beispiel einen Lernstoff hören (Vorlesung), lesen (Skript), herausschreiben (Exzerpt) haben Sie die neuronalen Netzwerke, in denen der Stoff gespeichert wird, auf dreifache Weise verstärkt. Wenn Sie sich mit einem Mitstudierenden dann auch noch auf einem Spaziergang gegenseitig abfragen, kommt noch eine weitere Stimulation des «Wissensnetzwerks» hinzu.
- Pausen zwischen den Lerninhalten einplanen, damit der Stoff sich setzen kann. Und vermeiden zu viel Ähnliches hintereinander zu lernen. Das führt zu Interferenzen, das heißt, der Lernstoff wird überlagert bzw. überschrieben.
- Positive Emotionen. Wenn es Ihnen gelingt, einen positiven Zugang zu Ihrem Lernstoff zu finden, stabilisieren Sie damit das Netzwerk, in dem das Wissen gespeichert wird, zusätzlich. Ein Trick ist zum Beispiel: den ungeliebten Lernstoff zwischen zwei Lieblingsfächer packen. Oder sich vorstellen, wie es sich anfühlt, wenn Sie die Prüfung bestanden haben und sich nicht mehr mit dem Fach beschäftigen müssen. Oder: Sie nehmen sich etwas Schönes vor, wenn Sie die Lerneinheit abgeschlossen haben, das heißt, Sie belohnen sich.

Angst und hier speziell Prüfungsangst ist keine Emotion, die das Speichern von Wissen unterstützt. Im Gegenteil. Sie blockiert das Gehirn bereits in der Lernphase. Deshalb empfehlen wir allen, die unter Prüfungsangst und -blockaden leiden, sich mit diesem Thema zu beschäftigen (mehr darüber in Step 8).

Besonders leicht öffnet sich die Türe zum Langzeitgedächtnis, wenn neu bearbeitetes an bereits vorhandenes Wissen anknüpft und sich logisch in Bekanntes einfügt. Haben Sie beispielsweise in einem Fach – wie anfangs in diesem Kapitel erwähnt – auf Verständnis gelernt, fällt es Ihnen leichter, Stoff zu behalten, der auf diese Inhalte aufbaut. In Ihrem

Gehirn ist für dieses Wissen bereits ein sogenanntes neuronales Netzwerk angelegt, das sich weiter ausbaut.

Wissen in neuronalen Netzwerken speichern

In unserem Gehirn arbeiten über 10 Milliarden Nervenzellen, die Neuronen. Sie bilden Netzwerke. Immer wenn eine neue Information über unsere Sinneskanäle wahrgenommen wird, entsteht ein neues Netzwerk. Es verblasst, wenn nichts weiter geschieht. Übertragen auf eine Lernsituation bedeutet das, wenn Sie den Stoff einmal hören oder durchlesen und er sie nicht sonderlich interessiert, passiert noch nicht viel in Ihren Gedächtnis-Speichern. Bereits angelegte Netzwerke werden verstärkt, wenn sie immer wieder oder auch besonders heftig aktiviert werden. Das geschieht zum Beispiel beim Wiederholen eines Lernstoffs oder auch dadurch, dass eine Information mit einer positiven oder negativen Emotion verbunden ist und als wichtig eingestuft wird.

Vom Trampelpfad zur Datenautobahn

Um erlerntes Wissen in stabilen Netzwerken zu speichern, bedarf es einiger Schleifen. Wie diese aussehen können, erfahren Sie im Kasten auf der nächsten Seite. Anfangs, nach dem Eintreffen einer Information, sind die Verschaltungen von Nervenzellen noch schwach, vergleichbar mit schmalen «Trampelpfaden», wie der Hirnforscher Manfred Spitzer (2007) das nennt. Diese Trampelpfade können jederzeit wieder verschwinden. Dauerhaft stabil werden sie nur, wenn sie immer wieder genutzt werden, indem die Information bzw. das Wissen immer wieder neu eingespielt wird – durch die bereits erwähnten Wiederholungen. Dann können diese Schaltkreise zu einer «Landstraße» oder sogar zu einer «Daten-Autobahn» werden. Das heißt, die Verschaltungen sind jetzt so stabil, dass Ihnen das Wissen permanent zur Verfügung steht.

Wissen | Lernstoff längerfristig speichern

Sie benötigen mindestens vier Lernschleifen, wenn Sie Ihr Wissen abspeichern wollen. So geht's:

1. Stoff anschauen, Wichtiges unterstreichen und die wesentlichen Stichworte und Formeln herausschreiben. Wir empfehlen Karteikarten DIN A5. Die können Sie aufgrund ihrer Größe übersichtlich gestalten und einige davon immer mal wieder mitnehmen, wenn Sie unterwegs sind. Damit lassen sich zum Beispiel auch Trambahn-, S-Bahn- oder U-Bahn-Fahrten für Lernschleifen nutzen.

2. Überflüssigen Stoff streichen und stichwortartig notieren, was Sie noch nicht verstanden haben.

3. Überlegen, wo Sie dieses Wissen eventuell anwenden können oder wo es Ihnen evtl. sogar schon nützlich gewesen wäre (letzte Klausur, Praktikum etc.). Fragen zum Inhalt entwickeln. Diese auf Karteikarten schreiben, mit der Antwort auf der Rückseite. Falls Übungsblätter zu diesen Inhalten zur Verfügung stehen, erste Übungsblätter bearbeiten oder Aufgaben rechnen. Sie können sich auch eine Tonspur mit Formeln und Stichworten erstellen und immer wieder anhören. Wer besser über den auditiven Kanal lernt, sagt sich den Stoff laut vor.

4. Mit anderen über den Stoff sprechen. Wenn Sie keine Lerngruppe haben, schnappen Sie sich jemand aus Ihrer Familie, der Wohngemeinschaft oder dem Wohnheim und tragen Sie ihm den Stoff vor. Sehr wirkungsvoll ist es auch, wenn Sie Gelegenheit haben, zum Beispiel in einer Lerngruppe, den Stoff jemandem zu erklären.

Gregor aus dem Fachbereich Chemie beschreibt, wie er sich individuell seine Lernschleifen baut:

«Ich lerne konzentriert zwei Stunden und mache dann eine Pause. Dann wechsle ich entweder die Inhalte, oder ich gehe den Stoff noch einmal ganz anders an: Bastle zum Beispiel ein Poster dazu. Falls mir ein Fach nicht entgegenkommt, belohne ich mich danach mit einer Online-Vorlesung, die mir mehr Spaß macht. Oder mache im folgenden Lernblock andere, «nettere» Dinge, wie zum Beispiel Hausaufgaben in anorganischer Chemie, oder arbeite am

Bericht für mein Forschungspraktikum. Ich versuche so viel Abwechslung wie möglich in meinen Lernalltag zu bringen. Und damit beginne ich bereits am Anfang des Semesters. Rückblickend kann ich sagen, dass mein Wissen früher nicht so langfristig in meinem Gehirn gespeichert war. Jetzt wechsle ich die Fächer und wiederhole am Ende jedes Lernzyklus den Stoff vom vergangenen Mal. Als Konsequenz kann ich mich besser an das bereits Gelernte erinnern.»

Der Trick mit dem «unnötigen» Wissen

Sie müssen nicht für jeden Lernstoff in Ihrem Gehirn gleich eine «Autobahn» bauen. Prüfungen bestehen Sie in der Regel auch mit «Landstraßen» – um im Bild zu bleiben. «Autobahnen» sind dem Wissen vorbehalten, das wir täglich anwenden. Ein Mediziner kennt zum Beispiel bestimmte Blutwerte, mit denen er in seiner Praxis ständig konfrontiert ist. Oder ein Chemiker weiß auswendig, wie das Gitter eines Sauerstoffmoleküls aussieht, und kann es vermutlich auch im Schlaf nachbilden. Im Studium geht es darum, dass die Netzwerke, in denen Sie Ihr Wissen speichern, so stabil sind, dass sie zumindest bis zur Prüfung zuverlässig arbeiten und im Idealfall noch darüber hinaus.

Wie im Kasten auf Seite 108 beschrieben, gelingt Ihnen das am leichtesten, wenn Sie beim Lernen bestimmte Voraussetzungen schaffen. Dazu gehört auch, dass Sie Ihr gewähltes Studienfach und viele damit verbundenen Lerninhalte «mögen» und den Lernstoff als «sinnvoll» betrachten. Was Ihnen aber möglicherweise nicht bei jedem Thema gelingt. Wie Sie mit den (in jedem Studium vorhandenen) ungeliebten Fächern umgehen, haben wir an mehreren Stellen dieses Buches beschrieben. Wie bereits erwähnt, können Sie den Lernstoff zuverlässiger speichern, wenn Sie sich einen positiven Zugang schaffen und ihn mehrmals wiederholen. Simone, Studierende aus dem Umweltingenieurwesen, beschreibt, wie es ihr gelungen ist, die in einem unserer Seminare erhaltenen Tipps umzusetzen:

«Ich beginne mein Lernen jetzt möglichst mit einem leichten Fach, um mich gut konzentrieren zu können und um ins Lernen hineinzukommen. Dann nehme ich mir eine bestimmte Zeit vor, die ich mit meinem ungeliebten Fach verbringe. Dadurch fällt es mir auch leichter. Ich gehe dann viel entspannter an den Stoff und merke, dass ich aufnahmebereiter bin. Dann, als Belohnung, mache ich nach einer Pause mit einem Fach weiter, das ich mag. Ich merke, dass das Abwechseln von verschiedenen Inhalten viel effektiver ist und dass ich mir auch mehr merken kann.»

Lerntipp
Effektiv wiederholen
- Lernen Sie nur Stoff auswendig, den Sie auch verstanden haben.
- Unterteilen Sie den Stoff in kleine Häppchen und wiederholen Sie dann die einzelnen Häppchen in zeitlich relativ kurzen und regelmäßigen Zeitfenstern.
- Nehmen Sie das, was Sie sich partout nicht merken können, zur Seite. Diese Inhalte prägen Sie sich mit besonderen Lernmethoden ein.
- Überprüfen Sie vor jedem neuen Stoff, ob Sie den bisherigen Stoff noch parat haben.

Machen Sie die Hochschule zu Ihrem «Spielfeld»

«Dieses Semester gehe ich nicht in die Vorlesung, das ist reine Zeitverschwendung. Der Professor leiert den Stoff nur runter und sagt auch nichts anderes als das, was ich im Skript nachlesen kann.»

Klar, kann das, was Julia, die im vierten Semester BWL studiert, hier sagt, durchaus ein Argument sein. Es gibt Vorlesungen, die sind wie Schlaftabletten, und manchmal sind die Hörsäle so überfüllt, dass die Zuhörer in den hinteren Bereichen nicht mehr viel mitbekommen. Viele verzichten aber auch auf den Besuch einer Vorlesung aus anderen Gründen: Weil sich der weite Weg zur Uni für eine Vorlesung nicht lohnt. Weil sie sich lieber ihre Zeit frei einteilen und morgens gerne schlafen und sich die Vorlesung dann zu «ihren» Zeiten online anschauen. Oder auch, weil sie tatsächlich der Meinung sind, dass sie den Stoff besser alleine lernen – ohne ihn vorher einmal gehört zu haben.

Es gibt zwei Argumente, diese Haltung zu überdenken:

- Wer einen Stoff in der Vorlesung hört und sich parallel bereits erste Notizen zum Stoff macht, hat bereits in einer Lernschleife, möglicherweise sogar in zwei Schleifen, dafür gesorgt, dass ein stabileres Netzwerk im Gehirn angelegt wird. Denn er hat über drei Sinneskanäle gearbeitet: Er hat dem Vortrag zugehört, die Charts dazu gesehen und selbst etwas aktiv getan, nämlich geschrieben. Es gibt Belege dafür, dass mit dieser Vorgehensweise die Chance um das Siebenfache steigt, das Gehörte zu behalten. (Hofmann/Löhle 2012, S. 38)
- Sozial eingebunden lernt es sich leichter. Wer Kontakt zu seinen Mitstudierenden hat, den Lehrstuhl und die Mitarbeiter kennt, hat insgesamt einen emotional positiveren Zugang zum Studium. Und zum Kern eines jeden Lehrstuhls gehören nun einmal die Lehrveranstaltungen – egal ob als Vorlesung, Übung oder Seminar.

Wir haben immer wieder Studierende, die nur selten an der Hochschule sind und die Hochschule, aber auch ihre Mitstudierenden aus dem Blick verlieren. Was häufig dazu führt, dass die Motivation nachlässt. Denn die lässt sich leichter im Umfeld der Hochschule aufrechterhalten.

Wir empfehlen übrigens, einen Teil der Studierzeit in der Bibliothek zu verbringen und sich somit in das «Flair» des Studierens zu begeben. Wenn Sie diesen Spirit bewusst oder auch unbewusst aufnehmen, fällt es Ihnen möglicherweise leichter, in einem «Studiermodus» zu bleiben und sich auch ein Stück weit von der Atmosphäre tragen zu lassen. Das inspiriert und erhöht die Wahrscheinlichkeit, sich mit dem Studienfach zu identifizieren.

Störungen gezielt ausschalten

Unabhängig davon, wo und wie Sie lernen: Ablenkungen gibt es viele. Innere und äußere. Widmen wir uns zunächst den äußeren, denn die kommen Ihnen vermutlich sehr bekannt vor. Unsere ersten Fragen in den Seminaren sind üblicherweise: Was hindert Sie daran zu lernen, obwohl Sie es sich fest vorgenommen hatten? Was lenkt Sie am meisten ab? Wodurch lassen Sie sich am häufigsten aus der Lernsituation rauskatapultieren? Medizinstudent Philipp steht für eine Vielzahl von

Studierenden, die uns immer wieder von ihren Lieblingsablenkern berichten:

> «Früher lief das immer so: Ich habe mir vorgenommen zu lernen, und davor bin ich noch einmal kurz auf meinen Facebook-Account. ‹Nur mal kurz schauen, was da los ist›, dachte ich mir. Und schon bin ich hängengeblieben, und dann war die erste Stunde bereits um. Auch während des Lernens hab ich mich extrem viel von den Posts meiner Freunde ablenken lassen. Bin immer wieder rausgeflogen aus dem Stoff und nicht wirklich vorangekommen.»

Facebook. Whatsapp, Surfen im Netz und Online-Spiele – das sind die von uns ausgemachten Ablenker Nummer eins, wenn's ums Lernen geht. Dahinter steckt natürlich nicht nur die Tatsache, dass es spannender ist, zu erfahren, was die eigenen Freunde so treiben, denn man ist, solange man online ist, ja immer bestens informiert – auch wenn man nicht vor Ort ist. Zugleich erfüllt dieser mediale Dauer-Anschluss auch ein zutiefst menschliches, ja fast existenzielles Bedürfnis: Er vermittelt das Gefühl, nicht allein zu sein. Bin ich online unterwegs, gehöre ich dazu, zu einem Whatsapp-Chat, zu einer Facebook-Gruppe oder zu einer der zahlreichen anderen Online-Communities. Dieser Wunsch nach Zugehörigkeit gehört übrigens zu unseren wichtigsten Grundbedürfnissen – und das wird von Facebook & Co. (zumindest vordergründig) befriedigt.

Lust und Last von Social Media

Der Effekt dieser ständig aufpoppenden Online-Nachrichten ist, dass die Konzentration auf den Lernstoff nur schwer zu halten ist. Oder anders gesagt: Wenn Sie ständig technisch und mental bereit sind, Nachrichten von wo auch immer zu empfangen, benötigen Sie mehr Zeit, mehr Energie und auch mehr Motivation, um einen Lernstoff nachhaltig aufzunehmen. Sie kennen vielleicht den Begriff «Sägeblatt-Effekt»? Dieses Sprachbild beschreibt, was geschieht, wenn wir bei einer Tätigkeit immer wieder gestört werden.

Eine Voraussetzung für erfolgreiches Lernen ist, dass es gelingt, Konzentration aufzubauen und einige Zeit zu halten – bis die bereits vorher eingeplante Lernpause fällig ist. Das gilt für jede Lerneinheit: Sie fahren Ihre Konzentration hoch, halten Sie und erholen sich anschließend. Störungen haben den Effekt, dass die Konzentration zusammenbricht und danach wieder neu aufgebaut werden muss. Bildlich entspricht das einer Kurve mit vielen Zacken, eben einem Sägeblatt: Konzentrationsaufbau – Konzentrationsabfall – Konzentrationsaufbau – Konzentrationsabfall. Das geht immer rauf und runter. Lernen wird so zu einem mühevollen Prozess, der viel Energie und Kraft kostet, denn Sie müssen sich immer wieder neu in einen konzentrierten Zustand versetzen. Unsere Empfehlung deshalb: Während der Lernzeit die sozialen Medien ausschalten. Wie Philipp, der neuerdings sein Lernumfeld verändert hat:

> «Bevor ich zu lernen anfange, schalte ich alle nicht benötigten Geräte, wie Handy, Laptop, Tablet aus. Und wenn ich am Laptop arbeite, beende ich alle Chat-Clients.»

Und noch ein Tipp von Seminarteilnehmer Johannes:

> «Zu Beginn der Prüfungszeit habe ich mir angewöhnt, alle Spiele zu löschen, die ich früher immer gespielt habe, wenn ich keine Lust zum Lernen hatte und mich ablenken wollte. Das gibt mir inzwischen ein richtig gutes Gefühl, und das Lernen fällt mir wesentlich leichter.»

Es geht an dieser Stelle nicht darum, die sozialen Medien zu verteufeln. Im Gegenteil: Sie gehören zu unserem Alltag. Ziel ist es aber, die medialen Kontakte zu kanalisieren – zumindest in Phasen, in denen Sie lernen wollen. Nehmen Sie sich feste Zeitfenster vor, und bearbeiten Sie dann Ihre Kontakte. Ihre Freunde und Bekannten werden Verständnis haben und Ihr Vorgehen vielleicht sogar als Vorbild nehmen. Inzwischen ist es in einigen Kreisen der Twenties schon wieder «in», gezielt offline zu bleiben, das Handy auf lautlos zu schalten, um selbstbestimmt zu entscheiden, wann man ansprechbar sein möchte und wann nicht.

Immer im Dienst – für andere

Wir begegnen in unseren Seminaren Studierenden, die sich viel an der Hochschule engagieren. Allerdings weniger in ihrem Studium, sondern mehr in der politischen Arbeit. Diese ist zwar wichtig, sollte aber nicht so weit gehen, dass ein vernünftiges Studieren nicht mehr möglich ist. Denn was nützt das Engagement, wenn andere ihr Studium erfolgreich abschließen und diejenigen, die für bessere Studienbedingungen gekämpft haben, auf der Strecke bleiben und ohne Abschluss die Hochschule verlassen müssen.

Für uns besonders beeindruckend war die 25-jährige Pia, die nach Abschluss einer Krankenschwesternausbildung Medizin studierte und bereits einmal im Physikum, dem ersten medizinischen Staatsexamen, durchgefallen war.

Story

Als Pia sich im Einzelcoaching anmelden wollte, fiel uns auf, dass es schwer war, mit ihr einen Termin zu finden. Pia war sehr beschäftigt: Paper vorbereiten, Vollversammlung anmelden, Agenda für die nächste Fachschaftssitzung, stellvertretende Teilnahme am Landes-Asten-Treffen. Sie engagierte sich derart in Fachschaft und Hochschulpolitik, dass sie weder Zeit fürs Studium noch fürs Coaching fand. Ihre Studienkolleginnen und -kollegen, mit denen sie begonnen hatte zu studieren, waren längst weitergezogen und befanden sich in den klinischen Semestern. Um ihr Studium doch noch erfolgreich durchzuziehen, wollte Pia mit uns einen Lernplan erarbeiten. Schnell kamen wir hier an eine Grenze: Fürs Lernen hatte Pia neben den Pflichtveranstaltungen definitiv keine Zeit. Die Arbeit in den hochschulpolitischen Gremien nahm in ihrem Stundenplan so viel Raum ein, dass fürs Medizinstudium nicht viel übrig blieb. Wir konfrontierten Pia mit den zwei Möglichkeiten, die wir sahen: Entweder für einige Monate Rückzug aus der politischen Arbeit und die frei werdende Zeit zum Lernen nutzen – oder ein Scheitern des Studiums einplanen.

Damit stellten wir Pia vor eine große Herausforderung: Denn «helfen» und für andere «einspringen» gehörte offenbar zu ihrem inneren Programm, zu ihrem Selbstbild. Das zeigte sich als wichtiger Teil ihrer

Identität, den aufzugeben, ihr nicht leicht fallen würde. «Nein» sagen und für eigene «egoistische» Ziele arbeiten, war in Pias Verhaltensrepertoire nicht vorgesehen. Dabei wurde im Coaching klar, dass es ihr um Anerkennung (durch die anderen Studierenden) ging und um die Sorge, sich nur durch hohen Einsatz die Zugehörigkeit sichern zu können. Pia wurde klar, dass sie etwas ändern musste, falls sie das Physikum bestehen wollte. Doch dazu musste sie erst einmal ihren Konflikt lösen. Das ist ihr gelungen, indem sie sich fest vorgenommen hat, sich in den nächsten vier Wochen nicht zu melden, wenn wieder ein Lückenbüßer gesucht wurde. Und sie hatte dabei festgestellt, dass sich nichts im Verhältnis zu den anderen ändert und ihre Befürchtungen, nicht mehr dazuzugehören, überflüssig waren.

Das innere Team – wer beim Lernen alles mitquatscht?

«Zwei Seelen wohnen, ach! In meiner Brust.»

Dieses Zitat aus Goethes Faust ist weithin bekannt. Es drückt die widersprüchlichen Gefühle aus, die wir alle gelegentlich in uns wahrnehmen. Und die sich besonders gerne bemerkbar machen, wenn es ums Lernen geht. Denn dann tauchen Stimmen in unserem Kopf auf, die alles andere als produktiv sind. Um beim Beispiel von Pia zu bleiben, würde ihre eine «Seele» sagen: «Lass uns lernen, damit wir dieses Mal das Physikum bestehen». Die andere «Seele» sagt: «Wenn ich die Aufgabe in der Fachschaft nicht übernehme, mögen die mich nicht mehr.» Oder ein typisches Szenario, das sicher jeder schon einmal so oder ähnlich in sich wahrgenommen hat: Die vernünftige «Seele» mahnt zum Lernen und die andere «Seele», die das Prinzip «Morgen anfangen reicht auch noch» vertritt, sagt: «Bei dem schönen Wetter sollte ich mit den anderen lieber an den See fahren. Wer weiß, wann es wieder eine Gelegenheit dazu gibt».

Heute wissen wir, dass es nicht nur zwei Stimmen sind, die «mitquatschen», sondern ein ganzes Orchester. Und Goethes Faust würde heute eher sagen: «Viele Seelen wohnen, ach! In meiner Brust.» Der Psychologe und Kommunikationswissenschaftler Friedemann Schulz von

Thun (1998) hat den Begriff vom «inneren Team» eingeführt. Er versteht darunter jene Tonspur, die sich einschaltet, wenn es irgendetwas zu bedenken gibt – und das ist fast immer der Fall. Je mehr «Team-Mitglieder» ihre Meinung kundtun, umso komplizierter wird es, etwas zu entscheiden oder überhaupt ins Handeln, in Ihrem Fall ins «Lernen», zu kommen.

Entdecken Sie Ihre Saboteure

Dieses innere Team kann sehr hilfreich sein. Denn es sorgt im Idealfall dafür, dass wir bei wichtigen Entscheidungen das Für und Wider abwägen können. Allerdings nur, wenn es gelingt, uns diese Stimmen bewusst zu machen. Häufig aber treiben die in unserem Inneren ihr Unwesen, und wir merken nur, dass wir mit dem, was wir uns vorgenommen haben, nicht richtig vorankommen.

Oft besteht das innere Team aus einem «zerstrittenen Haufen», wie Schulz von Thun das nennt, und die Stimmen sind mit ihren unterschiedlichen Bedürfnissen scheinbar nicht unter einen Hut zu bringen. Um eine Aufgabe kraftvoll anzupacken, ist es jedoch wünschenswert, die inneren Stimmen zusammenzuführen, «um», so der Psychologe, » die Weisheit und Kraft, die in jeder Einzelstimme ist» (Schulz von Thun, 1998, S. 16 f.), zu nutzen. Und sicherzustellen, dass aus dem Haufen ein konstruktiv zusammenarbeitendes echtes Team entsteht.

Deshalb ist es sinnvoll herauszufinden, was die einzelnen Teammitglieder wollen. In unseren Seminaren bieten wir eine kleine Übung an, mit der sich die inneren Stimmen herausfiltern lassen (mehr dazu im Kasten auf Seite 119). Warum wir das tun? Weil wir immer wieder feststellen, dass Studierende wichtige Bedürfnisse nicht berücksichtigen. Denn, so die Theorie, fühlt sich eine wichtige Stimme übersehen, entwickelt sie möglicherweise ein Eigenleben und wird zu einem Saboteur, der uns bremst – beim Lernen zum Beispiel.

Das ist vergleichbar mit einem Team in einem Unternehmen. Teams sind am erfolgreichsten, wenn alle mitmachen. Üblicherweise gibt der Teamleiter die Ziele vor, jedes Team-Mitglied bekommt eine Aufgabe und leistet somit seinen Beitrag, um das gewünschte Ergebnis zu erreichen. Das läuft in der Regel gut, wenn sich alle im Team geschätzt und wichtig fühlen. Hat ein Mitglied das Gefühl, sein Wissen und seine Meinung sind nicht gefragt, wird sein Engagement mit großer Wahrscheinlichkeit nachlassen. Vielleicht hört der Mitarbeiter sogar auf, aktiv mitzuarbeiten, und im schlimmsten Fall blockiert er das Projekt.

Die positive Absicht der inneren Stimmen

Wir gehen davon aus, dass jede innere Stimme ein berechtigtes Anliegen hat, das gehört werden will. Schließlich spricht sie nur aus, was Sie sich bewusst oder unbewusst wünschen. Nehmen wir mal an, der Chef Ihrer Stimmen gibt als Ziel vor: «Dieses Mal fangen wir frühzeitig an zu lernen, damit wir die Prüfungen gut bestehen.» Und wenn Sie sich daraufhin zum Lernen hinsetzen wollen, sagt eine andere Stimme: «Wenn wir uns jetzt schon stressen, haben wir keine Zeit mehr, uns mit Freunden zu treffen». Und eine dritte Stimme unterstützt diese, indem sie sagt: «Egal, wie viel wir tun, die Note wird doch nicht besser. Es genügt, wenn wir später anfangen.» Offenbar stehen die beiden letzteren Stimmen für ein wichtiges Bedürfnis: dem Wunsch nach Freizeit und sozialen Kontakten. Möglicherweise wollen sie Sie auch davor schützen, dass Sie sich übernehmen. Klugerweise sollten Sie diesen Wunsch nach Freizeit nicht einfach beiseiteschieben (Denken Sie an den Saboteur!), sondern versuchen, ihn in Ihre Lern- und Arbeitspläne einzuarbeiten. Und schon haben Sie möglicherweise ein weiteres Team-Mitglied gewonnen, das Sie bei Ihrem eigentlichen Ziel unterstützt.

Selbstcoaching | Arbeiten mit dem inneren Team
Material: Metaplankarten, Marker-Stift; Zeit: 30 Minuten
Ruhe im Gehirn? Die gibt es meistens nur, wenn wir schlafen oder Meister der Meditation sind. Ansonsten ist viel los im Kopf. Egal, was wir tun, wir befinden uns fast immer in einem Dialog. So auch, wenn wir uns entscheiden, eine bestimmte Aufgabe zu erledigen. Da gibt es viele Stimmen, die mitquatschen, uns ermutigen oder auch bremsen. Da sich hinter jeder dieser Stimmen ein Bedürfnis versteckt, kann es hilfreich sein, dieses zu berücksichtigen, um die Stimme zu beruhigen – denn dann stört sie uns nicht beim Lernen und unterstützt uns sogar. So gehen Sie vor:

- Schreiben Sie Ihr nächstes Semester-Ziel, das Sie erreichen wollen, auf eine Metaplankarte.
- Schreiben Sie auf eine weitere Karte, welche Arbeiten dafür zu erledigen sind und wann dies geschehen soll.
- Und jetzt hören Sie in sich hinein: Welche Stimmen tauchen bei Ihnen bei dieser oder einer ähnlichen Gelegenheit auf?
- Schreiben Sie jede Stimme auf eine Karte. Geben Sie ihr einen Titel und einen Satz (Beispiele finden Sie im nachfolgenden Kasten).
- Sortieren Sie die Karten in unterstützende Stimmen und in bremsende Stimmen und legen Sie die Karten vor sich auf den Boden, neben die beiden Karten, auf denen steht, was ihr Ziel ist und wie Sie es erreichen wollen.
- Lassen Sie jede der bremsenden Stimmen auf sich wirken, und versuchen Sie herauszufinden, welches der größte Gegenspieler ist, also die Stimme, die am meisten bremst.
- Überlegen Sie, was diese Stimme Ihnen sagen möchte. Welches Bedürfnis steckt dahinter? An welcher Stelle meint die Stimme es gut mit Ihnen?
- Wenn Sie die positive Absicht dieser Stimme und auch den Wunsch, der sich dahinter verbirgt, erkannt haben, überlegen Sie, wie Sie ihn erfüllen können oder wie Sie zumindest in Aussicht stellen können, dass der Wunsch erfüllt wird.

Beispiel: Die Stimme wünscht sich mehr Freizeit. Dann versuchen Sie die Lernblöcke und Ihren Alltag an der Hochschule so zu gestalten, dass Sie mehr freie Zeit haben, um zu entspannen. Ist das schwer machbar, dann überlegen Sie, wann Sie sich in Kürze einige Tage freie Zeit gönnen können.

Wissen | Wer quatscht mit?
Stimmen im Kopf – das kennt jeder. In Lern- und Prüfungszeiten ganz besonders. Beispiele für einen inneren Dialog mit unterschiedlichen Stimmen.
Der Ehrgeizige
«Ich möchte eine richtig gute Note haben!»
«Ich möchte meinen Bachelor in sechs Semestern schaffen!»

Der Bequeme

«Bloß kein Stress! Durchkommen reicht völlig!»

Der Eingebildete

«Ich bin ohnehin so toll, ich bekomme jeden Job.»

Der Saboteur

«Das ist ja gar nicht zu schaffen. Das ist zu viel! Und außerdem brauche ich das ja später gar nicht.»

Der Abwiegler

«Ach, auf einen Tag kommt es nicht an.»

Der Optimist

«Wenn ich am Ball bleibe, kann ich die Prüfungen gut schaffen.»

Der Pessimist

«Das schaffe ich ja doch nicht.»

Der Unsichere

«Der Prüfer kann mich bestimmt nicht leiden.»

Der Realistische

«Die Prüfung ist in vier Wochen. Wenn ich jetzt starte und jede Woche drei Übungsblätter rechne, schaffe ich das.»

Der Pragmatische/der Vernünftige

«Komm, lass uns anfangen. Dann können wir uns zwischendurch eine Pause gönnen.»

Hinweis: Es handelt sich hier lediglich um Beispiele. Ihre inneren Stimmen können ganz andere «Typen» sein, mit anderen Inhalten.

Quote

Kerstin, Wirtschaftsinformatik, 4. Semester

Nach vielem Zögern habe ich es jetzt doch geschafft, einen Lernplan zu entwickeln. Allerdings nur immer für drei Tage, und dann mache ich mir einen neuen. Alles andere würde mich zu sehr einschränken. Als ich mich zum ersten Mal mit den Stimmen meines inneren Teams beschäftigte, habe ich nämlich festgestellt, dass ich eine sehr freiheitsliebende Stimme in mir habe. Die Seminarleiterinnen haben das als meinen Wunsch nach Autonomie gedeutet. Und dieser Anteil ist offenbar so stark, dass ich anfangs keinen Lernplan machen wollte, weil ich dachte, dass mich dies in meiner Freiheit zu sehr einschränken würde. Deshalb nun der Kompromiss.

Gut gelingt es mir inzwischen, mithilfe des Lernplans, die Vorlesungen vor- und nachzubereiten. Ich merke, dass das sehr hilfreich ist und ich mir den Stoff besser merken kann und in der Vorlesung mehr verstehe. Das hat mir auch bei der Prüfungsvorbereitung viel geholfen. Ich habe in der letzten Prüfungsphase den Stoff nur zweimal wiederholen müssen, bis er saß, und bin auch ganz zufrieden mit den Ergebnissen.
Was ich auch noch versuche, ist nicht zu viel ähnlichen Stoff hintereinander zu lernen. Ich wechsle mehr ab. Sowohl die Fächer als auch die Lernmethode. So achte ich darauf, dass ich nach einer Phase des Lesens wieder ein paar Aufgaben rechne. Mein Gefühl ist, dass ich tatsächlich in kürzerer Zeit mehr behalte. Deshalb werde ich diesen Wechsel sicherlich auch im nächsten Semester beibehalten. Und damit ich mich nicht immer wieder durch schönes Wetter oder irgendwelche Anrufe vom Lernen weglocken lasse, habe ich mir einen Zettel an die Türe nach draußen gehängt. Auf dem steht: «Heute schon gelernt?» Das wirkt tatsächlich wie eine Art Barriere. Meistens kehre ich um und lerne zu Ende, dann klappe ich den Zettel hoch. Das funktioniert oft, aber nicht immer.

Literatur, die sich zu lesen lohnt:

Schulz von Thun, Friedemann (1998). *Miteinander reden.* Bd. 3. Reinbek bei Hamburg: Rowohlt.

Step 6:
«Morgen fange ich an»

Um was geht's?

- Wie Sie Willenskraft und Selbstdisziplin stärken
- Strategien gegen das Aufschieben
- Aus Bergen kleine Hügel machen
- Emotionen, die beim Lernen helfen

«Jeder kann Berge von Aufgaben erledigen, solange es sich nicht um die Aufgabe handelt, die er gerade erledigen soll.»

Dieses Zitat stammt von Robert Benchley, einem Autor der New York Times (Baumeister/Tierney, 2012, S. 291). Wir haben es für dieses Buch ausgewählt, weil Autoren und Menschen, die sich auf eine Prüfung vorbereiten, eines gemeinsam haben: Sie arbeiten manchmal über Wochen an einem Stoff – und wissen oft erst sehr viel später, ob das, was sie tun, erfolgreich sein wird. Der Ausgang ist ungewiss, der geforderte Einsatz dagegen hoch, und die Arbeit ist einsam. Um das zu schaffen, braucht es ein hohes Maß an Selbstdisziplin. Es geht darum, sich täglich neu zu motivieren. Nicht zu unterschätzen ist die Einsamkeit, wir hören in unseren Seminaren häufig von Studierenden, dass es ihnen schwerfällt, in Lernzeiten zumindest teilweise auf soziale Kontakte und Aktivitäten zu verzichten.

Alles eine Frage des Willens?

Intelligenz und Selbstdisziplin, das sind wichtige Pfeiler für ein gelungenes Studium und Berufsleben. Dabei sind die intellektuellen Fähigkeiten so eine Art Beiwerk, ein Grundrauschen, das Sie für Ihre Ausbildung prädestiniert. Erst mit einer angemessenen Portion Willenskraft und dem damit verbundenen selbstdisziplinierten Handeln haben Sie die wichtigen Skills, die Sie benötigen, um erfolgreich zu sein. Sich durchbeißen, dranbleiben, nicht aufgeben, wenn's schwierig wird, ist eine Fähigkeit, die Ihnen viele Wege öffnet. Wer sich kontinuierlich mit einem Thema, einer Aufgabe beschäftigt, kommt mit großer Wahrscheinlichkeit ans Ziel.

So zeigt beispielsweise eine Untersuchung aus dem Hochschulbereich, dass von allen Mitarbeitern, die eine Professorenstelle anstrebten, diejenigen letztlich die feste Anstellung bekamen, die kontinuierlich an ihren Veröffentlichungen gearbeitet haben und jeden Tag einige Seiten zu Papier brachten. Im Gegensatz zu ihren akademischen Kollegen, die eher periodisch Aufwand betrieben und letztlich in gewaltigen Kraftakten mit viel Nachtarbeit ihre Veröffentlichungen niederschrieben (vgl. Baumeister/Tierney, 2012, S. 184).

Die Variante «stetig ein bisschen etwas tun» hört sich für den Moment vielleicht anstrengender an. Letztlich ist sie aber die, mit der Sie mehr Kräfte sparen, weil sich so etwas wie eine Routine einstellt. Und wer sich vorstellen kann, wie sich der spätere Erfolg anfühlen wird, hat womöglich auf dem Weg dorthin schon so etwas wie Vorfreude beim Erledigen der Aufgaben. Und: Sie gewinnen mehr freie Zeit und können sie ganz anders genießen, wenn Sie Ihre Arbeit rechtzeitig erledigen. Hannes, Physikstudent aus dem 5. Semester, gehört zu einer Gruppe von Studierenden, wie wir sie immer wieder in unseren Seminaren sehen: Freizeitaktivitäten haben einen großen Stellenwert. Er ist fast höher als der des zu bewältigenden Studiums. Dahinter steckt oft die Befürchtung, dass nach dem Examen «Schluss mit lustig» und «der Spaß» vorbei ist. Hannes merkte irgendwann, dass er sich wohl «zu oft», wie er heute sagt, für den Starnberger See und gegen seinen Schreibtisch oder die Bibliothek entschieden hatte.

> «Wirklich entspannen konnte ich am See bei anderen Unternehmungen aber nicht. Ich hatte immer ein schlechtes Gewissen, weil ich zu wenig lernte, und wusste, dass ich eigentlich etwas tun müsste. Heute habe ich manchmal das Gefühl, meine Zeit regelrecht vertrödelt zu haben, und ärgere mich inzwischen über mich selbst. Mit mehr Aufwand könnte ich längst fertig und vor allem besser sein.»

Jede Entscheidung kostet (Willens-)Kraft

Der amerikanische Psychologie-Professor Roy Baumeister vergleicht in seinem gemeinsam mit dem Wissenschaftsjournalisten John Tierney geschriebenen Buch «Die Macht der Disziplin» (Baumeister/Tierney, 2012, S. 37 f.) die Willenskraft mit einem Muskel. Dieser lässt sich nicht beliebig beanspruchen und erlahmt, wenn er im Laufe eines Tages zu häufig beansprucht wird. Viele kleine und auch größere Entscheidungen verbrauchen Willenskraft und damit auch die Fähigkeit zur Selbstdisziplin. Was sich in Lern- und Prüfungszeiten übrigens eher ungünstig auswirkt. Denn mit einer ermüdeten Willenskraft können wir Ablenkungen schwerer widerstehen.

Wenn Sie an einem Lerntag zunächst stundenlang nach einem günstigen Flug für den nächsten Urlaub suchen, längere Zeit vor dem Kleiderschrank verbringen, weil Sie unsicher sind, was Sie anziehen sollen, und sich dann vielleicht noch mit der Entscheidung quälen, ob Sie zuhause lernen oder in der Bibliothek, werden Sie danach feststellen, dass Sie größere Mühe haben, sich auf einen Stoff zu konzentrieren. Und es wird Sie mehr Anstrengung kosten weiterzuarbeiten, wenn es schwierig wird, als wenn Sie sich gleich morgens ausgeruht ans Lernen machen. Ein Teil Ihrer Willenskraft ist durch die vielfältigen Entscheidungen, die Sie zu Beginn des Lerntages getroffen haben, bereits aufgebraucht.

Das ist vergleichbar mit einem Sportler, der an einen 500-Meter-Sprint noch einen 2000-Meter-Hürdenlauf und einen Halbmarathon dranhängt – bei der letzten Disziplin werden seine Muskeln bereits ermüdet sein. Auch von mehreren großen Anstrengungen zur gleichen Zeit raten Motivationspsychologen ab: Wer gerade an seiner Doktorarbeit schreibt, sollte die Diät, mit der er sein Gewicht reduzieren möchte, auf danach verlegen.

In Lern- und Prüfungsphasen kommen Sie schneller und einfacher als Ziel, wenn Sie mit der eigenen Willenskraft haushalten. Dazu gehört, dass Sie die Zahl der Entscheidungen, die Sie an Lerntagen treffen müssen, so stark wie möglich reduzieren und wenn möglich auf den Vorabend verlegen. Entscheiden Sie sich besser, bevor Sie ins Bett gehen, wie Sie den nächsten Lerntag gestalten. Wann Sie aufstehen, was Sie anziehen, was Sie zwischen den Lerneinheiten machen wollen. Der Charme von Lernplänen liegt übrigens darin, dass Sie nicht täglich neu überlegen müssen, was aktuell fürs Studium ansteht – und somit Willenskraft sparen und mehr Selbstdisziplin fürs Lernen aufbringen.

Der Weg zu mehr Selbstdisziplin

Wenn die Willenskraft erschöpft ist – Fachleute sprechen von Ego-Depletion (Selbsterschöpfung) –, sieht es auch mit unserer Selbstdisziplin schlecht aus. Vor allem, was vernünftiges Handeln, aber auch angemessene Emotionen und Reaktionen betrifft. Im Zustand der Selbsterschöpfung können wir Versuchungen weniger gut widerstehen und lassen uns beim Lernen oder Schreiben leichter stören. Deshalb fällt es oft auch schwer, sich nach einem besonders turbulenten, vollgepackten Tag an den Schreibtisch zu setzen und konzentriert zu arbeiten. Schon kleinste Ablenkungen bringen uns aus dem Konzept. Auch Paare streiten sich in diesen Situationen übrigens besonders gern, weil ihnen die Disziplin bzw. die Kraft fehlt, emotional adäquat zu reagieren.

Wie bereits erwähnt, die Fähigkeit zur Selbstdisziplin lässt sich trainieren. Zahlreiche Studien haben gezeigt, dass sich innerhalb kurzer Zeit bereits Erfolge zeigen:

- Definieren Sie ein klares Ziel, was Sie mit Ihrer Tätigkeit erreichen wollen. Denn schließlich wollen Sie Ihre Willenskraft fokussiert einsetzen. Wie sie ein Ziel festlegen, können Sie in Step 2 in diesem Buch nachlesen.
- Machen Sie To-do-Listen, sortiert nach Prioritäten. Beachten Sie dabei die Regel: Erst wenn Sie die ersten drei Punkte auf der Liste erledigt haben, dürfen Sie die anderen angehen. Klugerweise macht es Sinn, Lerneinheiten oder andere Tätigkeiten, die Sie im Studium weiterbringen, auf die Prio-Plätze zu setzen.
- Versuchen Sie als eine Art «Aufwärmtraining», ein neues Verhalten in den Alltag zu integrieren. Gestalten Sie bewusst etwas anders, als Sie es üblicherweise tun. Das klingt erstaunlich, aber kleine Veränderungen ebnen den mentalen Weg für die großen.

Auf einem Vortrag erzählte ein Motivations-Coach, dass er seine Selbstdisziplin dadurch gestärkt habe, indem er jeden Morgen auf einen Stuhl stieg und drei Minuten oben stehengeblieben ist. Unsinn? Natürlich, aber es erforderte einiges an Disziplin, um das auch durchzuhalten. Er beobachtete bei sich anschließend mehr Ausdauer, was seine Selbstdisziplin bei anderen Dingen betraf. Einen ähnlichen Effekt erzielten Teilnehmer einer Studie, die zwei Wochen lang bewusst Energie darauf verwandten, beim Sitzen und Gehen eine aufrechte Haltung einzunehmen. (vgl. Baumeister/Tierney, 2012, S. 152 f.)

Offenbar eignen sich Übungen, die mit Bewegung verbunden sind, besonders gut für eine erste Trainingsphase. Die Autoren Baumeister und Tierney (2012, S. 154 f.) schlagen als weitere «Aufwärmübung» vor, statt der rechten die linke Hand für eine alltägliche Gewohnheit zu nutzen. Zum Beispiel beim Zähneputzen. Das erfordert auch eine gute Portion Selbstdisziplin.

Interessanterweise steigt die Selbstdisziplin auch auf anderen Gebieten, wenn es einem gelingt, sie in einem Bereich zu stärken. (Mehr über ein entsprechendes Experiment lesen Sie im folgenden Kasten).

Wissen | Selbstdisziplin: eine Frage der Übung?
Wie wirken sich Verhaltensänderungen in einem Lebensbereich auf die anderen aus? Australische Wissenschaftler haben dazu ein interessantes Experiment durchgeführt. Sie suchten Freiwillige, die einen bestimmten Aspekt ihres Lebens verändern wollten: Eine Gruppe wollte sich körperlich fitter machen, eine zweite (mit Studierenden) wollte ihr Lernverhalten verbessern, eine dritte wollte die eigenen Finanzen sanieren. Mithilfe von Übungsplänen, Zieldefinitionen und Tagebüchern stärkten die Teilnehmer ihre Ausdauer, was Willenskraft und Selbstdisziplin betraf, und erreichten die von ihnen angestrebten Ziele. Ein weiteres Ergebnis des Experiments überraschte die Forscher zusätzlich: Alle Teilnehmer verbesserten ihr Verhalten auch in den beiden anderen Bereichen. Die Studierenden wurden nicht nur effizienter, was das Lernen betraf, sie konnten auch besser mit ihren Finanzen umgehen und betrieben mehr Sport. Den Teilnehmern aus dem Finanz- und Fitnessbereich ging es in Bezug auf die jeweils anderen Disziplinen ähnlich.
(aus: Baumeister/Tierney, 2012, S. 156)

Aufschieben – wer tut das nicht?

Wer hat nicht schon einmal eine Arbeit auf den letzten Drücker erledigt? Auch das Gefühl «eigentlich müsste ich jetzt am Schreibtisch, in der Bibliothek oder in einer Übung sitzen» kennen die meisten. Eine unangenehme Arbeit aufschieben – das macht jeder mal. Viele tun dies auch regelmäßig. Wir treffen an allen Hochschulen «Helden», die in 48 Stunden eine Seminararbeit, in zwei Wochen ihren Bachelor geschrieben haben. Das Ergebnis ist nicht unbedingt von bester Qualität – doch davon später.

Bei College-Umfragen bezeichneten sich 75 Prozent als Aufschieber, die Hälfte der Studierenden hat sogar ernste Probleme mit diesem Verhalten. Wir können davon ausgehen, dass an deutschen Hochschulen die Zahlen ähnlich sind. Das hohe Maß an Selbstmanagement, das in vielen Studienfächern gefragt ist, verführt zum Aufschieben. In Fachbereichen, die keinen strukturierten Stundenplan vorgeben, wird mehr aufgeschoben als in Fächern wie Humanmedizin, Zahnmedizin oder Pharmazie.

Hilfe auf den letzten Drücker?

Dramatisch wird es dann, wenn das Studium ernsthaft gefährdet ist. Zum Wesen des Aufschiebens gehört leider häufig auch, dass sich Betroffene erst in letzter Minute Unterstützung holen. Manche reagieren erst dann, wenn es zu spät ist. Wie Lars, der sich bei uns zum Einzelcoaching meldete, in der Hoffnung, die Mitarbeiter vom Prüfungsamt damit positiv zu stimmen. Es ging ihm darum, noch eine letzte Verlängerung zu erhalten, um seinen Bachelor beenden zu können – zwei Verlängerungen hatte er bereits. Lars studierte im neunten Semester Volkswirtschaft, ihm fehlten noch zwei Scheine und die Bachelorarbeit. Auf die Frage, womit er sich die letzten Jahre beschäftigt habe, fiel ihm wenig Konkretes ein. Er habe große Mühe morgens aufzustehen und seinen Tag zu strukturieren, erzählte er. Da wir den Verdacht hatten, dass Lars' Verhalten über das übliche Maß des Aufschiebens hinausging, empfahlen wir ihm, sich psychotherapeutische Unterstützung zu holen. Die Universität Münster bietet einen Selbsttest mit Auswertung für chronische Prokrastinierer, so der Fachausdruck für pathologische Aufschieber, auf ihrer Internetseite an (www.uni-muenster/Prokrastinationsambulanz). Einen kleinen Auszug aus den Fragen stellen wir Ihnen im folgenden Kasten vor.

> **Fragebogen**
> **Sind Sie ein chronischer Aufschieber?**
> Wie bereits erwähnt: Aufschieben an der einen oder anderen Stelle macht jeder einmal. Wenn jedoch das Aufschieben dazu führt, dass wichtige Bereiche des Lebens, zu denen auch ein Studium gehört, nicht mehr funktionieren, besteht die Gefahr, dass das Aufschieben krankhaft ist. Experten sprechen dann von Prokrastinierern. Sollten Sie den Verdacht haben, dass Sie zu ihnen gehören, empfehlen wir Ihnen professionelle Hilfe. Entsprechende Beratung gibt es an allen Hochschulen.

Dieser Test gibt Ihnen Anhaltspunkte, aber keine Gewissheit.

A Sie haben in den letzten sechs Monaten sehr wichtige Termine an mindestens der Hälfte der Tage über den passenden Zeitpunkt hinaus aufgeschoben, obwohl Zeit für deren Erledigung zur Verfügung stand?

B Das Erreichen persönlicher Ziele wurde aufgrund des Aufschiebens stark oder sehr stark beeinträchtigt?

C Mindestens drei der folgenden sechs Kriterien werden zusätzlich erfüllt:

1. Sie haben mehr als die Hälfte der für die Erledigung der Aufgabe zur Verfügung stehenden Zeit mit Aufschieben verbracht.

2. An mindestens der Hälfte der Tage haben Sie andere, weniger wichtige Tätigkeiten vorgezogen, obwohl Sie eigentlich mit der wichtigen Aufgabe beginnen wollten.

3. Die zu erledigenden Aufgaben haben an mehr als der Hälfte der Tage bei Ihnen Abneigung und Widerwillen ausgelöst.

4. Mindestens die Hälfte der Vorhaben, die von Ihnen im letzten halben Jahr abgeschlossen werden sollten, haben Sie aufgrund des Aufschiebens nur unter großem Zeitdruck oder gar nicht fertig gestellt.

5. Aufgrund Ihres Aufschiebens wird Ihr Leistungspotenzial um mindestens 50 Prozent beeinträchtigt.

6. Sie leiden unter mindestens fünf der folgenden körperlichen und/oder psychischen Beschwerden, die durch das Aufschieben hervorgerufen wurden:

Körperliche Beschwerden:
- Muskelverspannungen
- Schlafstörungen
- Herz- bzw. Kreislaufprobleme
- Magen- bzw. Verdauungsprobleme

Psychische Beschwerden
- Innere Unruhe
- Druckgefühl
- Hilflosigkeit
- Innere Anspannung
- Angst

(Fragebogen nach Höcker et al., 2013, S. 23)

Warum Aufschieben sich nicht lohnt

Es gibt immer wieder Studierende, die uns überzeugen wollen, dass sie viel effektiver und konzentrierter arbeiten, wenn sie auf den letzten Drücker lernen.

> «Ich kann erst anfangen, wenn es wirklich nicht mehr anders geht. Dann bin ich am motiviertesten. Ich brauche das einfach».

Tom schien fast stolz zu sein, als er uns zu Beginn eines Seminars seine Arbeitsweise erklärte. Und mindestens die Hälfte in der Teilnehmer-Runde nickte zustimmend. Vielleicht trifft zu, dass alle Toms an den Hochschulen oder wo auch immer überhaupt nicht lernen und keine Seminararbeit abgeben würden, wenn es diese berühmte letzte Minute nicht gäbe. Erfolgreich im Sinne von guten Leistungen ist diese Methode ganz sicher nicht. In allen Studien, die wir zu diesem Thema gefunden haben, zeigte sich deutlich: Wer auf den letzten Drücker arbeitet und liefert, bleibt unter seinem Potenzial, bringt schlechtere Leistungen. Auch wenn sich das Semester für alle, die es besonders langsam angehen lassen und spät ins Lernen einsteigen, anfangs entspannter anließ – am Ende waren die Letzte-Minute-Junkies die Gestressten und die Schlechtesten, was die Leistungen betraf. Sie hatten einfach keine Zeit für sorgfältiges, gründliches Arbeiten und Vorbereiten.

Fürs Aufschieben gibt es (fast) immer eine Ursache

Die Übergänge zwischen dem üblichen Aufschieben und chronischer Prokrastination – so der Fachausdruck – sind fließend. Wenn Sie eine Arbeit nicht im erwarteten Zeitrahmen erledigen, kann das viele Gründe haben.
- Ihre Lern- und Arbeitsstrategie passt nicht.
- Sie haben kein Ziel und wissen nicht, warum Sie dieses Studium gewählt haben.
- Sie sind nicht gewohnt zu lernen, weil Ihnen in der Schule oder in den ersten Semestern alles leicht gefallen ist. Sie brauchten keine größere Anstrengung, um die Klausuren oder die mündlichen Prüfungen zu bestehen. Was in der Schule funktioniert hat, klappt dann

an der Uni plötzlich nicht mehr. Die Anforderungen in den harten Numerus-Clausus-Fächern sind hoch, bei vielen Klausuren reicht es nicht, sich nur kurz vorher mit dem Stoff zu beschäftigen.

- Andere Menschen (Eltern, Verwandte, Freunde etc.) haben hohe Erwartungen an Sie, und Sie befürchten, dass Sie sie enttäuschen – und fangen dann gar nicht erst an zu lernen. Wie Karoline, die Bauingenieurwesen im 3. Semester studiert und nicht so richtig ins Lernen kommt:

«In unserer Familie haben viele dieses Fach studiert. Mein Vater hat über verschiedene Verbände sogar noch Kontakt zu meinen Professoren. Er hat eine eigene Firma, und sein Bruder hat auch ein eigenes Büro. Und meine Mutter sagte zu mir, du musst auf jeden Fall besser sein als dein Cousin.»

- Sie hassen es, von anderen bewertet zu werden, leiden unter sogenannter «Bewertungsangst». Häufig entsteht so eine Bewertungsangst bereits in der Schulzeit. Manchmal aber auch erst später – nach der Erfahrung, durch Prüfungen durchgefallen zu sein. Elena – sie studiert im 4. Semester Biochemie – kommt aus einer Familie, in der Leistung einen hohen Wert hat. Bereits als Zehnjährige nahm sie an Klavier-Wettkämpfen teil:

«Meine Eltern sahen mich als künftige Konzert-Pianistin, und ich habe das für mich übernommen. Bis ich 16 Jahre alt war. Da hatte ich keine Lust mehr. Die anderen hatten Spaß, und ich saß täglich zwei oder drei Stunden am Klavier. Und hatte trotzdem das Gefühl, dass ich nicht gut genug war. Die Konkurrenz war groß und auch gut. Dann habe ich mich geweigert und wollte nicht mehr. Ich bin zu keinen Wettkämpfen mehr gegangen. Ich habe es gehasst, ständig beurteilt zu werden. Auch in der Schule, bei Schulaufgaben oder wenn ich mündlich abgefragt wurde. Das geht mir heute noch so. Wenn ich mir vorstelle, dass wieder Klausuren anstehen, verlässt mich die Energie, ich habe dann so ein Gefühl von «Hoffnungslosigkeit», den Gedanken «Hört das denn nie auf?»

- Durch zahlreiche Misserfolge hat sich bei Ihnen das Gefühl, «unfähig zu sein» eingestellt, Sie trauen sich nichts mehr zu. «Ich bin zu dumm für dieses Studium», lautet ein von uns oft gehörter Glaubenssatz. Oft haben diese Studierenden bereits eine kurvenreiche Schulkarriere hinter sich. Sven zum Beispiel war im Gymnasium, musste in der 7. Klasse auf die Realschule wechseln, schaffte dort den Wechsel zu einer weiterführenden Schule mit Fachabitur. Er erzählt, wie er sich durchgekämpft hat und beweisen wollte, das doch «mehr» in ihm steckt, als seine Lehrer ihm vermittelt haben:

«Wenn ich mich zurückerinnere, hat das in der Grundschule bereits angefangen. Dort hatte ich eine Lehrerin, die mir immer wieder sagte, du bist nicht gescheit genug fürs Gymnasium. Meine Eltern haben mich dann trotzdem auf die höhere Schule geschickt, weil ich das auch wollte, aber dann hat es doch nicht geklappt. Ich merke heute immer noch, dass mich die Aussage dieser Grundschullehrerin offenbar sehr getroffen hat und ich immer wieder an meinen Fähigkeiten zweifle, und dann bin ich wie gelähmt.»

- Sie haben von klein auf von Ihren Eltern gehört, dass Sie «großartiger und intelligenter» sind als alle anderen, und nun müssen Sie an der Hochschule feststellen, dass hier viele begabte Menschen unterwegs sind. Dieses Muster beobachten wir immer wieder bei Seminarteilnehmern, und das führt dann manchmal auch dazu, dass diejenigen sich stark entmutigt fühlen und aufgeben bzw. aufschieben. Der Hintergrund ist die Angst vor einer «Verifizierung», wie wir das nennen. In dem Sinne: Wie werde ich mich fühlen, wenn ich mich anstrenge, alle Aufgaben rechtzeitig anpacke und dann doch nicht besser bin? Muss ich mir dann eingestehen, dass ich auch nicht schlauer bin als die anderen?
- Sie haben den Drang alles perfekt erledigen zu müssen, wollen 100 Prozent wissen, und weil das in vielen Fächern nicht machbar ist, fangen Sie gar nicht erst an. Vergleichen Sie hierzu auch das Pareto-Prinzip im Kasten «Auch Professoren haben Lücken» auf Seite 137.
- Sie glauben, dass Aufschieben in der Familie liegt und dass Sie sich gar nicht anders verhalten können. Aufschieben als «Schicksal» sozusagen. Wie Esther, die ein Orientierungssemester machte und mehr zufällig in einem unserer Seminare gelandet ist. Sie erklärte:

«Jeder in unserer Familie schiebt auf, am schlimmsten ist mein Papa. Er hat regelmäßig Ärger, weil er seine Steuer nicht macht, und auch sonst braucht er immer ewig, bis er etwas auf die Reihe bekommt. Erst wenn bei ihm der Druck richtig groß wird, kommt er in Gang. Da bin ich genauso, das habe ich von ihm geerbt. Ich kann nur auf den letzten Drücker lernen. Das war schon in der Schule so.»

Das alles sind wichtige Gründe dafür, dass Sie nicht rechtzeitig anfangen, sich auf Prüfungen vorzubereiten und zu lernen. Und wir gehen davon aus, dass Sie damit einer eigenen inneren Logik folgen. Trotzdem sind wir davon überzeugt, dass Sie Ihre innere Logik und damit Ihr Verhalten ändern können. Auch wenn Sie glauben, dass Sie und Ihre Familie ein Aufschieber-Gen in sich tragen. Das haben Wissenschaftler noch nicht gefunden. Bekannt ist aber, dass Kinder das Verhalten ihrer Eltern kopieren, was aber nicht heißt, dass sie es auch ein Leben lang beibehalten müssen. Vielleicht brauchen Sie noch ein paar Runden, aber letztlich ist es für jeden mit entsprechendem Selbstmanagement möglich, zu einem Arbeitsverhalten zu finden, mit dem er das Potenzial, das in ihm steckt, entfalten kann.

Wissen | Aufschieber sind beschäftigt – mit anderen Dingen

Es ist ja nicht so, dass Menschen, die eine wichtige Tätigkeit vor sich herschieben, Däumchen drehen. Im Gegenteil: Nie sind Wohnungen gründlicher gesaugt, blitzt die Küche mehr oder werden Keller aufgeräumt wie in Zeiten, in denen eine wichtige, aber unangenehme Aufgabe auf uns wartet. Auch längst zur Seite geschobene Projekte werden wieder aktiviert. Wie das Fotoalbum für den 80. Geburtstag des Großvaters zusammenstellen, die eigene Website programmieren oder endlich ein passendes Sofa suchen.

Alles scheint angenehmer, als die wirklich wichtigen, notwendigen Aufgaben anzugehen. Um herauszufinden, warum das so ist, laden wir Sie ein zur Spurensuche. Sie können sicher sein, dass Sie fündig werden – mithilfe eines der Kapitel in diesem Buch.

Frustrationen bringen Sie voran

Alle, die sich von einem oder mehreren der oben aufgeführten, blockierenden Phänomene angesprochen fühlen, laden wir ein, aktiv etwas dagegen zu unternehmen. Die richtigen Arbeits- und Lernstrategien finden Sie in Step 3. Wie Sie Ziele kreieren, haben Sie in Step 2 erfahren, und in Step 4 finden Sie Anregungen, wenn Sie sich mit negativen Gedanken und dem Drang, alles perfekt machen zu wollen, auseinandersetzen.

Oft reichen kleinere Veränderungen des Lebens- und Arbeitsstils und Reflektionen über das eigene Verhalten. Was die eigene Frustrationstoleranz betrifft zum Beispiel. Wie gehen Sie mit Misserfolgen um? Wie reagieren Sie, wenn der Stoff, den Sie lernen sollten, schwierig ist, Sie sich vielleicht sogar überfordert fühlen? Bei diesen Fragen gibt es zwei Tendenzen. Die einen beißen sich durch, die anderen geben zunächst auf, wenden sich anderen Dingen zu, verschieben das Thema auf später.

In mehreren Studien wurde nachgewiesen, dass dieses unterschiedliche Verhalten bereits in der Kindheit zu beobachten ist. Manchen Menschen gelingt es schon früh, ihre Bedürfnisse bzw. erwarteten Belohnungen länger zurückzustellen als andere.

Das berühmteste Experiment hierzu ist der Marshmallow Test aus Stanford, den der US-Psychologe Walter Mischel mit Vierjährigen durchgeführt hat. Er gab jedem Kind ein Marshmallow, mit der Option, dass die Süßigkeit entweder sofort oder später gegessen werden darf. Wer bereit war, den Genuss zu verschieben, bis der Versuchsleiter wiederkam, bekam ein zweites Marshmallow in Aussicht gestellt. Daraufhin aßen einige der Vierjährigen die Süßigkeit sofort, andere warteten und erwarben sich damit den zusätzlichen Lohn. Jahre später zeigte sich, dass die Kinder, die sich zurückhalten konnten, zu selbstbewussten Persönlichkeiten mit guten Schulleistungen heranwuchsen. Und diejenigen, die ihre Süßigkeit in dem Experiment sofort gegessen haben und die Belohnung nicht abwarten konnten, insgesamt instabiler waren und schlechtere Noten hatten. Diese Ergebnisse ließen sich 40 Jahre später mit einigen der Studienteilnehmer noch einmal bestätigen. Damit zeigte sich, wer bereits als Kind sofortigen Bedürfnisbefriedigungen widerstehen konnte, hatte im späteren Leben mehr Chancen erfolgreich zu sein.

Diese Ergebnisse sind insofern nicht in Stein gemeißelt, als jeder an seiner Frustrationstoleranz arbeiten und, wie wir bereits am Anfang dieses Kapitels beschrieben haben, seine Selbstdisziplin verbessern kann.

Erste Hilfe

Erfolgreich sind also diejenigen, die warten können. Wenn Studierende selbst entscheiden können, welche Tätigkeit sie zuerst erledigen, eine unangenehme oder eine angenehme Tätigkeit, dann wählen die, die zum Aufschieben neigen, zunächst die angenehme Variante. Wer dieses Verhalten aufgeben möchte, muss bereit sein, negative Gefühle auszuhalten. Ohne die geht es manchmal nicht, wenn wir etwas tun, was uns schwerfällt. Aufschieber kommen unweigerlich an den Punkt, an dem sie die Unlust überkommt und der starke Wunsch, alles stehenzulassen und sich mit etwas Angenehmerem zu beschäftigen. Wir haben einige bewährte Tipps gesammelt (im Kasten «Strategie für Aufschieber» auf Seite 138), die Ihnen helfen können, trotzdem weiterzuarbeiten. Aber stellen Sie sich auf einen inneren Kampf ein. Der Diplom-Psychologe Hans-Werner Rückert (2006, S. 23) beschreibt in seinem Buch «Schluss mit dem ewigen Aufschieben» den Willen und den inneren Schweinehund als zwei Antagonisten, die in einander verkeilt sind «wie zwei Sumoringer».

Als Lösung sieht er drei Möglichkeiten:
- Endlich ins Tun kommen.
- Das Vorhaben aufgeben.
- Sich mit dem Aufschieben und seinen Folgen arrangieren.

Wenn Sie die erste Lösung wählen, können wir Ihnen versprechen, dass Sie eine große Chance haben, Ihr Verhalten zu ändern.

Aus Bergen werden kleine Hügel

Wie viele Fünftausender haben Sie schon bestiegen? Wenn Sie tatsächlich zu denjenigen gehören, die sich an professionelle Bergtouren wagen, dann wissen Sie: Planung und eine überschaubare Streckeneinteilung bringt Sie schneller und leichter nach oben.

Dieses Bild können Sie auf Ihren Lernalltag übertragen. Nehmen wir einmal an, Sie neigen dazu, wie bereits beschrieben, Unangenehmes vor sich her zu schieben. Dann denken Sie mal darüber nach, ob Sie Ihr Unlustgefühl in kleine Häppchen teilen können. Das heißt: Sie muten sich zunächst nur in Mini-Einheiten «Unlust» zu, frustrieren sich ein bisschen, aber anfangs nicht zu sehr.

Ein Klassiker bei der «Behandlung» einer Prokrastination, also des Aufschiebens, ist die Strategie der kleinen Schritte. Sie wurde in der Prokrastinations-Ambulanz der Universität Münster entwickelt und eingesetzt. Die Methode ist aber nur dann erfolgreich, wenn die Regeln exakt eingehalten werden. Das Rezept lautet: Lernen Sie nur in einem klar definierten Zeitfenster. Wie es funktioniert, erfahren Sie im Kasten auf Seite 138.

Wenn Sie sich entscheiden, dieses Modell der Arbeitszeitrestriktion zu testen, empfiehlt es sich, parallel ein kleines Logbuch zu führen. Notieren Sie kurz: Wie konzentriert haben Sie gearbeitet? Wie verändert sich Ihre Unlust? Vermutlich sieht die Bilanz gar nicht so schlecht

Wissen | Auch Professoren haben Lücken

Sie fühlen sich erst sicher, wenn Sie das Gefühl haben, den Stoff hundertprozentig im Kopf zu haben? Damit setzen Sie sich ein Ziel, das Sie in der Ihnen zur Verfügung stehenden Zeit garantiert nicht erreichen können. Erfolgreich auf Prüfungen lernen Sie, wenn Sie Mut zur Lücke haben. In Anlehnung an das berühmte Pareto-Prinzip genügen 80 Prozent Wissen, um gute Ergebnisse zu erzielen, und es besteht eine große Wahrscheinlichkeit, dass es sogar sehr gute sein werden. Der Ingenieur, Ökonom und Soziologe Vilfredo Pareto hat darauf hingewiesen, dass wir für 80 Prozent einer Arbeit etwa 20 Prozent der Zeit benötigen und für die restlichen 20 Prozent, um die Arbeit «perfekt» zu erledigen, noch einmal 80 Prozent Zeit aufwenden müssten. Für das Lernen auf eine Prüfung heißt das: Wenn Sie alle Übungsblätter, Altklausuren und Skripten bearbeitet haben und feststellen, dass Sie die Aufgaben zu 80 Prozent lösen, können Sie beruhigt in eine Prüfung gehen und mit etwas Glück darauf hoffen, dass Sie sogar auf über 90 Prozent kommen und damit ein sehr gutes Ergebnis erzielen.

aus. Ihre Unlust wird kleiner, und die Lernlust steigt. So ist zumindest unsere Erfahrung, wenn wir das Prinzip dieses molekularen Lernens verordnet haben. Sie können es übrigens auf alles anwenden, was Sie vor sich herschieben: die Steuererklärung, den Praktikumsbericht, das Bewerbungsschreiben – und selbstverständlich immer wieder für den Stoff, den Sie in Ihrem Studium lernen müssen.

Letzteren sollten Sie übrigens ähnlich molekular einteilen. Nehmen Sie sich die Zeit, und packen Sie den Lernstoff in kleine Einheiten. Das hat zwei Vorteile: Sie verschaffen sich auf diese Weise einen Überblick, was Sie im Semester zu tun haben. Und Sie sehen nicht mehr den gesamten Fünftausender vor sich, sondern nur die nächste Etappe. In Step 2 haben wir das bereits ausführlich beschrieben, und in Step 3 finden Sie eine Anleitung, wie Sie die kleinen Lern-Pakete packen.

Warum funktioniert diese molekulare Methode? Durch die strenge Begrenzung der erlaubten Arbeitszeit verändert sich der Fokus von «Ich muss» zu «Ich darf», und damit begegnen Sie Ihrer Aufgabe mit einer neuen inneren Haltung.

Selbstcoaching | Strategie für Aufschieber:
Lernen in kleinen Zeitfenstern

Das Konzept basiert auf der Definition von Zeitfenstern, die Sie fürs Studium reservieren. Die Größe der Zeitfenster orientiert sich an Ihrer täglichen Arbeitszeit in der vorherigen Woche. Die sollte nicht überschritten werden:

- Sie legen täglich zwei Zeitfenster fest und teilen diese Arbeitszeit auf. Haben Sie in der vergangenen Woche nicht für Ihr Studium gelernt, beginnen Sie mit zwei Zeitfenstern von 20 Minuten pro Tag und stellen Sie sich Ihren Timer im Handy entsprechend ein.
- Hören Sie auf, wenn die Zeit vorbei ist – auch wenn Sie gerade richtig in Fahrt sind.
- Diese kurzen Lernphasen behalten Sie eine Woche bei, dann steigern Sie die Dosis abhängig davon, wie erfolgreich Sie waren. Bei einer Effizienz von 51 % bis 75 % vergrößern Sie die täglichen Zeitfenster um 25 %, bei einer Effizienz von 76 % bis 100 % um 50 %.

Weitere Tipps aus der Prokrastinationsambulanz finden Sie unter http://www.psy.uni-muenster.de/Prokrastinationsambulanz.

Von der Planung ins Handeln kommen

Sie wissen jetzt, was Sie zu tun haben? Und eigentlich haben Sie alles vorbereitet. Ein winziger Schritt fehlt noch: Dass Sie endlich anfangen. Wenn Sie daran denken, spüren Sie vielleicht in Ihrem Bauch oder an einer anderen Stelle Ihres Körpers einen Widerstand in Form von Druck, Enge oder eines anderen, unangenehmen Gefühls. Sie können davon ausgehen, dass sich dahinter eine Botschaft verbirgt, die mit dafür sorgt, dass Sie in den Modus des Aufschiebens kommen. Irgendetwas hält Sie davon ab, das zu machen, wovon Sie wissen, dass es dringend notwendig wäre: nämlich zu lernen. Was Sie jetzt noch blockiert, können Sie vermutlich selbst nicht klar benennen.

In einem unserer Seminare stellte sich Gregor nach einigen misslungenen Klausuren im Fachbereich Vermessungswesen mit den Worten vor: «Ich habe alles gelernt, also muss ich die Klausur bestehen. Das ist doch logisch – aber es klappt nicht.» Und auf unsere Frage, wie er sich fühlt beim Lernen und in der Prüfung, antwortete er: «Das ist doch egal, Gefühle dürfen hier keine Rolle spielen.» Wirklich nicht? Forschungen haben ergeben, dass bei allem, was wir tun, Gefühle beteiligt sind, oft ohne dass uns das bewusst ist. Die Macht unseres Unbewussten über uns ist stärker als wir glauben. Das zeigt sich immer dann, wenn es darum geht, etwas zu tun, was wir als unangenehm empfinden. Es gibt nämlich einen starken Strippenzieher im Hintergrund: unser Erfahrungsgedächtnis. Es ist Teil der neuronalen Netzwerke, über die im Gehirn gespeichert wird, was wir tun, denken, fühlen, wahrnehmen. Das Erfahrungsgedächtnis sammelt alles, was Sie seit Ihrer Geburt und wahrscheinlich sogar schon im Bauch Ihrer Mutter erlebt und erfahren haben. Und zieht seine Schlüsse daraus.

Botschaften aus dem Bauch

Das Erfahrungsgedächtnis weiß vermutlich mehr über Sie, als Ihnen selbst bewusst ist – und redet kraft seines Wissens immer mit. Es nimmt Einfluss auf jede Ihrer Entscheidungen, auf Ihr gesamtes Handeln. Laut Neurowissenschaftler Antonio Tomasio entscheidet das Erfahrungsgedächtnis auf eine ganz rudimentäre Weise nach dem Prinzip: «Gut für mich»/«Schlecht für mich». «Annähern»/«Vermeiden». «Plus»/«Minus» (Storch/Krause, 2003, S. 39).

Diese Bewertung wird über das sogenannte limbische System transportiert. Das sind Strukturen im Gehirn, die wesentlich älter sind als zum Beispiel die des Großhirns. Das limbische System übersetzt die Entscheidung des Erfahrungsgedächtnisses in Gefühle, auch in Körpergefühle. Etwa so: «Fühlt sich gut an» oder «Macht ein schlechtes Gefühl». Körpergefühle sagen uns, was richtig für uns ist, wenn wir sie verstehen und deuten können. Sie gelten als Signale oder Markierungen. In der Neurowissenschaft und der Psychologie werden sie als somatische Marker bezeichnet (gr. soma = der Körper).

Vielleicht haben Sie schon einmal erlebt, dass Sie eine Entscheidung bewusst gegen Ihr «Bauchgefühl» getroffen haben. Das geht manchmal gar nicht anders. Aber Sie werden gemerkt haben, dass Sie dann wesentlich mehr Energie benötigen, um das Vorhaben umzusetzen. Treffen wir dauerhaft Entscheidungen gegen unser Empfinden, also gegen unsere Erfahrungen, kann das auch krank machen oder in ein Burn-out führen.

Das Geheimnis guter Gefühle

Alles geht leichter von der Hand, wenn Bauchgefühl und Vernunft zusammenarbeiten – auch das Lernen. Denn dann verfügen wir über unsere volle Kraft und Energie und segeln mit starkem Rückenwind unseren Zielen entgegen. Ziel ist es deshalb, das Signal «Gut für mich» auch aus den Tiefen unseres Unterbewusstseins zu erhalten und nicht nur vom Großhirn. Auch dann, wenn Sie aus Ihrer jetzigen Sicht etwas «Unangenehmes» tun müssen – in die Vorlesung gehen, Matheblätter rechnen etc. Die Psychologin Maja Storch und der Sozialwissenschaftler Frank Krause (2010) nutzen in ihrem Züricher Ressourcenmodell die Kraft der Bilder, um diesen unbewussten Bereich zu erreichen, den sie übrigens netterweise «Würmli» nennen. Dieser Begriff ist abgeleitet von Strudelwurm und soll auf die archaischen Gehirntiefen verweisen, in denen das «Würmli» lebt. Storch und Krause haben die Motivationspsychologie damit ein gutes Stück nach vorne gebracht, indem sie nachgewiesen haben, dass die innere Haltung, bei der das Unbewusste eine wichtige Rolle spielt, mit darüber entscheidet, ob wir ins Handeln kommen. Mehr darüber erfahren Sie unter folgendem Link: http://www.zrm.ch.

Viele Motivationspsychologen nutzen Bilder, um unbewussten Gefühlen auf die Spur zu kommen und verborgene Wünsche zu erkennen. Sie wirken ähnlich wie die in Step 2 beschriebenen Visionen. Kombiniert mit einem Motto bzw. einem Mantra entwickeln die Bilder eine zusätzliche Wirkung. Sportler und andere Menschen, die besondere Leistungen bringen und in extremen Situationen durchhalten müssen, nutzen häufig die unterstützende Kraft der Worte. Wie zum Beispiel auch die Extrem-Bergsteigerin Gerlinde Kaltenbrunner, die ihr selbstgewähltes Mantra immer dann einsetzt, wenn es beim Auf- oder Abstieg auf einen Achttausender richtig schwierig wird, vielleicht sogar um Leben und Tod geht. Sie wiederholt dann unermüdlich: «Ich habe Kraft, Energie, Erfolg, ich bin gesund und dankbar.» (Netdoktor, 2012)

Auch in unseren Seminaren arbeiten wir mit dieser visuellen Methode. Und wir sind immer wieder überrascht, auf welch unterschiedliche Weise die Studierenden Bilder und Motto nutzen. So lässt sich beispielsweise Philosophiestudent Martin von einem sprintenden Geparden für die nächsten Klausuren motivieren. Und Kerstin lässt sich bei ihrer Bachelorarbeit in Biologie von einem Bild mit kuschelnden Kindern, die vor einem Kaminfeuer sitzen, motivieren. Das Motiv vermittelt ihr ein Gefühl von Selbstvertrauen und Geborgenheit, zwei Ressourcen, die sie bei ihrer Arbeit unterstützen sollen.

Wie sie ihr Bild bewusst in Lernsituationen einsetzen, beschreiben Ilse, die Pharmazie studiert, und Luis aus dem Fachbereich Informatik:

Das Motiv von Ilses Bild ist ein Bergsteiger, der oben auf dem Gipfel steht und einen blauen Himmel über sich hat. Ilse beschreibt die Wirkung ihres Bildes:

«Das Gefühl, das der Bergsteiger ausstrahlt, strebe ich auch an. Dieses Gefühl von Weite und Freiheit, weil man endlich alles geschafft hat. Das möchte ich auch. Ich will in meinem Leben viel erreichen, damit ich die Freiheit habe, das zu tun, was ich wirklich will. Wenn ich dieses Bild anschaue und mir meinen Motivationssatz vorsage, fühle ich mich tatsächlich viel freier, als würde ein wenig von dem Druck von mir abfallen.»

Luis, der einen dösenden Bären auf einem Baumstamm ausgesucht hat, beschreibt die Wirkung seines Bildes:

«Ich genieße meine Freizeit wie ein fauler Bär. Dieses Bild habe ich mir als Bildschirmhintergrund eingebaut. Wenn ich in ein soziales Netzwerk wie Facebook gehen möchte, sehe ich zuerst den faulen Bären. Das erinnert mich daran, dass ich gerade in einer Lernphase bin und in der arbeitsfreien Zeit danach genießen kann.»

Eine Anleitung, wie Sie sich selbst auf diese Weise coachen können, finden Sie im folgenden Kasten.

Selbstcoaching | Die Kraft eines Bildes nutzen
Material: Bilder, Papier und Stift; Zeit: 45 Minuten
Bildersuche: vorhandenes eigenes Material, Angebote im Internet, selbst fotografieren
So gehen Sie vor:
- Es geht in einem ersten Schritt darum, ein Bild zu finden, das Ihnen spontan ein gutes Gefühl macht, vielleicht sogar, ohne genau zu wissen, warum.
- In einem zweiten Schritt filtern Sie, welche Gefühle und sogar Wünsche Sie mit diesem Bild verbinden.
- In einem dritten Schritt entwickeln Sie mithilfe des Bildes ein motivierendes Motto.
- Implementieren Sie das Bild und Motto als Desktop-Hintergrund auf dem Handy und hängen Sie es ausgedruckt über Ihren Arbeitstisch, so dass es Sie beim Lernen begleitet.
- Nutzen Sie die Kraft des Bildes und des Mottos, wann immer es geht, um in eine gute «Lernstimmung» zu kommen.

Selbstcoaching | Erste Hilfe für Aufschieber
Tipps und Tools, die Ihnen weiterhelfen (nach Engelbrecht, 2011)

Anfangen
Strategien, die den Einstieg erleichtern
- Sprechen Sie Ihr motivierendes Motto (Kasten oben) laut aus
- Schnell entscheiden, einfach anfangen
- Nach Zeitplan arbeiten, pünktlich starten

- Ein Anfangsritual kreieren (Schreibtisch aufräumen, Material zurechtlegen, Kaffee holen und los)
- Countdown-Methode: 5 ... ich stehe auf, 4 ... ich gehe zum Schreibtisch, 3 ... ich nehme den Stuhl und setze mich, 2 ... ich öffne die Datei am Laptop, schlage das Buch auf, 1 ... ich atme durch und starte.

Dranbleiben
Strategien gegen Ablenkungen
- Ablenkenden Impuls wahrnehmen, registrieren und weiterschicken (vgl. Step 4)
- Spiel mit Kreis und Haken: Ein weißes Blatt und einen Stift an den Arbeitsplatz legen. Wenn der Impuls aufzuhören und aufzustehen kommt, einfach sitzenbleiben, auf das Blatt einen Kreis malen und 15 Sekunden durchhalten. Der Impuls wird dann schwächer, danach weitermachen und einen Haken in den Kreis zeichnen. Auch wenn Sie nach einer Stunde zehn Kreise und Haken auf Ihrem Blatt sehen. Immerhin ein Erfolg: Sie haben durchgehalten.
- «Schwarze Liste» schreiben: Was passiert, wenn ich jetzt aufhöre.
- «Weiße Liste» schreiben: Wie fühle ich mich, wenn ich die Lernzeit durchgehalten habe.

Selbstcoaching | **Reflektion – der erste Schritt zur Veränderung**
Ehrlichkeit sich selbst gegenüber, das ist die Voraussetzung für Veränderung. Wir bieten Ihnen hier eine Vorlage, mit der Sie sich selbst coachen können. Denn Coaching bedeutet auch, sich die richtigen Fragen zu stellen.
Wählen Sie ein Vorhaben, das wirklich wichtig ist, das Sie aber vor sich herschieben, und beantworten Sie bezogen auf dieses Projekt schriftlich folgende Fragen:
1. Was schieben Sie auf?
2. Wie schieben Sie auf?
3. Was würde passieren, wenn Sie nicht aufschieben? Positives? Negatives?
4. Welche Gefühle tauchen auf, wenn Sie sich vorstellen, die aufgeschobene Sache zu erledigen/anzupacken etc.?

5. Wann tauchte das Problem mit dem Aufschieben erstmals auf?
6. Was war damals wichtig in Ihrem Leben? Welche Ereignisse fallen Ihnen ein? (Was war gerade in Schule, Elternhaus, mit Freunden etc. los?)
7. Welche Gefühle verbinden Sie mit dieser Zeit und den Ereignissen?
8. Was haben Sie damals gemacht? (In Schule oder Beruf, in ihrer Freizeit etc.)
9. Welche Nebeneffekte hatten die Ereignisse noch? (Fokussierung auf Freizeit, Sport, Überforderung, Ängste etc.)
10. Wie wirken sich die Ereignisse noch heute auf Ihr Leben aus?
11. Welche Folge hat das Aufschieben für Sie noch (außer, dass Sie Ihre Ziele nicht erreichen)? Positives? Negatives?
12. Was fehlt in Ihrem Leben?
13. Glauben Sie, dass Sie nichts Besseres verdienen?
14. Was ist also der Lohn Ihres Aufschiebens? Womit müssten Sie sich auseinandersetzen, wenn Sie nicht aufschieben?

(nach Rückert, 2006, S. 162)

Quotes

Denise, Lehramtsstudentin

Seit ich zum Beispiel die Kreis-Häkchen-Methode anwende, läuft es besser. Ich musste mich erstmal wieder ans Lernen gewöhnen. Die Strategie hilft mir, nicht immer beim ersten Problem das Handtuch zu werfen. Sobald ich merke, dass ich kurz davor bin aufzugeben, male ich schnell einen kleinen Kreis auf das Papier. Jeder abgehakte Kreis nach einer Lerneinheit zeigt mir, wie stark doch mein Wille ist.

Nico, Chemiestudent

Ich hatte nie ein strukturiertes Lernverhalten. So hat sich der Druck bei mir immer weiter aufgebaut. Ich hatte Hemmungen, irgendwann mit dem Lernen anzufangen, und ein Ohnmachtsgefühl gegenüber den vielen unerledigten Dingen. Problematisch war vor allem, dass ich mich auf eine Sache konzentriere, während ich viele andere im Kopf hatte. Dieses Ohnmachtsgefühl habe ich überwunden, geholfen hat mir, zunächst nur in kleinen Zeiteinheiten zu lernen. Diese Lernzeiten habe ich immer weiter verlängert. Und heute klappt es ganz gut. Nicht immer, aber oft.

Alexa, Medizinstudentin

Früher war es so, dass ich immer schlechte Laune hatte, wenn ich dachte, dass ich nun lernen muss. Heute schaue ich mein Bild an, auf dem eine Hängematte unter Palmen ist, und mache es so, dass ich mir sage, schön, dass ich endlich Zeit habe und lernen darf und mich so gut auf die Prüfung vorbereiten kann und hoffentlich ein gutes Ergebnis erziele. Dieses mentale Coaching überträgt sich auch auf den Bereich außerhalb des Lernens. Ich erlaube mir gedanklich in der Hängematte zu liegen und einen Apfel zu essen, statt einer Schokolade – für mich eine interessante Erkenntnis, was man alles mit Bildern und Worten bewirken kann.

Greta, Psychologiestudentin

Wenn ich keine Lust mehr habe, schaue ich mir mein Bild mit dem Surfer an, höre das Rauschen der großen Welle und bekomme einen klaren Kopf – und vor allem auch gute Laune. So lerne ich dann weiter.

Rebekka, Geodäsiestudentin

Kleinere Tätigkeiten wie das Spielen auf dem iPad, welche ich zur Ablenkung und zum Aufschieben genutzt habe, kann ich heute bewusst unterbrechen. Ich stelle mir dann immer vor, wie es sein wird, wenn ich meine Arbeit erledigt habe, und das hilft.

Literatur, die sich zu lesen lohnt:

Baumeister, Roy/Tierney, John (2010). *Die Macht der Disziplin*. Frankfurt/New York: Campus.

Step 7:
Entspannt in die Prüfung

Um was geht's?

- Die letzten Tage vor der Prüfung effizient gestalten
- Alle Kräfte in der Prüfung bündeln
- Nach der Prüfung schnell wieder auf die Beine kommen

Sie haben wochenlang gelernt, und jetzt ist es so weit: Die Prüfungen stehen kurz bevor. Sie setzen an für den Sprint auf den letzten Metern. Freuen Sie sich, wenn Sie noch entspannt sind, denn dann können Sie sich noch in Ruhe inhaltlich und mental vorbereiten. Spüren Sie, wie Sie langsam nervös werden? Macht auch nichts. Ein bisschen Nervosität schadet nicht, das erhöht sogar durch den vermehrten Adrenalinausstoß Ihre Denkleistung. Auf den folgenden Seiten finden Sie aber auch viele Tipps, wie Sie auf die letzte Minute noch Wissen tanken, und wie Sie sich selbst beruhigen können.

Wiederholung im Schnelldurchgang

Im besten Fall haben Sie sich den gesamten Stoff erarbeitet. Vor Ihnen liegen mehrere Stapel Karteikarten, Mindmaps und Übersichtspläne. Wenn das so ist: Herzlichen Glückwunsch, Sie haben in den vergangenen Wochen wirklich Ausdauer und Selbstdisziplin bewiesen!

Vielleicht sind Sie noch nicht ganz mit dem Stoff durch. In diesem Fall gilt: Ruhig bleiben und strategisch vorgehen! Stellen Sie sich folgende Fragen:

- Ist es wirklich so entscheidend, dass ich dieses Kapitel noch erarbeite?
- Wie wahrscheinlich ist es, dass dieses Kapitel drankommt?
- Welche Vorlieben hat der Prüfer?
- Welche Themen kamen in alten Klausuren immer dran?
- Wie viele Aufgaben muss ich lösen, um die Prüfung zu bestehen?
- Was muss ich unbedingt noch vorbereiten?

Da Prüfer sich häufiger aus den zeitlich späteren Kapiteln bedienen, sollten Sie lieber im fortgeschrittenen Stoff in die Tiefe gehen. Das gilt auch, wenn Sie den Stoff ein paar Tage vor der Prüfung noch nicht komplett beherrschen. In dieser Situation empfiehlt es sich allerdings auch, pragmatisch vorzugehen: Es ist sinnvoller, die Kapitel zu wiederholen, die Sie ohnehin schon erarbeitet haben. So festigt sich der Lernstoff, und Sie haben eine gute Chance, ihn in der Prüfung auch problemlos wiedergeben oder anwenden zu können.

Räumen Sie dem Stoff, der Ihnen noch fehlt, ein sehr begrenztes Zeitfenster ein. Gefährden Sie auf keinen Fall die Wiederholung und

Vertiefung des bereits gelernten Stoffs. Jetzt ist einfach Mut zur Lücke gefragt!

Und wenn's mal auf den letzten Drücker sein muss ...

Hand aufs Herz: Es passiert immer mal wieder, dass wir nicht optimal mit unserem Zeitmanagement hinkommen. Nur noch zwei Tage, bei Weitem nicht sattelfest im Stoff, und schon steht die Klausur an. Dann schalten Sie um auf Notfall-Lernen! Wir meinen damit ein Hochleistungslernen in kürzester Zeit, das in Kauf nimmt, dass viele Informationen vom Lernstoff nach der Prüfung wieder verloren gehen. Denn das meiste gelangt über diese Methode nicht ins Langzeitgedächtnis. An dieser Stelle möchten wir betonen: Es handelt sich hier um eine Ausnahme, nicht um die Form des Lernens, wie wir sie generell empfehlen.

Beschränken Sie sich auf die zentralen Kapitel: Schauen Sie genau, was bisher in den Prüfungen abgefragt wurde, und begrenzen Sie den Stoff radikal. Eine solche Taktik eignet sich natürlich nur für Prüfungen, die Sie jederzeit nachholen können, die nicht so viele Punkte bringen und auf die Sie derzeit nicht voll setzen – also für Prüfungen, deren Bestehen ein Pluspunkt, aber keine Notwendigkeit ist.

Dann reduzieren Sie den Stoff, indem Sie Karten, Mindmaps und Lernkarten schreiben. Arbeiten Sie mit Grafiken, Schaubildern, sprechen Sie die Informationen laut vor sich hin. Um das Maximum an Stoff in kurzer Zeit im Kopf zu behalten, ist Kreativität gefragt. Lea studiert Wirtschaftswissenschaften und beschreibt ihr Last-Minute-Vorgehen:

«Und dann war da noch diese eine Klausur ganz am Ende meiner Prüfungszeit, ein reines Auswendiglernen. Die musste ich gar nicht mehr bestehen, aber ich wäre einfach froh gewesen, sie noch loszuwerden. Ich hatte meine ganze Wohnung mit Zetteln und Bildern plakatiert. Selbst im Bad beim Föhnen hatte ich noch die Begriffe und Definitionen vor der Nase hängen. Beim Frühstück habe ich den Stoff vor mich hingesprochen, meine Freundin hat mich abgefragt, in der U-Bahn hörte ich mir die Definitionen an, beim Abspülen habe ich Prüfungsfragen laut beantwortet. Das hat für die Prüfung genau gereicht – drei Tage später hatte ich fast schon wieder alles vergessen. Egal, ich wollte diesmal ja nur durchkommen.»

Störer ernst nehmen und neutralisieren

Achten Sie jetzt auch auf Ihre inneren Dialoge! Gibt es da eine Stimme: «Wenn du nicht alles drauf hast, schaffst du's nie!» Oder : «Das wird ja doch nichts, so wie du gelernt hast.» Von diesen inneren Stimmen ist in diesem Buch immer wieder die Rede. Vor Prüfungen werden sie gerne besonders laut und virulent. Lassen Sie sich nicht verunsichern, es gibt Möglichkeiten, mit diesen Stimmen so umzugehen, dass Sie ihre blockierende Wirkung verlieren. Steuern Sie bewusst dagegen, und lassen Sie eine unterstützende Stimme zu Wort kommen.

Nehmen Sie den Kritiker auf Ihrer inneren Bühne wahr, respektieren Sie sein Anliegen nach dem Motto: » Ja, du hast recht, ich muss noch etwas tun. Und deshalb nutze ich die nächsten fünf Stunden intensiv zum Lernen!»

Je mehr Sie sich bemühen, die unliebsamen Kritiker zu vertreiben, umso hartnäckiger spuken sie in Ihrem Kopf herum. Wenden Sie auch hier die in Step 4 beschriebene buddhistische Haltung an: Wahrnehmen und in einer Wolke weiterziehen lassen!

TIPP: Sie kennen sich am besten und wissen genau, welche kritische Stimme in den letzten Tagen vor der Prüfung auf Ihrer inneren Bühne auftauchen könnte. Es kann hilfreich sein, sich schon im Vorfeld die wohlwollende Stimme zu überlegen, um sie auch in der heißen Situation anwenden zu können.

Hier sind ein paar Beispiele für kritische Stimmen. Ergänzen Sie mit Ihren inneren Kritikern und finden Sie dazu eine wohlwollende und ermutigende Stimme:

Kritische Stimme	Ermutigende Stimme
«Ich habe einfach viel zu wenig gelernt. Das klappt nie!»	*«Ich habe mir viel erarbeitet und kann die meisten Fragen gut beantworten.»*

«Ich schaffe den Stoff
sowieso nicht. Ich bin ja viel
zu spät dran!»

«Ich nutze die verbleibende Zeit
optimal. Ich schaffe auch
in kurzer Zeit jede Menge.»

«Die anderen sind bestimmt
viel besser vorbereitet.»

«Ich habe viel gelernt
und bin gut vorbereitet.»

Wiederholen, wiederholen, wiederholen

Ein bis zwei Tage vor der Klausur sollten Sie sich keinen neuen Stoff mehr erarbeiten. Nutzen Sie die Zeit jetzt für Wiederholung und Übung. Wie ein Spitzensportler gehen Sie alles in Ruhe durch und machen sich fit für die Prüfungssituation. Alles, was Ihnen Zeit und Kraft rauben könnte, bleibt außen vor. Der Kühlschrank ist gut gefüllt. Alle Verpflichtungen können warten. Schön, wenn man einen Freund hat, der sich in dieser Zeit ein wenig kümmert und ein Abendessen kocht. Versuchen Sie auf alles zu verzichten, was nicht unbedingt von Ihnen getan werden muss. Sie konzentrieren sich jetzt ganz auf sich!

Suchen Sie sich einen ruhigen Lernort: Sie zeichnen, schreiben, sprechen laut vor sich hin. Oder Sie treffen sich mit Ihren Lernpartnern und erzählen sich den Stoff rauf und runter. Oder Sie rechnen die Aufgaben noch einmal durch, damit Sie die nötige Routine entwickeln. Abwechslung zählt auch hier! Sprechen, denken, tun – verbinden Sie alle Ihre Sinne mit dem Lernstoff. Kombinieren Sie das Lernen mit Bewegung und Pausen, in denen Sie einfach nur entspannen. Tun Sie das, was Ihnen gut tut. Achten Sie auf Ihre Ernährung: ausgewogen, vitaminreich und regelmäßig (Lesen Sie dazu mehr in Step 9). Ja, Sie sind jetzt in einem Trainingscamp. Sie machen sich wie ein Spitzensportler fit für den Wettkampf.

Um sich Stoff dauerhaft zu merken, reicht es nicht, die Inhalte öfter zu lesen. Wir müssen etwas aktiv tun mit den Inhalten, müssen sie unserem Gehirn auf interessante Weise näherbringen. Seien Sie also kreativ beim Wiederholen!

Lerntipp
Fachbegriffe präsent haben und souverän einsetzen

Wenn Sie in Ihrem Studiengang viele Fachbegriffe im Kopf behalten müssen, sollten Sie den Lernvorgang möglichst kreativ gestalten. Denn dann ist die Chance höher, dass Ihr Gehirn diese Begriffe langfristig abspeichert. Hier einige Beispiele, wie Sie sich schwierige Begriffe besser einprägen:

Sie können diese Fachbegriffe

- auf Kärtchen schreiben und in einem Karteikasten durchgehen
- auf Zettel schreiben und in Ihrer Wohnung verteilen. Wenn Sie einen Begriff beherrschen, nehmen Sie ihn vom Möbelstück oder der Wand ab. Er landet in der Kiste «Gecheckt!»
- auf Band sprechen und immer wieder anhören
- sich von einem Freund abfragen lassen
- nutzen, um eine Geschichte mit diesen Begriffen zu erfinden: Das Faulmonster lag auf dem Rücken (Rückenmark), und dachte darüber nach, wie es seine Ferien mit ein paar Mark verlängern konnte (verlängertes Mark). Da kam das Hektikmonster über die Brücke (Brücke, Pons) und suchte ein Mittel (Mittelhirn), wie es zwischen (Zwischenhirn) Groß (Großhirn) und Klein (Kleinhirn) unterscheiden könnte.

Völliger Nonsens! Ja, genau, und deshalb auch gehirngerecht. Denn je ungewöhnlicher und witziger die Geschichten sind, umso leichter prägen wir sie uns ein. Dazu können Sie ein inneres Kino entwickeln und sich genau überlegen, wie das Faulmonster und das Hektikmonster aussehen, wie sie sich bewegen und sprechen. Innere Bilder erhöhen unsere Merkfähigkeit.

Andere Möglichkeiten, sich Fachbegriffe einzuprägen:

- Loci-Methode: Jeder Begriff bekommt einen Platz in Ihrem Zimmer oder in Ihrer Wohnung. Sie merken sich zunächst eine bestimmte Abfolge von Orten wie Türe, Sofa, Bett, Tisch und legen dort bestimmte Fachbegriffe geistig ab. Dann gehen Sie den Weg durch die Wohnung geistig oder real ab und rufen das jeweilige Fachwort ab.
- Sie überlegen sich, woran Sie der Begriff erinnert: Noradrenalin: Das Wort erinnert mich an Nora, die mag den Ali mit N.

- Sie zeichnen eine Skizze, in die Sie alle Fachbegriffe eintragen.
- Sie bauen ein Modell (Schaltkreise, Autobahnen, menschliches Gehirn).
- Sie basteln ein Frage-Antwort-Kartenset und spielen mit einem Lernpartner Karten. Wer eine Frage richtig beantwortet hat, darf die Karte behalten. Wer am Schluss die meisten Karten hat, gewinnt.

Trainieren unter Echtzeit-Bedingungen

Zum perfekten Trainingsplan gehört auch, unter den Bedingungen der Prüfung zu üben. Nehmen Sie sich eine Altklausur zur Hand, stellen Sie Ihren Wecker und los geht's.

Dieses Üben in Echtzeit sollten Sie am besten bereits immer wieder in den Wochen davor in den Lernalltag integrieren; in der Woche vor der Prüfung erhalten Sie so wichtige Hinweise, wo Sie noch Lücken haben. Proben Sie Ihren Echtlauf idealerweise in einer Umgebung, die der des Prüfungsortes ähnlich ist – in einer Bibliothek, in einem leeren Unterrichtsraum. Ein Profi-Schwimmer trainiert ja auch nicht auf Gras.

Durch diese Generalproben gewinnen Sie an Sicherheit: Das Setting der Prüfung kommt Ihnen bekannt vor, und Sie bekommen ein Gefühl für das angemessene Arbeitstempo. Wenn Sie ein paar Altklausuren unter den realen Bedingungen hinter sich gebracht haben, wächst in Ihnen die Zuversicht, die Prüfung zu bewältigen.

Typische Stolperfallen in Prüfungen

Zu Beginn der Prüfung ist die Nervosität üblicherweise hoch. Viele fangen an zu schreiben, ohne sich einen Überblick über die Fragen zu verschaffen. Prüfer erzählen uns, dass häufig Fragen nicht beantwortet werden und zu viele Informationen aufs Papier gebracht werden, die mit dem Thema nichts zu tun haben.

Gerade am Anfang der Prüfung geht es darum, mit kühlem Kopf vorzugehen: kräftiges Durchatmen und systematisches Lesen aller Fragen hilft Ihnen dabei. Sortieren Sie die Fragen in solche, die Sie locker beantworten können, und in solche, die Ihnen Probleme bereiten. Machen Sie ein paar Notizen auf einem Konzeptpapier. Und erst wenn

Ihnen klar ist, in welcher Struktur Sie Ihr Wissen aufs Papier bringen wollen, legen Sie los. Die Gliederung und sprachliche Form Ihrer Ausführungen zählt ebenso für die Note wie Ihr Sachwissen.

Lerntipp
Legende für den ersten Fragen-Check
Gebongt! Weiß ich! – Fragen, die Sie locker beantworten können
Durchwachsen! – Fragen, die Sie teilweise beantworten können, aber sicher nicht komplett
Keine Ahnung! – Fragen, zu denen Ihnen im Moment nichts einfällt und die Sie sich nochmal anschauen, wenn Ihnen noch genug Zeit bleibt
Die Gebongt!-Fragen gehen Sie am besten nach der Punkteverteilung an. Lösen Sie zuerst alle Fragen, die Ihnen viele Punkte bringen. Genauso machen Sie sich dann an die Kategorie «Durchwachsen» ran.
Wenn Sie die ersten Fragen gut beantworten können, spüren Sie, wie Sie langsam ruhiger werden. Das Vertrauen in Ihre Fähigkeiten wächst. Mit diesen positiven Gefühlen trauen Sie sich auch leichter an die schwierigen Fragen ran und haben eine höhere Wahrscheinlichkeit, dass Ihr Gehirn eine kreative Lösung findet.

Ähnlich ist Patrick, Informatikstudent, in seiner letzten Klausur vorgegangen: «Die Prüfung war nicht leicht. Die erste Aufgabe lief gut, ich konnte alles berechnen. Aber schon in der zweiten Aufgabe war mir recht schnell klar, dass ich an meine Grenzen kam. Trotzdem bin ich relativ cool geblieben: ich habe mir ganz pragmatisch überlegt, welche Aufgaben ich noch berechne und wie viele Punkte sie mir bringen. Und, oh Wunder: Es hat gereicht, ich hab's geschafft und habe auch dieses Horrorfach hinter mich gebracht.»

Der Countdown läuft

Der letzte Tag vor der Prüfung

Wenn Sie mit dem Stoff durch sind und es sich leisten können, den Tag vor der Prüfung zu entspannen – prima! Unserer Erfahrung nach bleibt das in den allermeisten Fällen ein frommer Wunsch. Fast alle Teilnehmer in unseren Kursen lernen bis zuletzt.

Egal, wie weit Sie mit Ihrer Vorbereitung gekommen sind: Lassen Sie den letzten Tag ruhig angehen. Planen Sie kleine Lerneinheiten, fliegen Sie eher über den gesamten Stoff, gehen Sie nur dort in die Tiefe, wo Sie sich noch unsicher sind. Um sich zu beruhigen, können Sie sich die Aufgaben genauer ansehen, an denen Sie öfter hängengeblieben sind. Testen Sie, ob Sie jetzt mit ihnen klar kommen. Beenden Sie Ihren Lerntag am späteren Nachmittag und gönnen Sie sich noch etwas Ablenkung mit Freunden oder Familie.

Viele schlafen in der Nacht vor der Prüfung nicht gut. Das ist zwar ärgerlich, aber für den Prüfungserfolg nicht entscheidend. Eine Nacht ohne guten Schlaf halten Sie aus. Bleiben Sie ruhig und holen Sie den Schlaf nach der Prüfung nach. Sie werden sehen: Aus einer gelassenen Haltung heraus fällt es ohnehin leichter ein- und durchzuschlafen.

Die Stunden vor der Prüfung

Wenn Sie am Prüfungstag schon ganz früh wach sind, stehen Sie am besten auf. Gehen Sie an die frische Luft, machen Sie eine Entspannungsübung, duschen Sie in Ruhe – gestalten Sie sich den Morgen so angenehm und ruhig wie möglich. Vielleicht tut Ihnen ja auch die Gesellschaft eines Freundes oder eines Familienmitglieds gut. Starten Sie den Tag mit einem «gemütlichen» Frühstück, wie Martina, die Pädagogik studiert:

> Ich hasse es, wenn die Prüfungen erst um 11 Uhr stattfinden. Dann wache ich schon um sechs Uhr auf, und von Stunde zu Stunde steigt meine Nervosität. Ich weiß einfach nicht, was ich mit mir anfangen soll. Beim letzten Mal habe ich meine Mitbewohnerin gebeten, doch ein bisschen später in die Arbeit zu gehen. Ich bin zum Bäcker gegangen, habe leckere Vollkornbrötchen geholt,

und wir haben richtig schön zusammen gefrühstückt. Das hat mich enorm abgelenkt. Danach bin ich viel gelassener gestartet als sonst!

Sorgen Sie für ein gutes Gefühl, bevor Sie die Wohnung verlassen. Packen Sie Ihren Glücksbringer ein oder den Stift, den Sie besonders mögen. Erinnern Sie sich an Ihren persönlichen Mutmacher-Satz, und sprechen Sie ihn sich zu. Atmen Sie kräftig ein und aus: «Gut, alles erledigt!» Starten Sie pünktlich zum Prüfungsort!

In der Prüfung: Ganz konzentriert und bei sich!

Der Erfolg von mentalem Training beruht darauf, für bestimmte Handlungsabläufe innere Landkarten zu entwickeln, auf denen die Wege, also die Vorgehensweise, schon eingezeichnet ist. Die Fragen der folgenden Checkliste helfen Ihnen, eine solche innere Landkarte für den Tag vor der Prüfung bis zum Ende der Prüfung anzulegen:

Ein Tag vor der Prüfung

- Welche Inhalte sehe ich mir nochmal an?
- Wie könnte ich mir die Inhalte, die ich mir partout nicht merken kann, einprägen?
- Treffe ich jemanden zum Wiederholen, Sprechen?
- Wie arbeite ich heute alleine möglichst effizient?
- Welche Lerntechniken nutze ich dafür?
- Wie kann ich für ausreichend Bewegung sorgen?
- Was kaufe ich zum Frühstück morgen ein?
- Was bereite ich vor, um es in die Prüfung mitzunehmen (Wasserflasche, Vollkornbrot, Banane, Trockenobst, Müsliriegel)?
- Welche Gegenstände brauche ich für die Prüfung (Stifte, Radiergummi, Lineal, Formelsammlung, Unterlagen z.B. in einer Open-Book-Klausur)?
- Was nehme ich sonst noch mit?

Tipp
Viele unserer Seminarteilnehmer schwören auf Energydrinks. Die meisten von ihnen enthalten weniger Koffein als eine Tasse Kaffee, dafür aber umso mehr Zucker. Der treibt zwar schnell den Insulinspiegel im Blut in die Höhe, genauso schnell fällt die Energie dann wieder ab. Besser geeignet sind Wasser und ungesüßter Tee in der Prüfung!

Die Stunden vor der Prüfung

- Wer aus meinem Bekannten- oder Familienkreis hat eine aufmunternde und beruhigende Wirkung auf mich?
- Welche Person tut mir in Momenten der Anspannung wirklich gut? Oder möchte ich lieber alleine sein?
- Und wen gibt es, den ich kontaktieren könnte, wenn mir die Zeit alleine unangenehm wird?
- Welche Entspannungsübungen kann ich am Morgen machen?
- Welche Art der Bewegung tut mir gut?
- Was sonst tut mir jetzt gut?

Selbstcoaching | Meine besten Ablenker kurz vor der Prüfung
- Musik hören oder ein Instrument spielen
- Geschirr spülen
- Mit einer Freundin sprechen
- Durch den Park spazieren gehen
- Mir die Fußnägel lackieren
- Eine Runde Kicker spielen
- Was Leckeres kochen
- Am Motorrad schrauben

Was sind Ihre besten Ablenker? Geeignet sind solche, die Sie geistig nicht beanspruchen: kein Sudoku, kein Internetspiel, keine Zeitung.

Auf dem Weg zur Prüfung

- Wann fahre ich los, um in jedem Fall pünktlich zu sein?
- Welchen Mutmacher-Satz nehme ich mit?

- Gibt es einen Gegenstand, einen Talisman, der mich in gute Laune versetzt, mir Kraft gibt?
- Wie verbringe ich die Fahrzeit?

Am Prüfungsort

- Tut es mir gut, mit meinen Freunden zu sprechen? Oder macht mich das eher nervös, wenn alle um mich herum aufgeregt schnattern?
- Brauche ich jetzt absolute Ruhe und gehe noch ein paar Schritte ein wenig abseits, vielleicht auch an die frische Luft?
- Wo finde ich ein ruhiges Plätzchen und mache noch eine Konzentrations- oder Entspannungsübung?
- Gehe ich im Kopf nochmal meine Prüfungscheckliste durch?

In der Prüfung

- Wie gehe ich vor, wenn das Blatt vor mir liegt?
- Welche Atemübung tut mir auch während der Prüfung gut?
- Wie verschaffe ich mir einen Überblick über die Aufgaben?
- Welche Aufgaben löse ich zuerst?
- Wie viel Zeit gebe ich jeder Aufgabe?
- Was kann ich tun, wenn ich nervös werde?

Nach der Prüfung

- Was tut mir gut nach der Prüfung?
- Wie kann ich mich belohnen, egal wie es gelaufen ist?
- Zu wem kann ich gehen, wenn ich die Prüfung «vermasselt» habe? Was kann ich dann tun, um mich aufzubauen?
- Was hilft mir, möglichst schnell zu entspannen und meine Kräfte für weitere Prüfungen zu sammeln?

Ein Plan für alle Fälle

Ich hatte mir eine Checkliste erstellt, in die ich alles eingetragen habe, was mir in der schriftlichen Prüfung passieren könnte. Für jedes noch so kleine Missgeschick hatte ich eine Lösung vorweggedacht. Das hat mich total beruhigt. Ich wusste einfach, dass ich für alles gerüstet bin.

Paula, die Wirtschaftswissenschaft studiert, hat sich mit diesem Vorgehen ein mentales Netz gebastelt, das sie gut durch die Klausur trägt. Mit vielen unserer Seminarteilnehmer legen wir bis ins letzte Detail fest, wie sie sich in der Prüfung verhalten werden. Wenn dann für jede Situation, die auftreten könnte, eine Lösung gefunden ist, breitet sich langsam Ruhe und Zuversicht aus.

Und so könnte Ihr Plan für alle Fälle aussehen:

Fall 1: Wenn ich mich zu lange an einer Aufgabe aufhalte, dann überprüfe ich, wie viel Zeit mir noch bleibt, und überlege, wie viele Aufgaben ich noch schaffe. Dann schaue ich nach, welche Aufgaben ich noch als lösbar markiert habe, welche davon die meisten Punkte bringt und fahre mit dieser Aufgabe fort.

Fall 2: Wenn ich plötzlich ganz nervös werde und in meinem Kopf Nebel entsteht, dann lege ich den Stift beiseite, richte mich auf, atme tief durch, mache meine Atemübung, trinke etwas Wasser, wende mich einer anderen Aufgabe zu, die ich beim ersten Lesen als machbar eingestuft habe.

Notieren Sie, was aus Ihrer Sicht noch passieren könnte? Und überlegen Sie in Form eines Wenn-Dann-Plans, wie Sie sich in diesem konkreten Fall verhalten.

Wissen | Wenn-Dann-Pläne

Zahlreiche Untersuchungen des Motivationspsychologen Peter Gollwitzer (vgl. Faude-Koivisto/Gollwitzer, 2011) belegen, dass Wenn-Dann-Pläne besonders geeignet sind, uns auch durch Belastungssituationen zu begleiten. Diese Sätze verknüpfen eine belastende oder problematische Situation mit einem erwünschten Verhalten.

Mit Wenn-Dann-Plänen stellen Sie sicher, dass Sie auch in belastenden Prüfungssituationen handlungsfähig bleiben: «Wenn ich ins Gebäude komme, gehe ich einfach ein paar Schritte auf und ab und halte mich von den anderen Prüflingen fern.» Oder: «Wenn ich an meinem Platz sitze, dann atme ich tief durch und richte mich auf.»

Indem Sie eine schwierige Situation mental schon vorwegnehmen, haben Sie eine gute Chance, in der Situation selbst in der gewünschten Art und Weise zu handeln. Die Wenn-Dann-Pläne können Sie konsequent für alle kritischen Momente in Prüfungen nutzen.

> Formulieren Sie die Sätze sehr konkret und spezifisch. Um den Satz zu verankern, reicht es, ihn aufzuschreiben, laut auszusprechen oder dreimal innerlich zu wiederholen.

Wieder fit für die nächste Prüfung?

Nach einer anstrengenden Prüfung schnell wieder auf die Beine zu kommen, ist für viele eine Herausforderung. In einer Woche mit drei Prüfungen bleibt nicht viel Zeit zum Durchschnaufen. Und besonders wenn die Prüfung nicht gut lief, fällt es schwer, sich auf die eigenen Stärken zu besinnen und Kraft zu tanken.

Unabhängig davon wie die Prüfung gelaufen ist – bestimmte Phasen helfen dabei, wieder Kurs auf Neues zu nehmen:

Situation 1: Die Prüfung ist gut gelaufen, die nächste steht ins Haus

«Ausruhen – Ablegen – Arbeiten»

1. Schritt: Ausruhen
Gehen Sie nach der Prüfung mit einem Freund an den See oder in ein Café, essen Sie was Leckeres und gönnen Sie sich ruhig eine ausführliche Siesta. Vielleicht haben Sie sich ja auch schon was Schönes für den Abend vorgenommen. Auf Alkohol sollten Sie weitgehend verzichten, denn wenn Sie bald die nächste Prüfung schreiben, schadet der nur Ihrer Kondition. Im Idealfall lernen Sie am Prüfungstag selbst nicht noch für ein anderes Fach. Eine Prüfung ist eine große Herausforderung für unser Gehirn und unseren Körper. Beide brauchen eine gewisse Zeit, um sich wieder zu regenerieren. Daher ist es ratsam, erstmal eine Nacht ausreichend zu schlafen, bevor man sich dem nächsten Thema zuwendet.

2. Schritt: Ablegen
Für Ihre Psychohygiene ist es wichtig, sich bewusst von der Prüfung zu verabschieden. Dabei helfen Ihnen Gespräche mit Freunden oder auch ein bewusstes Nachdenken über den Verlauf der Prüfung. Notieren Sie Ihre Erkenntnisse in einem Lerntagebuch:

- Was ist mir heute in der Prüfung gut gelungen?
- Kann ich dieses Vorgehen, diese Fähigkeiten auch in anderen Prüfungen anwenden?
- Womit hatte ich heute Probleme? Wie habe ich sie gelöst oder zu lösen versucht?
- Wie würde ich mich jetzt mit etwas Abstand an die Aufgabe machen?
- Wie kann ich meine Erkenntnisse für die nächste Prüfung nutzen? Was möchte ich beibehalten? Was sollte ich noch mehr tun? Was sollte ich nicht mehr tun?

Räumen Sie die Unterlagen beiseite, die Sie für diese Prüfung gebraucht haben. Vielleicht können Sie sogar einiges an Papier dem Abfall übergeben, oder Sie verstauen alles in einem Ordner. Befreien Sie Ihren Schreibtisch und damit auch Ihren Kopf von diesem Lernstoff.

3. Schritt: Arbeiten
Holen Sie schon mal das Material für die neue Prüfung hervor und legen es bereit. Das stimmt Sie ein, bevor Sie am kommenden Tag damit starten. Nochmal den Feierabend genießen, und dann geht's weiter!

Situation 2: Die Prüfung ist nicht optimal gelaufen, weitere Prüfungen warten auf Sie

«Abladen – Analysieren – Ablegen – an die Arbeit machen»

1. Schritt: Abladen
Die Gefühle müssen erstmal raus. Da ist Enttäuschung, vielleicht Wut auf sich, den Dozenten, das Fach. Wenn Sie einen guten Freund haben, der Ihnen geduldig zuhört, nutzen Sie diese Chance. Auch ein Coach, Mentor oder Studienberater kann Ihnen in solch einer Situation helfen. Oder Sie entlasten sich über Ihr Tagebuch, dem Sie all die ungeordneten Gedanken anvertrauen. Wichtig ist jetzt: erstmal alles rauslassen, dem Ärger und der Enttäuschung Raum geben.

Aber eben nur für eine bestimmte Zeit. Nach zwei, drei Stunden sollten Sie ein wenig auftauchen und sich fragen: Was tut mir jetzt gut? Und was kann ich tun, dass es gut für mich weiterläuft?

Das ist der Moment, in Ruhe etwas zu essen, sich zu bewegen, ein Nickerchen zu machen – erstmal ein wenig Entspannung zu finden.

2. Schritt: Analysieren
Danach sind Sie körperlich wieder so fit, dass Sie sich ans Analysieren machen können – gerne schriftlich:

- Was ist mein Anteil, dass die Prüfung nicht gut gelaufen ist?
- Welche Faktoren, die ich nicht steuern konnte, haben die Prüfung auch noch beeinflusst?
- Was kann ich daraus für andere Prüfungen lernen? Was genau möchte ich anders machen?
- Was kann ich jetzt noch tun, um möglichst konzentriert in die kommenden Prüfungen zu gehen? Was tut mir gut? Was schadet mir?
- An welche bestandenen Prüfungen denke ich gerne? Was ist mir in diesen Prüfungen besonders gut gelungen? Worauf bin ich stolz?
- Haben Sie schon mal eine Prüfung nicht bestanden? Wie haben Sie es damals geschafft, den Mut und das Selbstvertrauen wiederzufinden?
- Wie ist es dann in der Wiederholungsprüfung oder allgemein in den nächsten Prüfungen gelaufen?

Bremsen Sie an dieser Stelle Ihr Gedankenkarussell! Achten Sie auf Ihre inneren Dialoge. Stoppen Sie die Selbstvorwürfe. Überlegen Sie, was ein guter Freund jetzt zu Ihnen sagen würde, um Sie innerlich aufzubauen. Dieser innere Freund findet nicht alles toll, was Sie tun. Er weiß um Ihre Schwächen und um Ihre Stärken. Und er weiß auch, dass Sie die Kraft haben, nach einer Niederlage wieder aufzustehen und nach vorne zu gehen. Und aus diesem Wissen heraus hat er eine gute Botschaft für Sie. Er wird Ihnen Mut machen für die nächste Klausur.

Wie sich der innere Kritiker in Ihnen «leiser stellen» lässt, haben wir von unserem Trainerkollegen Jürgen Schulze-Seeger (2013) erfahren. Angenommen Ihr innerer Kritiker schimpft Sie: «Du Idiot. Das wird nie was! Du schaffst es einfach nie!» Dann: Stellen Sie sich vor, Sie hätten an Ihrem Körper einen Tonregler, über den Sie wie an einem Mischpult

Tonhöhe, Geschwindigkeit, Klarheit und Bässe regeln können. Und dann verändern Sie zum Beispiel die Geschwindigkeit des Satzes, der Ihnen immer im Kopf hallt. Aus dem aggressiven Ton wird dann vielleicht eine Mickey-Maus-Stimme. Oder der Satz klingt plötzlich ganz zäh und tief. Sie können den Satz auch laut aussprechen, mal ganz piepsig, dann wieder ganz tief und laut. Das wird Sie zum Lachen bringen. Und Sie gewinnen Distanz! (weitere Techniken, um Abstand zu gewinnen, finden Sie in Step 4).

3. Schritt: Ablegen

Schließlich verabschieden Sie sich ganz bewusst von der vermasselten Prüfung mit einem kleinen Ritual: Stellen Sie sich in eine Ecke in Ihrem Zimmer und gehen Sie in Gedanken nochmal zurück in die erfolglose Prüfung. Beamen Sie sich wieder in den Hörsaal, an Ihren Tisch. Spüren Sie sich nur ein paar Sekunden lang in die Prüfungssituation hinein. Dann machen Sie einen Schritt nach vorne und sagen sich bewusst einen Satz wie «Ich habe getan, was ich konnte. Jetzt starte ich mit der nächsten Aufgabe.»

Sie wecheln dann sozusagen die Szene und überlegen, was Sie jetzt vorhaben: mit welchen Themen Sie sich beschäftigen, welche Prüfungen Sie ablegen werden, und dann wandern Sie geistig durch die Lerntage, die vor Ihnen liegen, bis in die nächste Prüfung. Laufen Sie dabei Schritt für Schritt durch Ihr Zimmer. Und wenn Sie bei Ihrer nächsten Prüfung angekommen sind, drehen Sie Ihren inneren Erfolgsfilm (Anleitung auf der nächsten Seite). Achten Sie beim Gehen durch den Raum auf eine aufrechte Haltung, heben Sie das Kinn und nehmen Sie die Schultern zurück. Auch der Körper unterstützt Sie beim Bewältigen negativer Emotionen.

Um wieder innerlich zur Ruhe zu kommen, kann es für Sie hilfreich sein, sich schon jetzt zu überlegen, wann Sie die Prüfung nochmal schreiben können – sofern Sie sie tatsächlich nicht bestanden haben. Holen Sie dafür alle Informationen ein, die Sie brauchen. Und notieren Sie sich, wie Sie bei der möglichen Wiederholung der Prüfung vorgehen wollen. Die Planung lässt Sie aktiv werden. So bleiben Sie nicht in einer passiven Opferrolle hängen, sondern werden zum Gestalter Ihres Studiums.

Nach all dem gönnen Sie sich ein richtig schönes Essen oder ein ausgiebiges Bad. Bewegen Sie sich, treffen Sie Freunde – tun Sie sich für ein paar Stunden nur Gutes, um wieder zu Kräften zu kommen. Sie belohnen sich dafür, dass Sie hart in der Prüfung gekämpft haben und sich ehrlich mit Ihrem Scheitern auseinandergesetzt haben. Dafür braucht es Mut!

4. Schritt: An die Arbeit machen

Ist eine Prüfung nicht gut gelaufen, brauchen Sie ein bis zwei Tage, um sich von dem Misserfolg zu verabschieden. Es macht kaum Sinn, sich mit neuem Lernstoff zu belasten, solange im Hintergrund Selbstvorwürfe und negative Gefühle am Laufen sind. Sie sind in dieser Phase einfach nicht aufnahmefähig. Seien Sie also gnädig mit sich selbst, vertrauen Sie auf Ihre inneren Kräfte und lassen sich ein wenig Zeit.

Dann machen Sie sich wieder an die Arbeit. Achten Sie auch im engsten Prüfungsmarathon darauf, gut mit sich umzugehen: Pausen und Belohnungen sind enorm wichtig, um die Energie über eine wochenlange Prüfungsphase aufrechtzuerhalten – gerade nach Rückschlägen. Entspannungsübungen und mentales Training können Sie dabei unterstützen.

Hilfreiche Übungen für Prüfungszeiten

Mutmachen: Ihr innerer Erfolgsfilm

Wenn ein Profi-Rodler an den Start geht, hat er die Strecke schon viele Male im Geiste zurückgelegt. Sein Körper kennt jede Kurve, jede Unebenheit. Er hat jede Bewegung, jeden Handgriff schon etliche Male ausgeführt.

Ähnlich wie ein Profi-Sportler drehen Sie Ihren inneren Erfolgsfilm. Dazu brauchen Sie einen Ort, an dem Sie ungestört sind und es sich ganz gemütlich machen können. Und dann schließen Sie die Augen und erleben Ihre erfolgreiche Prüfung:

Stellen Sie sich vor: Sie sind auf dem Weg zum Prüfungssaal. Sie sind gut vorbereitet und haben alles im Kopf. Sie fühlen sich wach, durchaus ein wenig aufgeregt und kraftvoll. Dann gehen Sie geistig schon mal an Ihren Platz in der Prüfung. Sie legen sich alles bereit, langsam wird es ruhiger, die Blätter werden ausgeteilt. Sie machen inzwischen eine Atemübung, konzentrieren sich ganz auf sich. Dann dürfen Sie die Prüfung umdrehen, jemand liest die Fragen vor, dann dürfen Sie starten. Sie lesen alles nochmal durch, machen sich Ihren Plan, in welcher Reihenfolge Sie welche Aufgaben bearbeiten werden. Dann starten Sie. Sie kommen gut voran, die erste Aufgabe ist gelöst …

Drehen Sie Ihren inneren Erfolgsfilm bis zum Schluss. Bauen Sie ruhig auch eine Szene ein, in der Sie an einer Aufgabe hängen bleiben, damit Sie in dieser Trockenübung Ihren Notfallplan anwenden können. Wichtig ist, dass Sie in Ihrem Erfolgsfilm über diese Hürde gut hinwegkommen. Und drehen Sie dann Ihren Film auch wirklich bis zum Schluss, bis Sie die Stifte einpacken und die Prüfung abgeben.

Diese Mentalübung können Sie kurz vor der Prüfung täglich wiederholen. Sie stärkt Ihr Selbstvertrauen und übt alle wichtigen Routinen ein, die Sie in der Prüfung benötigen.

Loslassen: Atmen, Lächeln, Entspannen
Übung: Atmen und Zählen
Richten Sie sich auf Ihrem Stuhl auf oder stellen Sie sich hin. Dann nehmen Sie einen kräftigen Atemzug und atmen anschließend ruhig und lange aus, bis alle verbrauchte Luft ausgeatmet ist. Dann fangen Sie innerlich langsam an zu zählen und halten dabei die Luft an, bis 8 oder 10 – so, wie es für Sie in Ordnung ist. Dann wieder einatmen, tief ausatmen, bis 8 oder 10 zählen und Luft anhalten. Wiederholen Sie diese Atmung vier- bis fünfmal.

Diese Atmung hilft Ihnen, in Momenten hoher Nervosität zur Ruhe zu kommen.

Übung: Wohlfühl-Lächeln
Wenn Sie sich gute Laune wünschen, dann kann das Wohlfühl-Lächeln helfen. Tun Sie einfach mal kurz so, als hätten Sie prächtige Laune. Grinsen Sie, was das Zeug hält. Auch wenn es Ihnen total albern vorkommt, tun Sie's für sich. Wenn Sie 90 Sekunden durchhalten, spüren Sie, wie Ihre Stimmung sich entspannt und Sie sich wohler fühlen.

Übung: Kurze Auszeit
Geistige Ausflüge wirken wie kleine Ruheinseln, wenn wir über längere Zeit mit Anstrengung und Stress umgehen müssen.

Legen Sie eine Liste an mit Aktivitäten, die Ihnen Spaß machen, bei denen es Ihnen richtig gut geht. Sobald Sie spüren, dass Sie eine innere

Verschnaufpause gebrauchen können, picken Sie sich eine Aktivität aus dieser Liste. Schließen Sie kurz die Augen, und nehmen Sie mit allen Sinnen wahr, was Sie tun: Spüren Sie hinein in die Bewegung, in die Handlung. Was sehen Sie? Was hören Sie? Was riechen Sie? Was schmecken Sie? Nutzen Sie alle Ihre Sinne. Genießen Sie Ihren kurzen Ausflug. Dann atmen Sie nochmal tief ein und aus und gehen mit neuer Kraft an die Arbeit.

Übung: Wut und Ärger loswerden
Wenn Sie wütend oder ärgerlich sind, können Sie sich schlecht konzentrieren. Um diese Gefühle abzuschütteln, suchen Sie sich einen Ort, an dem Sie keiner stört. Dann setzen Sie sich bequem auf einen Stuhl und denken kurz darüber nach, was zu diesen Gefühlen geführt hat. Wie war die Situation, was ist passiert? Ballen Sie die Hände zu Fäusten und ziehen Sie Ihre Zehen fest an. Während Sie so die Spannung halten, können Sie alles denken oder sagen, was Sie gerade loswerden wollen. Einfach raus damit! Wenn der Ärger draußen ist, entspannen Sie ganz langsam Ihre Hände und Füße und schütteln Sie aus.

Übung: Progressive Muskelrelaxation
Die Technik der Progressiven Muskelrelaxation geht auf den Arzt Edmund Jacobsen (1885–1976) zurück. Durch die bewusste An- und Entspannung bestimmter Muskelgruppen entsteht im Körper ein Zustand tiefer Entspannung.

Und so funktioniert's: Sie konzentrieren sich auf bestimmte Muskelgruppen, spannen diese Muskeln an, halten die Spannung 5 bis 7 Sekunden lang und lösen sie dann schlagartig wieder. Lassen Sie die Spannung aus Ihrem Körper wie ein Marionettenspieler, der die Puppe ablegt. Dann spüren Sie nach, wie sich die Muskelgruppe anfühlt.

Zur Progressiven Muskelrelaxation finden Sie jede Menge Literatur und CDs. Sie können auch Kurse besuchen, in denen Sie lernen, diese Form der Entspannung zu perfektionieren.

Selbstcoaching | **Progressive Muskelrelaxation am Schreibtisch**

Setzen Sie sich bequem auf Ihren Stuhl, den Rücken möglichst gerade und entspannt, den Kopf können Sie locker auf die Brust sinken lassen, die Arme liegen mit den Handflächen nach unten auf den Schenkeln:

- Spannen Sie Ihre Schreibhand an, so fest Sie können, halten Sie die Spannung 5 bis 7 Sekunden, dann lassen Sie wieder locker und spüren nach. Gleiches mit der anderen Hand.
- Heben Sie Ihre Augenbrauen, bleiben Sie so und lösen Sie die Spannung wieder.
- Rümpfen Sie die Nase und kneifen Sie die Augen zusammen, dann lösen Sie die Spannung wieder.
- Beißen Sie die Zähne aufeinander und ziehen Sie die Mundwinkel nach hinten, dann lösen Sie die Spannung wieder.
- Ziehen Sie die Schultern hoch bis zu den Ohren und lassen Sie sie wieder sinken.
- Drücken Sie die Schulterblätter nach hinten zusammen und wölben Sie den Brustkorb vor, dann lösen Sie die Spannung wieder.
- Machen Sie den Bauch hart wie ein Brett und lockern Sie dann die Muskeln.
- Spannen Sie die Gesäßmuskeln so fest wie möglich an und lassen Sie wieder locker.
- Krallen Sie die Zehen des einen Beins vorsichtig ein, dann das andere und wieder lösen.

Quotes

Ferdinand, Medizinstudent

Ich hatte einen exakten Plan für die letzten Stunden vor der Prüfung. Ein bisschen Laufen im Park, dann frühstücken und alles einpacken. Die Panikmacher vor dem Hörsaal habe ich konsequent gemieden: Ich hatte einfach meine Kopfhörer auf und hörte meine Lieblingsmusik. Dann bin ich rein, habe mir einen guten Platz gesichert. Im Sitzen nochmal die Atemübung, den inneren Erfolgsfilm. Da lag das Blatt. Ich habe alle Fragen gelesen und mir markiert, was ich kann. Und dann habe ich losgelegt.

Diana, Chemiestudentin

Ich hatte mir eine Checkliste erstellt, in die ich alles eingetragen habe, was mir in der schriftlichen Prüfung passieren könnte. Für jedes noch so kleine Missgeschick hatte ich eine Lösung vorweggedacht. Die Wenn-Dann-Pläne haben mir dabei sehr geholfen. Ich wusste einfach, ich bin für alles gerüstet.

Simon, Student der Politikwissenschaften

Eine Klausur ging total daneben. Irgendwie lief an diesem Tag gar nichts. Ich kam total deprimiert nach Hause. Irgendwann nach ein paar Stunden war ich wieder in der Lage, einen klaren Gedanken zu fassen. Ich erinnerte mich daran, dass es mir schon öfter geholfen hatte, in einer schwierigen Situation an meine alten Erfolge zu denken. Ich habe dann ganz bewusst alle Klausuren notiert, die ich geschafft hatte, alle Seminararbeiten und jede mündliche Prüfung. Danach ging es mir viel besser. Ich war am Tag darauf wieder so fit, für die nächste Klausur zu büffeln – und die habe ich mit einer guten Note geschafft.

Elisa, Studentin der Ingenieurwissenschaften

Normalerweise ist es mir extrem wichtig, mich gut auf jede Prüfung vorzubereiten. Im letzten Semester war ich zwei Wochen krank, und es war utopisch, den gesamten Stoff pünktlich gelernt zu haben. Da habe ich mir dann alle Altklausuren angeschaut und festgestellt, dass es ein paar Aufgabentypen gab, die immer dran kamen. Auf die habe ich mich gestürzt. Und den vorletzten Tag habe ich mir dann noch vom übrigen Stoff reingeprügelt, was ging. Ich habe die Prüfung bestanden – knapp zwar, aber bestanden!

Story

Leonie studiert im fünften Semester Elektrotechnik. Das Fach fällt ihr nicht leicht. Obwohl sie viel lernt, erreicht sie in den Prüfungen keine sonderlich guten Noten. Inzwischen hat sie einige Nachholklausuren aus früheren Semestern angehäuft. Sie merkt zunehmend, dass ihr innerer Druck zunimmt. Manchmal zweifelt sie sogar daran, ob sie das Studium je beenden wird.

Für das neue Semester hat sie sich acht Prüfungen vorgenommen, um endlich im normalen Studienverlauf voranzukommen. Eine echte

Herausforderung! In den Semestern davor hatte sie nie mehr als vier Klausuren bestanden. Irgendwann ging ihr im Prüfungsmarathon die Luft aus.

Diesmal arbeitet Leonie konsequent mit einem Lernplan, um sich die Fächer Schritt für Schritt zu erarbeiten. Im Coaching wird schnell klar, dass sie mehr Pausen braucht und nicht rund um die Uhr lernen sollte. Ein Lernplan, der Lernen und Leben gleichermaßen berücksichtigt, gibt ihr Struktur und Sicherheit. Jetzt kommt es darauf an, wie sie im Prüfungsmarathon bei Kräften bleibt.

Am Tag vor der Prüfung beendet sie das Lernen gegen 16 Uhr, dann geht sie ins Schwimmbad. Die Bewegung tut ihr gut und hilft gegen die Nervosität. Sie geht früh schlafen. Am Morgen hat sie sich mit ihrer Mutter zum Frühstück verabredet, um nicht zu viel an die Prüfung zu denken. Dann macht sie eine Mentalübung, um sich innerlich auf die Prüfung einzustellen. So geht sie immer vor. Es hilft ihr, in jedem Moment genau zu wissen, was zu tun ist.

Auch für die Prüfung selbst helfen ihr detaillierte Wenn-Dann-Pläne. Wenn mal nicht alles nach Wunsch verläuft, hat sie trotzdem eine Lösung parat.

Nach jeder Prüfung erholt sie sich zunächst. Dann wiederholt sie den Stoff der nächsten Prüfung: Sie macht viele Pausen, rechnet mal hier und da, liest Zusammenfassungen. Sport tut ihr gut und hält sie fit. Am Abend trifft sie auch mal ihre Freundinnen. Die Balance zwischen harter Arbeit und Freizeit ist jetzt besonders wichtig. Zwischendurch kommt sie ins Coaching, um das Vorgehen im Detail zu besprechen.

Nach einigen Wochen erreicht uns eine Mail von Leonie: Sie ist überglücklich, weil sie alle Prüfungen bestanden hat. Und verabschiedet sich erstmal in den wohlverdienten Urlaub nach Sardinien.

Literatur, die sich zu lesen lohnt:

Hofmann, Eberhardt (2003). *Progressive Muskelentspannung. Ein Trainingsprogramm.* Göttingen:Hogrefe.

Kabat-Zinn, Jon (2010). *Im Alltag Ruhe finden. Meditationen für ein gelassenes Leben* (5. Aufl.). Frankfurt am Main: Fischer.

Sonntag, Robert (2014). *Blitzschnell entspannt. 80 verblüffend leichte Wege gegen Stress im Alltag* (2. Aufl.). Stuttgart: Trias Verlag.

Step 8:
Lampenfieber und Prüfungs-
blockaden überwinden

Um was geht's?

- Wie entsteht Prüfungsangst?
- Unterschiede zwischen Lampenfieber und Prüfungsangst
- Erste Hilfe gegen die Nervosität

«Sobald ich eine Aufgabe nicht auf Anhieb lösen kann, werde ich innerlich panisch. Die Zeilen verschwimmen vor meinen Augen, und ich kann mich für ein paar Minuten auf nichts mehr konzentrieren. Ich fühle mich wie in dichtem Nebel.»

Das, was Jakob, Chemiestudent, hier beschreibt, ist eine typische Prüfungsblockade. Viele Studierende haben im Verlauf ihrer Schulkarriere oder im Studium eine ähnliche Situation erlebt. Irgendeine Aufgabe lässt sich nicht lösen, und plötzlich bricht die Konzentration wie ein Kartenhaus zusammen. Im gesamten Körper ist Panik zu spüren: Das Herz fängt an, schneller zu schlagen, der Blutdruck steigt, die Körpertemperatur verändert sich schlagartig, der Verstand hat sich längst verabschiedet.

Bei Jakob fing's im zweiten Semester seines Chemiestudiums an, nachdem er ein paar Prüfungen nicht bestanden hatte. Er spürte, wie er nach und nach immer weniger daran glaubte, sein Studium erfolgreich abzuschließen. Im gleichen Maße, wie die Zuversicht schwand, wuchs seine Angst vor Prüfungen. Irgendwann war ihm schon am Vorabend einer Klausur übel. Er konnte kaum schlafen und quälte sich am nächsten Tag völlig übermüdet in den Hörsaal. Auf dem Papier landeten unzusammenhängende Formeln und Textfetzen. Danach fühlte er sich jedes Mal wie ein Totalversager.

Als Jakob zu uns ins Prüfungscoaching kam, ging es zunächst darum, ihm die Zuversicht in seine eigenen Fähigkeiten wieder zugänglich zu machen. Er stellte seinen pessimistischen Gedanken motivierende Botschaften gegenüber. Und langsam öffneten sich seine Antennen für die kleinen Erfolgserlebnisse zwischendurch. Die Prüfungen liefen besser. Mittlerweile hat er seine Prüfungsangst gut im Griff und bereitet seinen Bachelorabschluss vor.

Prüfungsangst entsteht im Kopf

So wie sich die Prüfungsangst bei Jakob langsam aufbaute, so verschwand sie allmählich wieder. Blockaden in Prüfungen sind kein Schicksal und keine Charaktereigenschaft. Sie tauchen auf, wenn der Druck zu groß wird und uns dramatisierende Gedanken das Leben schwer machen.

In den schlimmsten Farben malen wir uns aus, was passieren könnte: Vor unserem inneren Auge fallen wir vor dem Prüfer in Ohnmacht oder sehen uns völlig hilflos im Hörsaal sitzen und ins Leere starren. Unsere Gefühle fahren Achterbahn und auch der Körper gerät aus dem Takt.

Angst haben wir immer dann, wenn wir eine Gefahr erwarten oder uns in einer Gefahr befinden. Sie ist ein zentrales menschliches Gefühl und gehört neben Freude, Trauer, Verachtung und Ekel zu den Grundaffekten. Ob die Gefahr tatsächlich im Außen existiert oder ob wir sie nur innerlich wahrnehmen, spielt dabei keine Rolle. Unsere Reaktionen sind die gleichen.

In grauer Vorzeit – als wir noch in unsicheren Höhlen lebten und von gefährlichen Wildtieren umgeben waren – war unsere Angst ein entscheidender Überlebensfaktor. Je schneller in uns die Mechanismen der Angst in Bewegung kamen, umso schneller konnten wir wegrennen oder angreifen. Und genau dieser Automatismus läuft auch heute noch in uns ab.

Nun begegnen uns in Hörsälen und Prüfungsräumen selten wilde Tiere. Und es ist auch nicht hilfreich, vor dem Prüfer laut schreiend die Flucht zu ergreifen. Und trotzdem spüren wir diesen Impuls in uns. Wieso eigentlich, wenn es doch gar nicht um Leben oder Tod geht? Was genau steht in einer Prüfungssituation auf dem Spiel?

Beurteilungen berühren unser Selbstbild

Häufig ist «Bewertung» ein zentrales Thema. Andere entscheiden darüber, wie unsere Leistung einzuschätzen ist. Und von deren Urteil hängt viel für uns ab: Ob wir auf einer Universität oder Schule akzeptiert werden, ob wir weiterstudieren können oder das lang ersehnte Abschlusszeugnis erhalten. Alles, was wir in Prüfungen erreichen, hat eine Außenwirkung.

«Ich muss diesen Abschluss machen. Was soll ich denn meinen Eltern sagen? Sie haben mich jetzt fünf Jahre lang finanziell unterstützt. Und dann war alles umsonst. Wie stehe ich da? Wie eine Komplettversagerin! Nein, ich darf gar nicht dran denken: Dann ist wirklich alles vorbei!»

So drückte es BWL-Studentin Maren aus, als sie durch ihre Examensprüfung fiel. Sie hatte das Gefühl, ihr Leben habe keinen Sinn mehr. Erst viele Wochen später und nach etlichen Beratungsgesprächen war sie in der Lage, sich erneut auf ihr Examen vorzubereiten.

Wenn andere uns schlecht bewerten, entsteht in uns ein Gefühl von Scham. Jedes negative Urteil ist ein Angriff auf unsere Identität, unser Selbstbild. Es geht zwar nicht um Leben und Tod, aber um unseren Selbstwert. Und der ist überlebenswichtig!

Prüfungsangst hat viele Ursachen

Selten lässt sich sofort erkennen, was die übergroße Nervosität, die Angst vor und in einer Prüfung auslöst. Wir können aber davon ausgehen, dass jede Blockade ihre eigene Geschichte hat. Oft sind es Erlebnisse in der Kindheit oder Schulzeit, die unter dem Druck des Studiums aus dem Unbewussten wieder auftauchen. Manchmal genügt aber auch eine Erfahrung aus einer früheren Klausur. Psychologen sprechen davon, dass hier etwas «getriggert» wird. Dieses «Etwas» kann eine Erfahrung sein, die wir irgendwann einmal gemacht haben, aufgrund derer sich im Gehirn ein neuronales Netzwerk gebildet hat. (Mehr über dieses Phänomen können Sie in Step 5 nachlesen). Sobald wir uns in einer vergleichbaren Situation befinden oder uns ähnlich unter Druck fühlen wie in der Zeit, in der dieses Netzwerk entstanden ist, wird es reaktiviert. Und dann läuft das Programm, das damals verankert wurde: Schweißausbrüche, Herzklopfen, Nebel im Gehirn und alles, was typisch ist für einen Angstzustand.

Prüfungsangst ist individuell. Deshalb gibt es nicht das Erlebnis schlechthin, das mit hundertprozentiger Sicherheit bei allen Menschen zu Prüfungsangst führt. So verschieden wie die Menschen ist auch ihre Geschichte, und genauso verschieden sind auch die Auslöser für Prüfungsängste. Folgende Umstände und Situationen können bei ihrer Entstehung eine Rolle spielen:

Ängstliche Eltern

Ein Elternteil, der sich über sein gesamtes Berufsleben hinweg scheut, vor Menschen zu sprechen oder eine Präsentation zu halten, könnte seine Ängstlichkeit auf seine Kinder übertragen. In dieser Familie herrscht vielleicht der Glaubenssatz «Vor Menschen auftreten können wir nicht.»

Extrem leistungsorientierte Eltern

Genauso gut wäre es denkbar, dass sehr leistungsorientierte und fordernde Eltern Prüfungsängste bei ihren Kindern fördern. Wenn sie Zuwendung und Aufmerksamkeit nur für gute Leistungen geben, kann der Druck sehr groß werden, um jeden Preis gute Leistungen zu bringen – denn sonst fürchtet man den Entzug der elterlichen Liebe.

Konkurrenz in der Familie

Wenn Eltern selbst einen geringen Selbstwert haben, ertragen sie den Erfolg ihres Kindes möglicherweise nur schwer. Dann darf die Tochter oder der Sohn auf keinen Fall mehr Erfolg haben im Leben als sie selbst. Warum sollte das Kind einen Studienabschluss machen, wenn man selbst das Studium damals aufgeben musste – zugunsten eines Broterwerbs? Hier könnte ein Gefühl von «Loyalität» eine Rolle spielen. Gehöre ich noch dazu, wenn ich erfolgreich studiere? Und diese Sorge kann Angst machen, die dann in Prüfungen als Blockade auftritt.

Negative Schulerlebnisse

Oft liegen die Wurzeln der Prüfungsangst, wie oben bereits erwähnt, in Erlebnissen in der Schule, die Studierende in bestimmten Situationen wieder einholen. Viele von ihnen wurden von Lehrern völlig falsch eingeschätzt und kämpfen noch an der Universität um ihre «Rehabilitierung». Wenn sie dann ein paar Misserfolge in Prüfungen hinzunehmen haben, werden die alten Versagensgefühle wach und behindern das Vorankommen.

Schlechte Erfahrungen mit Prüfungen

Wenn wir schon in einigen Prüfungen Misserfolge hatten, steigt die Nervosität danach verständlicherweise. Und wenn wir dann auch noch mit Prüfern konfrontiert sind, die wir schlecht einschätzen können – die einfach unberechenbar sind – wird unsere Unsicherheit entsprechend groß.

Mangelndes Zeit- und Selbstmanagement

Wenn Studierende sich schlecht in ihrem Studienalltag organisieren können und auch im Bereich der Lerntechniken kaum über geeignete Methoden verfügen, bekommen sie angesichts des immensen Lernstoffs Zweifel und Ängste. Da die meisten Universitäten inzwischen Kurse zur Erhöhung der Lernkompetenz anbieten, lässt sich dieses Problem oft leicht lösen.

Im Prüfungs-Coaching geht es häufig darum, mögliche Auslöser der Prüfungsblockaden zu erkennen. Denn so lassen sich die Ursachen analysieren und im besten Fall mithilfe verschiedener Methoden neutralisieren. Eine Möglichkeit ist in diesem Zusammenhang die Arbeit mit hinderlichen Glaubenssätzen (Anregungen dazu in Step 4). Vielleicht gelingt es Ihnen zurückzuverfolgen, wann diese Blockade bei Prüfungen zum ersten Mal aufgetreten ist. Liegen die Ursachen in der Kindheit oder Jugendzeit, kann es hilfreich sein, sich noch einmal in diese Situation zu begeben und sich vorzustellen, wie Sie heute als Erwachsener mit dem Erlebnis anders hätten umgehen können. Oft ist es hilfreich, die Gefühle und Gedanken zu hinterfragen. Das ist der erste Schritt in Richtung Veränderung.

Das ABC der Gefühle

Die Autoren Doris Wolf und Rolf Merkle (2009) bieten eine einfache Methode an, wenig hilfreiche Gefühle und Gedanken zu identifizieren. Oft gelangen diese nicht in unser Bewusstsein, wir spüren zwar die innere Anspannung und das Unwohlsein, erkennen aber den Auslöser nicht. Wenn wir in unseren Körper hineinspüren, gibt er uns Hinweise auf Nervosität und Angst. Und genau in diesen Momenten gilt es den Kopf einzuschalten und sich zu fragen, was denn da gerade abläuft. Wie Sie dabei vorgehen können, lesen Sie hier:

Selbstcoaching | **Auslöser von Blockaden aufspüren**

Zunächst suchen Sie sich eine Situation, in der Sie spüren, dass Sie vor einer Prüfung nervös und aufgeregt sind. Das kann noch zu Hause am Schreibtisch sein, wenn Sie den entsprechenden Ordner aufgeschlagen haben; das kann der Moment sein, wenn Sie sich von zu Hause auf den Weg zur Universität machen, oder auch der Augenblick, in dem Sie das Blatt umdrehen.

Und dann notieren Sie die Gedanken, die Ihnen in dieser Situation kommen. Das Aufschreiben hat den Effekt, dass Sie die Gedanken vor sich auf dem Blatt sehen und mit ihnen in Interaktion treten können. Sie wissen dann, mit wem Sie es zu tun haben.

Und dann geht es darum zu entscheiden, ob ein bestimmter Gedanke rational und hilfreich ist:

1. Entspricht mein Gedanke den Tatsachen?
2. Hilft mir der Gedanke, mich so zu fühlen und zu verhalten, wie ich es möchte?

Nehmen wir Jakob als Beispiel: Sobald er an die Prüfung am nächsten Tag dachte, kam in ihm der Gedanke hoch: «Ich werde wieder auf voller Linie versagen. Mir fällt nichts mehr ein.»

1. Entspricht dieser Gedanke den Tatsachen?
   Es ist unrealistisch davon auszugehen, dass Jakob zu keiner der gestellten Fragen etwas weiß. Nachdem er sich über mehrere Wochen vorbereitet und auch die Vorlesungen besucht hat, gibt es sicher auch Aufgaben, die er lösen kann. Er wird möglicherweise nicht alle Aufgaben lösen können, aber doch einige.
2. Hilft ihm der Gedanke, sich so zu fühlen und zu verhalten, wie er es möchte?
   Nein, der Gedanke verstärkt das Gefühl, ein Versager zu sein. Allein ihn zu denken, macht Jakob panisch. Er führt vielleicht auch dazu, dass Jakob gar nicht zur Prüfung antritt.

In einem nächsten Schritt formulieren Sie eine positive Selbstsugges-
tion – also einen Satz, der realistisch und hilfreich ist. Aber bloß nichts
schönreden: «Ab jetzt werde ich alle Prüfungen ohne Angst gut meistern» ist schlicht und ergreifend zu hoch gegriffen. Nehmen Sie die
Situation so an, wie sie ist, und dramatisieren Sie nicht.
Hilfreiche Sätze wären:

- Ich habe mich gut vorbereitet und kann sicher einige Aufgaben
  lösen.
- Auch wenn ich nicht zu allen Fragen etwas weiß, kann ich eine gute
  Prüfung schreiben.
- Ich habe so viel gelernt, dass ich beruhigt in die Prüfung gehen kann.

Das bedarf nun einiger Übung, denn anfangs ist nur der Verstand am
Arbeiten. Er weiß, dass es gut wäre, diesen neuen Botschaften zu
glauben. Und nickt sie alle brav ab.
Die Gefühle halten sich noch fein zurück: Die brauchen einfach länger,
sich auf das Neue einzustellen. Nur Geduld! Einfach oft genug denken,
dann kommen das Gefühl und der Körper bald hinterher.

Lampenfieber oder Prüfungsangst?

Schauspieler erzählen häufig, dass sie ohne Lampenfieber nicht auf die
Bühne oder vor die Kamera treten. Lampenfieber bringe sie erst richtig
in Fahrt. In diesem Fall ist die Angst ein Turbo: Konzentration, Ausdauer und Kreativität steigen. In solchen Momenten fühlen wir uns
kompetent und stark. Lampenfieber hat eine lustvolle Komponente und
lässt uns zur Hochform auflaufen.

Wenn allerdings ein bestimmtes Maß an Nervosität überschritten
wird, kippt die Situation. Wir werden fahrig und unkonzentriert, wir
können keinen klaren Gedanken mehr fassen. In diesem Zustand können wir unsere Leistung nicht mehr zeigen, wir bleiben enorm unter
unserem Potenzial. Auf den Punkt gebracht: Bei Lampenfieber werden
alle Kräfte mobilisiert, bei Prüfungsangst sind die Kräfte blockiert. An
Prüfungsangst leiden Sie also nur, wenn Ihnen Ihre Gedanken und
Gefühle in den Prüfungen ein Bein stellen und Sie nicht mehr wie
gewohnt leistungsfähig bleiben. Mehr dazu in folgender Übersicht:

> **Wissen**
>
> **Lampenfieber**
> - Denken: Wir fühlen uns kompetent und können klar denken.
> - Wahrnehmung: Wir sind hoch konzentriert und nehmen unsere Umgebung wahr.
> - Verhalten: Wir können alle geplanten Handlungen sicher und routiniert ausführen.
>
> **Prüfungsangst**
> - Denken: Wir sind mit dramatisierenden und negativen Gedanken beschäftigt.
> - Wahrnehmung: Wir nehmen nur noch selektiv wahr, fühlen uns blockiert und gelähmt.
> - Verhalten: Wir können nicht mehr in vollem Umfang das tun, was wir möchten; möglicherweise vermeiden wir die Prüfungssituation und gehen nicht zur Prüfung.

Entscheidend sind die Intensität der Angst und die Häufigkeit ihres Auftretens.

Fast jeder hat schon mal erlebt, in einer Prüfungssituation nervös zu werden und nicht mehr alles in geordneter Form zu Papier zu bringen. Bleibt dies eine einmalige oder seltene Situation, gefährdet ein solcher Aussetzer weder das Studium noch unser Selbstwertgefühl. Belastend wird Prüfungsangst erst, wenn sie ein dauerhaftes Phänomen wird und auch schon Monate vor der Prüfungszeit ihre Vorboten schickt. Dann kreisen die Gedanken allmählich nur noch um die mit Horror erlebten Klausuren. Spätestens jetzt gilt es, sich Hilfe zu suchen.

Wenn Selbstcoaching nicht reicht ...

Wer hin und wieder mit Nervosität und Blockaden in Prüfungen zu kämpfen hat, kommt mit den Übungen, die wir Ihnen in diesem Kapitel vorstellen, sicher ein gutes Stück weiter. Sie können die Nervosität damit auf ein Niveau senken, auf dem Sie in Zukunft leichter Prüfungssituationen durchlaufen.

Möglicherweise benötigen Sie aber noch zusätzliche Unterstützung. Wie Jakob, der zu Beginn dieses Kapitels zu Wort kam. Für ihn war es wichtig, sich professionelle Hilfe zu suchen, um seine Prüfungsangst zu bewältigen. Zu sehr hatte sie sich in seinem Studienalltag eingenistet. Der Blick von außen eröffnete ihm Perspektiven und Handlungsoptionen, die er alleine nicht für sich entdecken konnte.

Es lohnt sich bei ausgeprägten Prüfungsängsten und immer wiederkehrenden Blockaden, professionelle Begleitung in Anspruch zu nehmen. Je eher Sie sich Hilfe suchen, umso schneller können Sie die Probleme für sich lösen. Denn Sie wissen ja: Prüfungsangst ist kein Schicksal! Sie dürfen sie jederzeit wieder verlieren!

Die Autoren Lydia Fehm und Thomas Fydrich (2013) bieten einen Test an, der Ihnen eine erste Einschätzung ermöglicht:

	Ja	Nein
Meine Prüfungsängste beginnen oft schon Wochen und Monate vor dem eigentlichen Prüfungstermin.		
Angehörige, Freunde und Mitstudierende haben mich schon wegen meiner ausgeprägten Ängste angesprochen.		
Ich habe schon mehr als einmal einen Prüfungstermin wegen Ängsten abgesagt oder verschoben.		
Meine Prüfungsängste sind manchmal so stark, dass sie sich wie Panik anfühlen.		
In der Prüfung werden die Ängste so stark, dass ich mich kaum konzentrieren und immer deutlich weniger sagen oder schreiben kann, als ich noch kurz vorher wusste.		
Meine Prüfungsängste werden von ausgeprägten körperlichen Zuständen begleitet, wie z. B. Schlafstörungen oder Magen-Darm-Problemen.		

Laut Fehm und Fydrich sollten Sie sich professionelle Hilfe suchen, wenn mehr als eine Aussage auf Sie zutrifft und Sie generell das Gefühl haben, dass Ihre Prüfungsängste Sie in Ihrem Leben stark einschränken.

Eine erste gute Anlaufstelle können die Beratungsstellen der Universitäten sein. Nutzen Sie die Chance also direkt vor Ort, um wieder mehr Gelassenheit und Ruhe in Ihren Studienalltag zu bringen.

Drei hilfreiche Übungen gegen Anspannung und Nervosität

1. Entspannungsübungen

Entspannung und Angst passen nicht zusammen. In einem völlig entspannten Zustand können wir keine Angst empfinden. Und deshalb macht es Sinn, bei Anspannung und Nervosität dem Körper Übungen zum Entspannen anzubieten. Eine Reihe von Ideen für Übungen finden Sie in Step 7.

2. Klopfen

Der Mediziner und Psychotherapeut Michael Bohne (2008, S. 51 ff.) hat eine Klopftechnik entwickelt, die in Prüfungs- und Auftrittssituationen hilft, die eigene Nervosität zu reduzieren. Und so funktioniert's!

Konzentrieren Sie sich zunächst auf Ihr Problem. Dazu haben Sie unterschiedliche Möglichkeiten:

1. Entweder Sie stellen sich eine belastende Prüfungssituation vor, die Sie erlebt haben. Drehen Sie einen inneren Film von den Stunden vor, in und nach der Prüfung.
2. Sie benennen Ihr Thema in einem kurzen Schlagwort: «Meine Prüfungsangst», «Meine Angst».
3. Wenn Sie gerade im Moment sehr angespannt sind, können Sie sich auch auf Ihre körperlichen Symptome konzentrieren.

Schritt 1: Sich selbst akzeptieren
Wenn wir gut drauf sind und alles nach Plan läuft, fällt es uns leicht, nett zu uns zu sein. Dann mögen wir uns. Kein Problem! Wenn wir aber Verhaltensweisen an den Tag legen, die uns gar nicht in den Kram passen, wird's mit der Selbstakzeptanz schon schwieriger.

Aber gerade in den schlechten Momenten, in denen wir uns schwach und ausgeliefert fühlen, brauchen wir die Selbstakzeptanz dringend. Deshalb beginnt die Klopftechnik auch genau an dieser Stelle – damit wir lernen, uns auch mit unseren Problemen und Unzulänglichkeiten anzunehmen.

Massieren Sie mit zwei oder drei Fingern den Punkt auf der linken Körperseite, der sich direkt zwischen der zweiten und dritten Rippe befindet (siehe Zeichnung).

Dieser Punkt ist ein wenig schmerzhaft, wenn die Finger darauf kreisen. Das ist normal. Drücken Sie allerdings nur so fest, dass die Berührung noch angenehm bleibt.

Wichtig ist nun, dass Sie zu dieser Bewegung einen Satz laut mitsprechen, der Ihre Selbstakzeptanz bestätigt. Der könnte lauten: «Auch wenn ich oft Prüfungsangst habe, schätze und akzeptiere ich mich so, wie ich bin.» Oder: «Auch wenn mir jetzt schon wieder fast schlecht ist vor Angst, schätze und akzeptiere ich mich so, wie ich bin.»

Formulieren Sie Ihren eigenen Satz, der zu Ihnen passt.

Wiederholen Sie diesen Satz und das Reiben des Punktes 3–5-mal.

Schritt 2: Akupunkturpunkte klopfen

Und nun wenden Sie sich den Akupunkturpunkten zu (siehe Abbildung). Sie können mit Ihrem Zeige- oder Mittelfinger klopfen. Sie klopfen mit den Fingerkuppen bzw. den Fingerenden; die Finger sind leicht gebeugt.

Denken Sie an das Gefühl der Prüfungsangst, das Sie verändern wollen. Dann legen Sie los und beklopfen einen Punkt nach dem anderen, von der Augenbraue ausgehend bis zum Thymuspunkt. Das Klopfen sollte nicht wehtun, aber deutlich spürbar sein. Michael Bohne empfiehlt pro Punkt eine Frequenz von 5–25-mal. Verlassen Sie sich dabei auf Ihr Gefühl. Wenn Sie einen Punkt gefunden haben, an dem sich das Klopfen besonders gut anfühlt, können Sie dort gerne ein wenig länger verweilen.

Wichtig ist, dass Sie an jedem Punkt in Kontakt mit Ihrem Problem bleiben – dabei ist es gleich, ob Sie nur daran denken oder laut sprechen.

Nach dem gesamten Durchgang halten Sie inne und spüren in sich hinein. Schließen Sie dabei die Augen, wenn Sie mögen. Nehmen Sie wahr, wie sich die Anspannung verändert.

3. Ressourcen-Sandwich

Diese hilfreiche Übung eröffnet uns einen Zugang zu unseren Kraftquellen – auch in Momenten, in denen sie schwer zugänglich erscheinen. Wir haben sie mit freundlicher Genehmigung von Margot López übernommen, die am EMDR-Ausbildungszentrum in München als Coach ausgebildet wurde.

Klopfpunkte

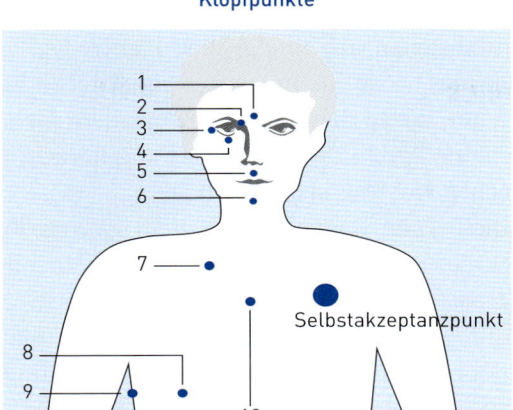

Hier liegen die Klopfpunkte (Die Seite ist egal):

1. Zwischen den Augenbrauen (sog. Drittes Auge)
2. Auf der Augenbraue am Innenwinkel.
3. Am Auge seitlich.
4. Unter dem Auge, auf dem Jochbogen.
5. Unter der Nase.
6. Zwischen der Unterlippe und dem Kinn.
7. Ca. zwei Querfinger unterhalb des Schlüsselbeins, im Zwischenrippenbereich.
8. Zwischen der Brust und dem Rippenbogen.
9. Unter dem Arm, ca. eine Handbreite unter der Achsel (kann man auch mit der flachen Hand beklopfen).
10. Im oberen Drittel des Brustbeins (Thymusdrüsenpunkt).

Die Vorlage für diese Anleitung in Bohne, Michael (2002) «Klopfen gegen Lampenfieber»

1. Überlegen Sie, welche Ressource für Sie hilfreich sein könnte in Ihrer Situation. Welche Eigenschaft, Haltung oder Fähigkeit würde Ihnen in dieser Situation helfen, um besser klarzukommen?
2. Benennen Sie eine erste Ressource. Dann nehmen Sie sich ein Blatt Papier zur Hand und zeichnen ein Symbol für diese Ressource – und jetzt aufgepasst: mit der Hand, mit der Sie üblicherweise nicht schreiben.
3. Dann suchen Sie eine weitere Ressource und malen für diese ebenfalls ein Symbol auf ein zweites Blatt Papier – mit der nicht dominanten Hand.

184 • Entspannt Prüfungen bestehen

4. Fragen Sie sich dann, welche der beiden Ressourcen Ihnen in diesem Moment attraktiver, wichtiger erscheint. Dieses Blatt legen Sie auf den Boden und stellen sich auf das Blatt Papier.

5. Tauchen Sie ganz tief in die Ressource ein. Welche Bilder, Situationen tauchen auf, die zu dieser Ressource passen? Gehen Sie nacheinander alle Sinne durch: Was sehen Sie? Was hören Sie? Was spüren Sie? Was riechen Sie? Was schmecken Sie?
Wenn Sie diese erste Ressource mit dem ganzen Körper gespürt haben, überkreuzen Sie Ihre Arme und klopfen Sie mit den Handflächen im Wechsel links und rechts auf die Schultern – relativ kräftig, relativ schnell. Und wenn Sie das Gefühl haben, die Ressource ist jetzt so richtig bei Ihnen angekommen, lassen Sie die Arme sinken.

6. Dann legen Sie die zweite Ressource auf den Boden und gehen Sie wie eben beschrieben vor. Am Ende klopfen Sie auch diese Ressource ein, immer im Wechsel links und rechts.

7. Dann, in einem letzten Schritt legen Sie die beiden Blätter übereinander und stellen sich auf beide Blätter. Spüren Sie wieder in Ihren Körper: Verstärken sich bestimmte Gefühle? Gibt es ganz neue Empfindungen? Entstehen neue Bilder? Nachdem Sie wieder durch alle Sinne gewandert sind, klopfen Sie die Wirkung wieder mit überkreuzten Armen ein, immer im Wechsel links und rechts.

Diese Übung bringt Sie mit Ihren eigenen Kräften in Kontakt. Danach sollte sich ein Gefühl von Wohlbehagen einstellen.

Kleine Checkliste für mündliche Prüfungen

Mündliche Prüfungen bringen spezielle Herausforderungen mit sich. Wir sitzen unseren Prüfern direkt gegenüber. Jede unserer körperlichen Reaktionen ist sichtbar. Wir fühlen uns unter Druck, schnell und präzise auf Fragen zu antworten, und nehmen uns deshalb weniger Zeit zum Nachdenken. Keine Chance, mal für eine halbe Minute durchzuhängen!

Um mit dieser Situation gelassen umzugehen, kann man sich mit ein paar kleinen Tricks behelfen:

Im Vorfeld

- Lernen Sie – wenn möglich – Ihren Prüfer schon einige Tage vor der Prüfung kennen, indem Sie zum Beispiel eine Sprechstunde nutzen oder ihn nach einer Vorlesung oder Übung ansprechen. So entsteht in Ihnen ein erster Eindruck seiner Persönlichkeit. Dieses Minimum an Vertrautheit stärkt Sie in der Prüfung.
- Wenn Sie keinen persönlichen Kontakt aufnehmen können: Recherchieren Sie über Ihren Prüfer. Dabei kommt es nicht so sehr auf Fotos an, sondern auf Inhalte seiner Forschungstätigkeit oder andere Aktivitäten an der Universität. Machen Sie sich auf die Suche nach dem Menschen hinter dem Prüfer!

Am Tag der Prüfung

- Beginnen Sie den Tag mit einer Entspannungsübung und einem nahrhaften Frühstück. Tipps dazu finden Sie in Step 9.
- Tragen Sie am Prüfungstag bequeme Kleidung, in der Sie sich rundum wohl fühlen. Das neue Jackett ist es dann vielleicht nicht. Und erst recht nicht der alte Rock, der inzwischen zwickt.
- Machen Sie vor dem Prüfungszimmer – wenn möglich – nochmal eine Atemübung. Oder holen Sie sich bewusst Ihre Ressourcen ins Gedächtnis, drehen Sie geistig Ihren Erfolgsfilm oder sprechen Sie innerlich Ihre «Mutmacher-Sätze».
- Vermeiden Sie allzu lange Wartezeiten mit anderen Prüflingen vor der Tür. Die Unruhe der anderen überträgt sich auf Sie.
- Begrüßen Sie Ihren Prüfer (mit Handschlag). Nehmen Sie in der Prüfung eine aufrechte, selbstsichere Körperhaltung ein. Die Körperhaltung wirkt direkt auf Ihr Befinden.
- Antworten Sie zunächst auf den Kern der Frage und fügen Sie dann noch relevante Details hinzu. Nutzen Sie die Gelegenheit, die Prüfung zu einer Art Lehrgespräch zu entwickeln. Nichts ist schlimmer für Prüfer, als dem Gegenüber jedes Wort aus der Nase zu ziehen.
- Sie können den Prüfer auch bitten, die Frage noch einmal zu wiederholen oder zurückzustellen, wenn Sie sich nicht ganz sicher sind.
- Achten Sie auf ausreichend Blickkontakt mit Ihren Prüfern. So stellen Sie eine menschliche Beziehung her und können besser in Kontakt bleiben.

- Lassen Sie sich Zeit zum Nachdenken. Auch in einer mündlichen Prüfung müssen Ihre Antworten nicht wie aus der Pistole geschossen kommen.
- Bereiten Sie sich auf Situationen vor, in denen Sie nicht weiterwissen. Anregungen dazu finden Sie im Kasten «Um keine Antwort verlegen».
- Verabschieden Sie sich von Ihrem Prüfer (mit Handschlag) und verlassen Sie den Raum in angemessenem Tempo.

Selbstcoaching | Um keine Antwort verlegen

Vor dieser Situation graut allen: Es kommt eine Frage, und wir haben beim besten Willen keine Ahnung, was wir antworten sollen. Macht nichts! Dafür haben Sie sich ein paar Standardsätze überlegt, die Sie wie auf einer Rutsche weitergleiten lassen:

Situation 1: Die Frage ist nicht verständlich

Passende Lückenfüller-Sätze:

«Ich weiß gerade nicht, worauf Sie genau hinauswollen. Was mir zu diesem Thema einfällt/Was ich zu diesem Thema weiß .../Was wichtig ist bei diesem Thema, ist ...»

oder

«Ich weiß nicht, ob ich Ihre Frage richtig verstanden habe. Ich sage Ihnen jetzt einfach mal, was ich dazu weiß ...»

Situation 2: Sie wissen zu einer bestimmten Frage (momentan) nichts zu sagen/etwas fällt Ihnen nicht ein

«Ja, ich weiß, worauf Sie hinauswollen. Mir fällt dieses Detail etc. nur gerade nicht ein. Vielleicht können Sie mir mit einem Stichwort auf die Sprünge helfen ...»

... wenn der Prüfer dann etwas erklärt:

«Ja, und dazu möchte ich noch sagen ...» (alles noch Bekannte zum Thema erwähnen)

Situation 3: Sie sind zu einem Thema völlig blank

«Das ist mir gerade nicht präsent. Könnte ich eine andere Frage haben?»

Es ist völlig in Ordnung, in einer mündlichen Prüfung nicht alle Fragen beantworten zu können. Wenn Sie gut vorbereitet sind, bietet Ihnen Ihr Prüfer sicher eine Alternative an.

Quotes

Heiko, Jurastudent

In der Zeit nach dem Seminar habe ich immer wieder festgestellt, dass es enorm positiv ist, mir besondere Erfolgserlebnisse und das Vertrauen auf meine Stärken immer wieder bewusst zu machen. Ich werde dann einfach nicht so nervös.

Flora, Architekturstudentin

Ich hatte mir die Lernzeit immer sehr ungünstig eingeteilt. Letztlich habe ich viel zu spät angefangen und kam so in Bedrängnis mit dem Stoff. Seitdem ich mein Zeitmanagement besser im Griff habe und meine Panik-Sätze bewusst hinterfrage, bin ich lockerer. Ich lerne sogar viel lieber.

Maja, Studentin der Volkswirtschaftslehre

Mit jedem Scheitern wuchs die Angst vor dem weiteren Versagen. Ich verlor immer mehr das Vertrauen in mich selbst. Als ich erkannte, dass mich eine alte Erfahrung triggerte, kam ich meinem Problem auf die Spur. Ich hatte von meinem Vater zu oft gehört, ich sei eine Versagerin. Nur habe ich überhaupt keine Verbindung zwischen diesem Urteil und meinem Studienerfolg hergestellt. Als mir diese Verbindung bewusst wurde, war der Knoten geplatzt. Ich habe mir einen neuen Satz geschenkt: «Ich studiere für mich.» Den hole ich mir her, wenn meine Zweifel und die Angst zurückkehren. Er trägt mich wirklich gut durchs Studium!

Literatur, die sich zu lesen lohnt:

Holler, Petra (2014). *Irre viel zu tun. Aufschieberitis, Prüfungsangst & Co. Krisen im Studium bewältigen*. Weinheim/Basel: Beltz Verlag.

Fehm, Lydia & Fydrich, Thomas (2013). *Ratgeber Prüfungsangst. Informationen für Betroffene und Angehörige*. Göttingen: Hogrefe.

Metzig, Werner/Schuster, Martin (2009). *Prüfungsangst und Lampenfieber* (4., aktualisierte Aufl.). Berlin/Heidelberg: Springer Verlag.

Step 9:
Futter fürs Gehirn und Lernen (wie) im Schlaf

Um was geht's?

- Nahrungsmittel, die Ihre Gedächtnisleistung unterstützen
- Speiseplan für Lern- und Prüfungszeiten
- Schlau im Schlaf
- Einschlafhilfen

Essen kann tatsächlich schlau machen. Es gibt zahlreiche Nahrungsmittel, die unsere Denkleistung fördern – und damit ideal für Lern- und Prüfungszeiten sind. Umgekehrt können bestimmte Speisen auch geistig träge machen, also das Denken eher bremsen als beflügeln. Unter «Brainfood» verstehen Ernährungswissenschaftler jene Lebensmittel und Speisen, die dafür sorgen, dass wir auch in Prüfungszeiten klar denken können, nach deren Genuss wir auch unter Druck leistungsfähig bleiben. Brainfood ist tatsächlich eine Art Wunderdroge im positiven Sinn, was die intellektuelle Power betrifft.

Leichter lernen – mit Brainfood

Futter fürs Gehirn enthält vieles, was wir bereits kennen – und möglicherweise nur zu selten auf dem Speiseplan stehen haben. Und es ist keine Frage: Sie können sich mit einer klugen Auswahl von Lebensmitteln gezielt schlau, lern- und prüfungsfähig essen. Das Erstaunliche daran: Die Wirkung spüren Sie oft bereits nach wenigen Stunden, mit Sicherheit aber nach einigen Tagen.

So brachte eine Studie des Zentrums für Neurowissenschaften in Ulm in Zusammenarbeit mit einem Bio-Caterer ein eindrucksvolles Ergebnis: Die Schüler einer sechsten Klasse aßen an einem Tag normales Fastfood, wie Burger, Pommes, Schnitzel. Am nächsten Tag gab's dann Brainfood, das aus gesunden, vollwertigen Nahrungsmitteln bestand. (Flemmer, 2011, S. 132) An beiden Tagen sollten die Schüler jeweils unterschiedliche, aber gleichwertige Aufgaben lösen, mit denen sowohl die Konzentrations- als auch Merkfähigkeit getestet werden konnte. Während sich die Schüler am Fast-Food-Tag nur an 40 Prozent der abgefragten Begriffe erinnerten, lag die Quote an dem Tag, an dem sie ausschließlich gesundes Brainfood zu sich genommen hatten, bei über 60 Prozent.

Noch deutlicher bewies eine Untersuchung amerikanischer Wissenschaftler den Brainfood-Effekt: In einer einmonatigen Testphase erhielten Schüler als Pausensnack Äpfel und Nüsse statt Fastfood. Ihre Gedächtnisleistung stieg in dieser Zeit um 30 Prozent. (Flemmer, 2011, S. 20)

Die Aufnahmefähigkeit des Gedächtnisses steigern

Für Hirnforscher sind diese Erkenntnisse nicht überraschend. Sie wissen längst, dass alles, was wir tun und was wir essen, unmittelbare Auswirkungen auf unser Gehirn hat. Obwohl das Gehirn nur zwei Prozent unseres Körpergewichts ausmacht, gehen 20 Prozent des Stoffwechselumsatzes auf seine Kosten. Alles, was wir an typischem Brainfood zu uns nehmen, wird dort unmittelbar genutzt. Denn das Gehirn hat keinen eigenen Energiespeicher, wie das etwa bei Muskeln der Fall ist – es lebt ernährungstechnisch von der Hand in den Mund. Und deshalb hat das, was Sie essen oder trinken, in Lernphasen unmittelbare Auswirkungen auf Ihre Leistungen.

Auch wenn es um die Verteilung der Ressourcen und den Energiestoffwechsel im Körper geht: Das Gehirn steht immer vorne. Es bedient sich zuerst, die anderen Organe kommen danach dran. Mit unserer Ernährung können wir das Gehirn zu hoher Leistungsfähigkeit puschen, aber auch komplett lahmlegen. Diese Erfahrung macht jeder, der nach einem fetten Gänsebraten oder einer großen Portion Spaghetti carbonara chemische Formeln lernen möchte. Das ist meistens ein mühevoller und auch vergeblicher Versuch.

Das Gehirn isst immer mit

Je größer der Druck ist, unter dem ein Gehirn arbeitet, umso mehr Energie braucht es. In Prüfungszeiten sollten Sie Ihre Denkfabrik im Kopf deshalb besonders gut mit energiebringenden Lebensmitteln versorgen. Aber auch in Ihre Lernphasen können Sie Brainpower bringen, wie die oben erwähnten Studien gezeigt haben. Sie sparen dadurch nicht nur Zeit, weil Sie sich vermutlich besser konzentrieren können, Sie verbessern auch die langfristige Speicherung Ihres Lernstoffs und sorgen dafür, dass Ihr Gehirn optimal arbeiten kann. Was Sie dazu brauchen, ist lediglich ein cleverer Mix Ihres Speiseplans: komplexe Kohlenhydrate, hochwertiges Eiweiß, mehrfach ungesättigte Fette, Vitamine, Mineralien und noch einige andere Stoffe (eine Liste mit Brainfood haben wir im Kasten auf Seite 193 zusammengestellt).

Die Lieblingsnahrung unseres Gehirns ist Glukose, also Traubenzucker. Glukose liefert Energie, sorgt dafür, dass wir Informationen schnell verarbeiten, dass wir konzentriert sind und uns gut an den gelernten Stoff erinnern. Kohlenhydrate sind der klassische Glukose-Lieferant fürs Gehirn. Wer jetzt glaubt, er könne einfach ein paar Löffel Haushaltszucker, Honig, Nuss-Nougat-Creme oder andere Süßigkeiten zu sich nehmen, und schon hat er genug Energie zum Lernen, der irrt sich. Denn diese Naschereien bestehen aus Ein- oder Zweifachzucker. Der geht schnell in die Blutbahn und sorgt für einen kurzen, schnellen Energieschub, der sofort wieder verpufft. Wenn der Blutzuckerspiegel abrupt ansteigt, beginnt die Bauchspeicheldrüse große Mengen an Insulin auszuschütten.

Das Insulin sorgt dafür, dass der Zucker schnell wieder aus dem Blut abgebaut und in die Körperzellen aufgenommen wird. Danach rauscht der Blutzuckerspiegel wieder in den Keller. Die Folge: Wir fühlen uns schlaff, müde – und vor allem auch wieder hungrig. Deshalb: Süßigkeiten mit einfachem Zucker sind nichts gegen Hunger! Auch außerhalb der Lernzeiten sollten sie nur aus Genussgründen verzehrt werden, weil sie definitiv nicht anhaltend sättigen. Für Backwaren aus weißem, hellen Mehl gilt übrigens dasselbe: Ihre Nährstoffe bauen sich ebenfalls schnell wieder ab und halten nicht lange vor.

Schlaumacher – Fett, Eiweiß, Kohlenhydrate

Sattmacher und ideale Energielieferanten fürs Gehirn sind komplexe Kohlenhydrate. Möglichst gut verpackt in Ballaststoffe. Wie zum Beispiel Hafer, Hartweizengrieß, Hülsenfrüchte oder Vollkornprodukte. Der Körper verwandelt sie wesentlich langsamer in Glukose, diese gelangt nach und nach ins Blut und von dort in die Zellen. Das Gehirn erhält auf diese Weise kontinuierlich den benötigten Schub an Energie.

Eiweiße (Proteine) beflügeln unser Gehirn. Wenn eine Prüfung ansteht oder wir besonders fit im Kopf sein wollen, empfehlen Ernährungswissenschaftler proteinhaltige Lebensmittel. Und zwar solche mit der wachmachenden Aminosäure Tyrosin. Die steckt in Fisch, Fleisch, Nüssen, Eiern, Käse und Sojabohnen. Allerdings sollte die eiweißreiche Mahlzeit eher klein sein. Ein großes T-Bone-Steak würde müde und träge machen.

Auch im Lernalltag benötigt das Gehirn Eiweiße. Sie sorgen dafür, dass der Lernstoff im Langzeitgedächtnis verankert wird. Der Bedarf an

Eiweiß steigt in Lernzeiten messbar an. Proteine bestehen aus kleinen Bausteinen, den Aminosäuren. Die Deutsche Gesellschaft für Ernährung empfiehlt einen Tagesbedarf von etwa 50 Gramm Eiweiß bei einem Körpergewicht von 60 Kilogramm. Ein Drittel des Eiweißbedarfs sollte über tierisches Eiweiß und zwei Drittel über pflanzliches Eiweiß aufgenommen werden. Zum Vergleich: Ein Hühnerei enthält 7,4 Gramm Eiweiß, ein Glas Milch ca. 6,6 Gramm, eine Portion Lachs 18,4 Gramm.

Dafür, dass im Gehirn alles wie geschmiert läuft, sorgen Fette. Keinesfalls allerdings Butter und Schmalz, sondern hochwertige Fette mit mehrfach ungesättigten Fettsäuren. Ganz besonders wertvoll für unsere Denkleistungen sind zum Beispiel Omega-3-Fettsäuren. Sie sind unter anderem in fettem Kaltwasserfisch (Makrele, Lachs, Hering) enthalten. Aber auch in Ölen, wie Walnuss-, Raps- und Leinöl. Die Fettsäuren sorgen für Durchlässigkeit zwischen den Nervenzellen und für eine bessere Übertragung von Informationen. Sie fördern die Fließeigenschaften des Blutes, den Sauerstofftransport in unsere grauen Zellen – und damit auch unsere Denkleistung und das Lernvermögen.

Tipp: Infos über Lebensmittel, die Ihre geistige Leistungsfähigkeit steigern, finden Sie hier.

Selbstcoaching | Brainfood – essen Sie sich schlau

Ideale Nahrungsmittel in Lern- und Prüfungszeiten:

Das unterstützt Ihre Gehirnleistung

- **Komplexe Kohlenhydrate:** Vollkornprodukte (Haferflocken, Backwaren aus Roggenvollkorn, Reis, Nudeln), Kartoffeln, Hülsenfrüchte (Linsen, Erbsen und Bohnen), Gemüse und Obst
- **Proteine:** Fettarme Milchprodukte (magerer Joghurt, magerer Käse, Kefir, Buttermilch), Fisch, mageres Fleisch, Hafer, Hülsenfrüchte (siehe oben)
- **Eisen:** Kürbiskerne, Sesam, Weizenkleie, Amaranth, Kakao, Innereien (Schweineleber, Kalbsnieren)

Das unterstützt Ihre Konzentration

- **Magnesium:** Kürbiskerne, Mandeln, Sonnenblumenkerne, Weizenkeime, Cashewnüsse, Haselnüsse, Sesam, Kakao
- **Azetylcholin:** Bierhefe, Tofu, Nüsse, Weizenkeime, Ei, Käse, Leber

- **Dopamin:** Nüsse, Samen, Weizenkeime, Milchprodukte, Fisch, Fleisch, Eier, Gemüse (z. B. Avocado, Karotten, Paprika, Brokkoli), Obst (z. B. Bananen, Ananas, Erdbeeren)
- **Vitamin B1:** Hefe, Weizenkeime, Roggenkeimlinge, Sonnenblumenkerne
- **Vitamin B3:** Hefe, Weizenkleie, Erdnüsse, Leber (Schwein, Rind, Kalb)

Das unterstützt Ihr Denkvermögen und schützt Ihre Nerven
- **Omega-3-Fettsäuren:** Kaltwasserfische (Hering, Lachs, Sardinen, Makrelen), Walnuss-, Raps- und Leinöl
- **Vitamin C:** Gemüse (Brokkoli, Rosenkohl, Grünkohl, rote Paprika), Obst (Orangen, Zitronen, Grapefruit, Kiwis, Erdbeeren)
- **Isoleucin (essentielle Aminosäure):** Weizenkeime, Fleisch, Nüsse, Lachs

Mahlzeiten in Lern- und Prüfungszeiten

Wie bereits erwähnt, Sie können einiges tun, um sich geistig fitzumachen. Nehmen wir mal an, es ist Ihr Ziel an Lerntagen, morgens fit ins Lernen einzusteigen, tagsüber konzentriert und aufnahmefähig zu bleiben und vielleicht am frühen Abend noch ein wenig weiterzulernen und anschließend beruhigt und entspannt zu schlafen. Hier einige Beispiele, wie Ihr Essensfahrplan in Lern- und Prüfungszeiten aussehen könnte:

Das Fitmacher-Frühstück

Nachts verarbeitet das Gehirn die (Lern-)Eindrücke des Tages, verschiedene Reparatur- und Erholungsvorgänge laufen im Körper mit dem Ergebnis ab, dass morgens Ihre Energiespeicher leer sind. Um auch gehirnmäßig richtig in Schwung zu kommen, benötigen Sie neue Energie. Zu Tagesbeginn schlägt die Stunde der oben erwähnten komplexen Kohlenhydrate. Sie liefern die nötige Energie für den Lerntag.

Ein Brain-Frühstück enthält deshalb idealerweise reichlich Vollkornprodukte, wie Vollkornbrot, -brötchen oder Flocken, wie zum Beispiel Hafer als Basis. Obst ist ein wichtiger Begleiter für Vollkornprodukte. Es sorgt mit Vitamin C dafür, dass das enthaltene Eisen vom Körper aufgenommen werden kann. Ein Müsli mit Haferflocken, Obst, Nüssen und etwas magerem Joghurt oder Milch bietet eine gute Grundlage für einen erfolgreichen Lerntag. Sie können stattdessen aber auch ein Vollkornbrot mit magerem Käse und einem Stück roher Paprika essen. Da ist auch alles drin, was an Nährstoffen zu dieser Tageszeit wichtig und wertvoll ist.

Frühstücksmuffel behelfen sich zum Tagesstart mit einer Banane, einem Milchmixgetränk oder nur mit einem Apfel. Unbedingt sollte dann aber nach ein, zwei Stunden ein vollwertiges zweites Frühstück wie oben folgen.

Proteine in der Mittagspause

Sie wollen nach dem Mittagessen zeitnah weiterlernen? Dann sollten Sie auf fette Speisen oder auch auf einen großen Teller Spaghetti, auf eine Familien-Pizza und andere größere Mengen an Kohlenhydraten verzichten. Denn mit diesem Essen fallen Sie direkt in eine Art Verdauungs-Trance, die längere Zeit anhalten kann. Ihr Gehirn ist in dieser Zeit nicht besonders gut mit Energie versorgt, weil die anderweitig benötigt wird: in Ihren Verdauungsorganen.

Deshalb: Greifen Sie mittags zu leichten Speisen, gerne auch mit Eiweiß: ein kleines mageres Schnitzel mit Salat, ein Salat mit Räucherfisch, Gemüse, Obst. Vielleicht auch Pellkartoffeln mit Quark oder Ähnliches. Haben Sie nur die Wahl zwischen einem Fastfood-Imbiss und einem Bäcker, dann entscheiden Sie sich für den Bäcker und holen Sie sich dort eine Vollkornsemmel mit magerem Käse belegt und mit Tomaten, Gurken oder Salatblatt. Auch mageren Schinken dürfen Sie sich gönnen.

Abendessen: je nach Programm

Wer nach dem Abendessen noch geistig arbeiten möchte, sollte diese Mahlzeit leicht gestalten und auch nur wenige Kohlenhydrate zu sich nehmen. Zum Beispiel ein kleines Steak, ein Stück Hühnerbrust, Fisch, Nüsse, Gemüse und Obst.

Wenn Sie Ihren Lerntag beendet und nichts Größeres mehr vorhaben, können Sie sich eine Portion Nudeln oder Reis mit Beilagen zubereiten. Ihr Stoffwechsel schaltet dann auf die Produktion von schlafördernden Hormonen um.

Snacks – Energie für zwischendurch

Das berühmte Studentenfutter ist besser als sein Ruf und gilt in Maßen als geeignete kleine Zwischenmahlzeit an Lerntagen oder auch als Energie-Push-up in Prüfungen. Ideale Snacks sind Äpfel, Bananen, Tomatensaft, Buttermilch, Kefir oder magere Joghurts. Auch Nüsse liefern reichlich Energie, sind allerdings kalorienreich. Deshalb sollten Sie nicht in großen Mengen konsumiert werden. Wenn Sie Heißhunger auf Süßigkeiten haben, dann essen Sie diese am besten im Anschluss an die Mahlzeiten. So haben Sie keine negativen Auswirkungen auf Ihren Blutzucker und damit auch auf Ihre geistige Leistungsfähigkeit.

Süßigkeiten aus Fruchtzucker sind übrigens mit Vorsicht zu genießen: Einerseits kann der Körper diesen Zucker nur in begrenzten Mengen verarbeiten, andererseits bedient Fruchtzucker bevorzugt unsere Fettdepots, ist als auch ein Dickmacher. Fruchtzucker ist unter anderem in Gummibärchen, Fruchtjoghurts, Erfrischungsgetränken, Smoothies und in manchen Ketchup-Sorten enthalten.

Sie können sich auch individuell mithilfe der Informationen in den Kästen in diesem Kapitel einen individuellen Speiseplan zusammenstellen. Das ist ganz einfach. Und Sie werden ziemlich schnell einen ersten Erfolg spüren, was Ihre Denkleistung betrifft. Wie Physikstudent Jens, der eines unserer Seminare besuchte und seine Ernährung in Richtung Brainfood umstellte:

«Besonders gut gefallen hat mir der Leitfaden zum Essen. Ich habe meine Ernährung daraufhin umgestellt und esse jetzt mehr Gemüse, Fisch und Müsli. Ich ging fälschlicherweise davon aus, dass sich Nüsse nicht positiv auf die Konzentration auswirken. Jetzt konsumiere ich sie häufiger zwischendurch, wodurch ich mich auch abends noch auf Themen konzentrieren kann.»

Oder Antonia, Maschinenbaustudentin:

> «In der nächsten Lern- und Prüfungsphase werde ich auf jeden Fall mittags keine großen Mengen an Kohlenhydraten mehr essen, da ich nach dem Essen wegen Müdigkeit bis jetzt immer die größten Probleme hatte, konzentriert und aufmerksam zu bleiben.»

Gehirnzellen wollen schwimmen

Trinken ist in Prüfungszeiten (fast) noch wichtiger als Essen. Wenn Sie zu wenig Flüssigkeit zu sich nehmen, setzen Sie Ihre grauen Zellen aufs Trockene. Das mögen die überhaupt nicht. Unser Körper besteht zu 70 Prozent aus Flüssigkeit, wenn ihm durch Schwitzen oder sonstige permanente Verdunstungen ein bis zwei Prozent davon verloren gehen, ohne dass Flüssigkeit ersetzt wird, verdickt sich das Blut und damit seine Fließgeschwindigkeit. Für Ihr Gehirn bedeutet das: Die Zellen im Gehirn sind unterversorgt, das durch den Stoffwechsel entstandene Kohlenmonoxid kann nicht ausreichend abtransportiert werden, die Nervenzellen arbeiten nicht mehr optimal und die geistige Leistungsfähigkeit sinkt. Menschen können in der Regel ein, zwei Wochen oder noch länger ohne Nahrung überleben, an Wassermangel sterben sie dagegen nach etwa drei Tagen. Trinken ist deshalb nicht nur für Ihre Gehirnzellen wichtig, sondern auch für Ihr allgemeines Wohlbefinden. Der Bedarf liegt bei eineinhalb bis zwei Liter Flüssigkeit pro Tag, bei heißem Wetter sogar noch höher. Etwa 800 bis 900 Milliliter nehmen wir über unser Essen auf, der restliche Flüssigkeitsbedarf sollte durch Trinken gestillt sein, bleiben also noch ca. 1,5 Liter. Als Getränk eignet sich vor allem Wasser. Wem das zu fad ist, der kann das Wasser mit frischen Kräutern wie beispielsweise Minze, Ingwer oder Zitronensaft aufpeppen, sich Fruchtsaft stark mit Wasser verdünnen oder sich ungesüßten Früchtetee kochen.

> **Wissen | Brainfood für die Prüfung**
>
> Mit leerem Magen in die Prüfung? Das ist nicht zu empfehlen. Ein voller Bauch macht das Gehirn zwar eher träge, aber ein leerer lässt es gar nicht erst auf Touren kommen. Sie brauchen vor der Prüfung eine Mahlzeit, weil Ihr Gehirn in den nächsten Stunden mehr gefordert ist als an normalen Lerntagen.

Vor der Prüfung essen

Liegt der Prüfungstermin am Vormittag, stehen Sie am besten rechtzeitig auf – damit Sie in Ruhe frühstücken können. Mit einem Mix aus Vollkorn (zum Beispiel Hafer), Proteinen (magerer Käse, Milch, Joghurt) und Obst sind Sie bestens für anspruchsvolle Gehirnleistungen gerüstet. Findet die Prüfung am Nachmittag statt, dann sollte die Mahlzeit davor aus wenig Kohlenhydraten, dafür mehr Proteinen, Obst und Gemüse bestehen.

In die Prüfung mitnehmen

Unter Druck benötigt das Gehirn eine Extra-Portion Energie, um gute Leistungen zu bringen. Deshalb empfiehlt es sich, außer einer Flasche Wassser (gut für die grauen Zellen), auch eine Kleinigkeit zum Essen mitzunehmen. Ideal sind Trockenfrüchte, Nüsse oder Bananen. Diese Snacks halten den Insulinspiegel flach und versorgen die Nervenzellen im Gehirn regelmäßig mit Energie. Weniger geeignet für eine längere Prüfung sind Schokoriegel oder Traubenzuckerwürfel. Sie bringen zwar einen kurzfristigen Leistungsanstieg, der tiefe Energieabfall folgt aber, sobald der in diesen Süßigkeiten enthaltene Zucker verbraucht ist – und das geschieht minutenschnell. Deshalb: Wenn überhaupt Traubenzucker & Co, dann höchstens in den letzten 10 Minuten.

Wissen | Brainfood – ideal kombiniert

Wenn's schnell gehen soll und Sie keine Zeit und Lust haben, über Ihren Speiseplan nachzudenken, hier einige Brainfood-Kombinationen:

- Vollkornbrot mit Käse, Ei, Putenbrust oder geräuchertem Fisch
- Vollkorn-Getreideflocken mit magerem Joghurt und einem Apfel oder einer Birne
- Kartoffeln mit Spiegelei und (Tiefkühl-)Spinat
- Kartoffeln mit (Kräuter-)Quark
- Pellkartoffeln mit Matjes und kleingeschnittenen Äpfeln
- Linsensalat (mit kleingeschnittenen roten Paprika, Karotten, Frühlingszwiebeln) und Vollkornbrot
- Erbsensuppe mit saurer Sahne

Wie uns der Schlaf beim Lernen hilft

Erholsamer Schlaf ist wesentlich für unseren Energie-Haushalt. Schlaf ist der wichtigste Regenerationsmotor, den wir haben: Im Schlaf leistet der Körper wichtige Reparaturdienste und bereitet uns auf die Aufgaben des folgenden Tages vor. Wer zu wenig schläft, wird krank. Wer zu viel schläft, möglicherweise auch, so Ergebnisse der Schlafforschung. Ein gesundes Schlafpensum liegt für einen erwachsenen Menschen zwischen sechs und acht Stunden, Richtwert sind laut dem bekannten deutschen Schlafforscher Professor Zulley (2010) sieben Stunden pro Nacht. Selbstverständlich gibt es Menschen, die nach sechs Stunden Schlaf fit aus dem Bett hüpfen. Und solche, die acht Stunden brauchen, um konzentriert und gut gelaunt durch den Tag gehen zu können.

Es ist unsere innere Uhr, die für einen regelmäßigen Wach- und Schlafrhythmus sorgt. Sie lässt uns körperlich spüren, wann wir fit und leistungsfähig sind, und meldet uns, wenn wir eine Erholungspause benötigen, indem wir uns erschöpft und müde fühlen. Auch abends signalisiert sie, wann es Zeit ist, ins Bett zu gehen. Wer kennt nicht den Begriff der bleiernen Müdigkeit? Oft genug übergehen wir dieses Signal – und sind dann, wenn der «tote Punkt» überwunden ist, wieder munter.

Hören Sie auf Ihre biologische Uhr

Jeder von uns hat eine eigene Uhr. In mitteleuropäischen Breiten ticken die Uhren der Menschen ähnlich. Sie orientieren sich am Tageslicht und an der Dunkelheit. Trotzdem gibt es kleine Unterschiede: Schlafforscher sprechen von den «Lerchen», die die Tendenz haben, früher aufzustehen und abends früher ins Bett zu gehen. Und von den «Eulen», bei denen es umgekehrt ist. Über den Tag hinweg erleben wir alle Phasen, in denen wir sehr aktiv und leistungsfähig, und solche, in denen wir eher träge und erholungsbedürftig sind. Üblicherweise erreichen die meisten Menschen vormittags zwischen 10 und 12 Uhr ein Leistungshoch, das sich gegen 17 Uhr noch einmal wiederholt. Inwieweit das übliche Leistungstief um die Mittagszeit ernährungsbedingt ist, können Sie weiter oben in diesem Kapitel nachlesen. Denn das sogenannte «Suppenkoma» ist oft hausgemacht, durch den übermäßigen Konsum von Kohlenhydraten beim Mittagessen.

Meist hilft in einer müden Phase ein kurzes Powernapping (Kurzschlaf) von 10 bis 15 Minuten, und wir sind wieder fit. Auch gut: eine halbe Stunde an der frischen Luft spazieren gehen. Wichtig zu wissen: Menschen können nicht rund um die Uhr leistungsfähig sein. Phasen von Aktivität und Ruhe wechseln sich ab. Besonders in harten Lernphasen hängt die Hirnleistung auch davon ab, wie aufmerksam wir mit uns selbst und mit unseren körperlichen Bedürfnissen umgehen. Regelmäßige Pausen sind wichtig und regelmäßiger, ausreichender Schlaf ebenso. Und das vor allem nachts. Wer tagsüber schläft und nachts lernt – wie wir das immer wieder in unseren Seminaren hören – bekommt auf Dauer ein Problem. Eine Weile kann das funktionieren, doch dann macht sich das fehlende natürliche Licht bemerkbar. Es ist wichtig für unseren hormonellen Stoffwechsel. Zu wenig Tageslicht schlägt auf die Stimmung und senkt die Aufnahmefähigkeit des Gehirns.

Schlaf fördert die Konzentration

Einige unserer Kursteilnehmer bauen in den Prüfungsphasen ein enormes Schlafdefizit auf. Sie sitzen oft bis nach Mitternacht über Hausarbeiten oder Prüfungsskripten. Am nächsten Morgen klingelt der Wecker um sieben, nach weniger als fünf Stunden Schlaf.

Wenn an einem solchen Tag eine Prüfung ansteht, hilft natürlich die entsprechende Dosis Adrenalin, das die Konzentration wenigstens noch für die Dauer der Prüfung oben hält. Aber trotzdem leidet in diesem verschobenen Schlaf-Wach-Rhythmus die Fähigkeit, sich zu konzentrieren und Lernstoff zu speichern. Als Folge bleiben die Studierenden in der Klausur, wenn's darauf ankommt, unter ihrem Potenzial. Wie Agnes in ihrer Statistikprüfung:

> Ich hatte viel gelernt, und trotzdem fühlte ich mich unsicher, ob ich diese Prüfung schaffen würde. Ich war bis spätabends in der Bibliothek. Als es fast ein Uhr war, beschloss ich, einfach nochmal alle Übungen zu rechnen. Gegen sechs Uhr morgens holte ich mir einen Kaffee und saß dann um halb acht im Hörsaal. Die Klausur war anspruchsvoll, aber machbar. Trotz guter Vorbereitung bestand ich knapp mit 4,0.

Nach einer durchwachten Nacht ist das Gehirn weniger leistungsfähig. Natürlich können Sie auch in diesem Zustand Klausuren bestehen, aber Sie wären vermutlich besser, wenn Sie ausgeruht in eine Prüfung gingen. Auch ein einigermaßen regelmäßiger Tagesrhythmus beeinflusst unser Gedächtnis in anstrengenden Zeiten: Wenn wir mal um Mitternacht, mal um zehn Uhr abends und mal um drei zu Bett gehen, leidet unsere geistige Aufnahmefähigkeit.

Im Schlaf wiederholt unser Gehirn alles, was wir erfahren und gelernt haben. Untersuchungen haben gezeigt, dass es schlafend genauso aktiv ist wie tagsüber, wenn wir lernen. Um den Stoff zu speichern, den Sie sich am Tag angeeignet haben, ist der Tiefschlaf enorm wichtig. Der Neurowissenschaftler Jan Born (vgl. Jeska 2010) hat herausgefunden, dass für die Gedächtnisbildung der Tiefschlaf entscheidend ist. So erklärt sich auch das Phänomen, dass wir am Abend ins Bett gehen, nachdem wir viel gelesen und gelernt haben. Und erst nach einer erholsamen Nacht das Gefühl haben, den Stoff wirklich zu verstehen.

Damit das Gehirn die Informationen in der Tiefschlafphase gut einspeichern kann, benötigt es gut strukturierte und nicht zu viele Informationspakete. Viel lernen bringt eben nicht viel. Lernfreundlich aufbereitete Inhalte, ein individuelles Pausenmanagement, Abwechslung zwischen Arbeit und Erholung und ausreichend Schlaf sind die Erfolgskriterien für die Prüfungsvorbereitung!

Schlafen Sie gut?

Unsere Empfehlung: Gehen Sie schlafen, wenn Sie müde sind. Das klingt banal, aber viele unserer Seminarteilnehmer tun genau das nicht. Weil sie sich vorgenommen haben, diese drei Aufgaben noch zu bearbeiten, sitzen und sitzen sie am Schreibtisch. Das Gehirn hat sich längst verabschiedet, der Körper sendet permanent die Botschaft «Ich bin müde!» – und doch machen sie weiter. Vom Gelernten bleibt kaum etwas übrig bis zum nächsten Tag, der Schlaf kommt zu kurz: doppelt verloren!

Ungünstig fürs Ein- und Durchschlafen sind aufregende Stunden vor dem Ins-Bett-Gehen: Actionfilme, aufregende Computerspiele, ein Krach mit dem Freund oder der Freundin. Wer innerlich aufgewühlt ist, kommt nur schwer zur Ruhe. Am besten schalten Sie den Fernseher oder Ihr Laptop eine Stunde vor dem Zubettgehen aus und gehen kurz vor dem Einschlafen nicht mehr ans Telefon.

Alkohol in Prüfungszeiten ist ein schwieriges Thema: Einerseits beruhigt das abendliche Bierchen nach dem Lernen. Andererseits stört Alkohol den Nachtschlaf. Sie schlafen vielleicht schneller ein, aber dafür nicht so tief und schlechter durch. Deshalb bringt weniger hier mehr. Wenn es schon ein Bier sein sollte, dann besser ein leichtes oder alkoholfreies. Auch wenn es nach Omas Hausapotheke klingt: ein Glas Milch mit Honig oder ein Kräutertee sind wunderbare Schlummertrünke.

Bewegung fördert den Schlaf

Raus aus der Bibliothek, weg vom Schreibtisch – mindestens einmal am Tag sollten Sie frische Luft schnappen und sich bewegen. Sonnenlicht aktiviert, regt die Produktion von Vitamin D im Körper an, stärkt das Immunsystem und macht gute Laune. Auch lässt Bewegung unsere Stimmung steigen. Eine Runde Joggen bringt Ihren Kreislauf in Schwung, die Gehirnzellen sind besser durchblutet und arbeiten nach einer Fitnesseinheit besser weiter. Ein weiterer Vorteil: Die Schlafqualität nimmt zu, die Tiefschlafphasen verlängern sich. Geben Sie deshalb während Ihrer Lernphasen Ihren Sport nicht auf. Er unterstützt Ihr Lernen und Ihre Leistungsfähigkeit! Und wenn es für das Fitnessstudio oder den Halbmarathon nicht reicht, dann nutzen Sie Ihre täglichen Wegstrecken zum Gehen oder Radfahren, nehmen Sie alle Treppen zu Fuß.

Kurz vor dem Schlafengehen sollten Sie jedoch nicht mehr trainieren, das putscht Körper und Geist auf – und erschwert es Ihnen, Ruhe zu finden.

Selbstcoaching | Die Kraft der kleinen Rituale
Rituale können uns helfen, leichter in den Schlaf zu finden:
- Setzen Sie einen bewussten Schlussstrich unter Ihren Lerntag und planen Sie eine aktive Feierabendzeit. So haben Anstrengung und Erholung ihren Platz in unserem Leben. Das wirkt sich nicht nur positiv auf unsere Motivation, sondern eben auch auf unser Schlafverhalten aus.

- Machen Sie sich Notizen: Oft kreisen die Gedanken noch in unserem Kopf; wir haben Angst, etwas Wichtiges zu vergessen. Um diese Gedanken loslassen zu können, notieren Sie nach jedem Lerntag, was Sie schon geschafft haben und was noch ansteht. So entlassen Sie Ihre Gedanken aufs Papier und haben dennoch eine Erinnerungshilfe.
- Kümmern Sie sich um sich selbst. Tun Sie etwas Schönes, gerade in anstrengenden Lernphasen ist die Selbstfürsorge wichtig!
- Vertagen Sie Gespräche im Zusammenhang mit Klausuren: Sprechen Sie nach einer langen Lernphase nicht mehr über Detailfragen. Wenn Sie also noch zu später Stunde die Kommilitonin anruft und bittet, mit Ihnen einen Text durchzugehen, vertagen Sie das Gespräch ohne schlechtes Gewissen auf den folgenden Tag.
- Nutzen Sie Ihr Bett nur zum Schlafen. Viele Studierende schlafen und lernen in einem Raum. Trotzdem empfiehlt es sich, das Zimmer von der Funktionalität zu trennen. Gegessen und gelernt wird am Tisch bzw. Schreibtisch. Das Bett ist fürs Schlafen und Ausruhen da.
- Vor dem Zubettgehen sollten Sie lüften und darauf achten, dass die Raumtemperatur nicht zu hoch ist. 17–18 Grad reichen für einen erholsamen Schlaf.

Einschlafhilfen in der Prüfungszeit

In Zeiten, in denen wir unter Druck stehen, schlafen die meisten Menschen schlechter. Das ist normal. Zum Schlafen kann sich keiner zwingen, und wenn Sie sich ständig sagen: «Ich muss jetzt schlafen, sonst schaffe ich meine Prüfung nicht» führt das dazu, dass Sie erst recht nicht schlafen. Die Wahrheit ist: Eine schlaflose Nacht verhagelt Ihnen keine Klausur, so viel Energie haben Sie, dass Sie eine Prüfung auch mit wenig Schlaf gut durchstehen. Sie sagen sich nachts einfach: «Ich kann zwar nicht schlafen, aber ich ruhe mich aus. Das ist gut so.» Machen Sie leise Musik an oder eine geführte Fantasiereise. Denken Sie an einen schönen Moment während des letzten Urlaubs, lassen Sie angenehme Bilder in sich aufkommen. Alles, was Sie beruhigt und Sie in eine angenehme emotionale Lage versetzt, dient Ihrer Erholung.

Länger als eine halbe Stunde empfiehlt es sich nicht, nachts wach im Bett zu liegen. Stehen Sie auf, kochen Sie sich einen Tee, rufen Sie einen Freund an, sofern er noch wach ist, oder blättern Sie in einer Zeitschrift. So unterbrechen Sie den oft anstrengenden Versuch, doch endlich einzuschlafen. Wenn Sie dann wieder müde werden, legen Sie sich wieder hin. Lieber ein oder zwei Stunden in dieser Nacht verloren, als wütend und verzweifelt im Bett zu liegen. Wenn Sie nachts aufwachen und Ihnen kommt ein wichtiger Gedanke: Notieren Sie ihn gleich in einem Notizbuch, das neben Ihrem Bett liegt. Und schreiben Sie ebenfalls auf, was Sie am Folgetag zu erledigen haben. So verhindern Sie häufig, dass der Gedanke weiter in Ihrem Kopf kreist.

Selbstcoaching | Schäfchen zählen

Eine Übung (nach Isebaert, 2009), die wir Ihnen hier vorstellen, hat sich für unsere Seminarteilnehmer als besonders hilfreich zum Einschlafen erwiesen:

5...4...3...2...1

Legen Sie sich bequem hin, entspannen Sie bewusst Ihre Muskeln und atmen Sie tief ein und aus. Und dann stellen Sie sich mit geschlossenen Augen fünf Gegenstände vor, die sich in Ihrem Zimmer befinden: 1. Ich sehe meine Schuhe, die neben dem Bett stehen ...2. Ich sehe die Lampe an meinem Nachttisch ...3. ... 4. ...5. ...
Dann widmen Sie sich den fünf Geräuschen, die Sie hören. Das kann der eigene Atem sein, die Bewegung der Füße unter der Decke, eine Stimme in der Nachbarwohnung, ein Auto, das vorbeifährt. Sie benennen die Geräusche wieder und zählen.
Und dann konzentrieren Sie sich auf fünf Dinge, die Sie spüren, empfinden.
Diese Übung vertreibt oft kreisende Gedanken und holt uns ins Hier und Jetzt.

Wann sollten Sie zum Arzt gehen?

Eine Schlafstörung liegt nach Professor Zulley vor, wenn folgende drei Kriterien zutreffen:

1. Sie schlafen schlecht.
2. Ihre Leistungsfähigkeit am Tag ist eingeschränkt.
3. Beides tritt seit vier Wochen jeden Tag und jede Nacht auf.

Treffen alle drei Kriterien zu, sollten Sie sich ärztliche Hilfe suchen. Oftmals hilft es allerdings schon enorm, wenn Sie unsere Einschlaftipps berücksichtigen und sich ausreichend Erholung vor dem Zubettgehen gönnen.

Step 10:
Und was sonst noch hilft

Um was geht's?

- Hilfreiche Netzwerke aufbauen
- Studium und Leben verbinden
- Stimmige (Lebens-)Entscheidungen treffen

Riesige Hörsäle, lange Flure und hohe Eingangshallen – so sehen viele Hochschulen aus.

Neuankömmlinge haben oft das Gefühl, in einer Masse an unbekannten Gesichtern verloren zu gehen. Ohne Klassenverband, ohne festen Kumpel, ohne Kontakt zum Dozenten.

Wenn Sie ein Mensch sind, der Wert auf Austausch und Nähe legt, sollten Sie möglichst rasch Kontakte knüpfen. Und bloß keine Hemmungen: Den meisten geht es wie Ihnen. Sich einer Gruppe von Menschen zugehörig zu fühlen, mit anderen bei einem Bierchen oder Cappuccino über die unverständliche Vorlesung zu jammern – das lässt uns manche Herausforderung leichter meistern.

Im sozialen Kontext geht's leichter

Ob Sie es schätzen, in Gruppen zu lernen, hängt von Ihrer Persönlichkeit ab. Es gibt Studierende, die lernen am liebsten zurückgezogen in ihrem Zimmer. Andere sind besonders produktiv, wenn sie mit anderen gemeinsam arbeiten. Die Gruppe hilft über das eine oder andere Motivationstief hinweg. Und: Wer weiß, dass die anderen im Lernraum warten, quält sich dann doch noch aus dem Bett. Lerngruppen können ein Motor für Ihren Lernfortschritt sein.

Die Gruppe lässt sich aber auch noch anderweitig nutzen: beim Beurteilen des Lernfortschritts zum Beispiel. Alleine am Schreibtisch überprüfen nur wenige ihre Fortschritte. In der Gruppe hingegen tauchen Fragen auf, anhand derer Sie sofort merken, ob Sie den Prüfungsstoff wirklich verstanden haben und Zusammenhänge in der Tiefe durchblicken. Auch prägen sich Inhalte leichter ein, wenn sie gemeinsam erarbeitet, diskutiert oder von einem Gruppenmitglied erklärt werden. Das ist dann sogar eine Extra-Wiederholungsschleife.

Idealerweise besteht eine Lerngruppe aus drei bis vier Mitgliedern. Mehr Leute sind schwer zu koordinieren. Auch die Arbeit im Tandem kann sinnvoll sein. Wichtig ist, dass alle vergleichbar sind, was den Wissensstand betrifft, und Engagement zeigen. Ärgerlich und wenig hilfreich wird's, wenn immer einer alle Übungsaufgaben vorbereitet und sich die anderen die Lösungen «präsentieren» lassen. Legen Sie in Ihrer Lerngruppe von Anfang an Spielregeln fest und verteilen Sie die Aufgaben gleichmäßig.

Ein Mentor eröffnet Perspektiven

Menschen, die bereits dort angekommen sind, wo Sie später hinwollen, können enorm inspirierend sein. Sie haben auf ihrem Weg wichtige Erfahrungen gemacht, von denen wir profitieren können. Denn sie wissen um Möglichkeiten, die wir noch nicht sehen. Über einen Mentor kommen wir oft schneller voran, weil wir durch seine Begleitung Fehler vermeiden oder auf einfachem Wege Chancen erhalten, die uns sonst verschlossen wären. Im besten Fall ist ein Mentor eine Vertrauensperson, die auch in schwierigen Zeiten Mut macht.

An zahlreichen Universitäten gibt es Mentorenprogramme. Nutzen Sie sie, um sich einen Einblick in Ihr zukünftiges Arbeitsfeld zu verschaffen. Aber auch, um sich über mögliche Praktika zu informieren oder einfach nur einen wohlwollenden Begleiter an der Seite zu haben, der Ihre Erfahrungen aus eigenem Erleben kennt.

Denn in einem Mentoring-Prozess geht es nicht nur um den fachlichen Austausch, es geht auch um Vertrauen und um das Gefühl, nicht alleine durch Klausuren und Testate marschieren zu müssen.

Wenn Sie keine Lust auf Programme und verpflichtende Termine haben: Suchen Sie sich einen Mentor außerhalb eines festen Programms. In einer Firma, in der Sie gerade ein Praktikum absolvieren oder als Werkstudent arbeiten. Einen Dozenten, dessen Veranstaltungen Ihnen besonders gut gefallen, oder im Rahmen einer Tätigkeit als Hilfskraft am Lehrstuhl. Für Ihre berufliche Orientierung sind Kontakte zu Menschen nützlich, die bereits im Berufsleben stehen. Sie bieten Ihnen die Chance, wie in Step 2 beschrieben, an Ihrer Zukunftsvision zu arbeiten.

Das ist eine wichtige Ressource, die Sie nutzen können, um im Studium gut voranzukommen!

Freizeit im Studium: ein Erfolgsfaktor

Ich habe im letzten Semester wirklich wahnsinnig viel gelernt und auf ganz viel verzichtet: keine Biergartenbesuche mit Freunden, kein Urlaub. Ich habe mir echt nichts gegönnt. Und trotzdem habe ich drei wichtige Klausuren nicht geschafft.

Sonja, Pädagogikstudentin, kam sehr enttäuscht über sich und ihre Leistungsfähigkeit zu uns ins Coaching. Ihr Leben bestand nur noch aus Lernen, und trotzdem stellte sich der erhoffte Erfolg nicht ein.

Nach all dem, was Sie in diesem Buch gelesen haben, wissen Sie: Viel bringt eben nicht immer viel. Es kommt auf die Balance an! Unsere Empfehlung deshalb: Schaffen Sie sich auch in harten Prüfungsphasen Zeiten, in denen Sie Ihre Bedürfnisse nach Gemeinschaft und Freizeit leben können. Denn Prüfungen werden nicht nur mit dem Kopf, sondern auch mit einem guten Bauchgefühl bestanden. Ihre gesamte Befindlichkeit trägt Sie zum Erfolg. Deshalb ist es wichtig, dass Sie sich zwischendurch immer wieder mal eine Stunde gönnen, in der Sie Freunde treffen oder einem Hobby nachgehen. Ein kleines Highlight pro Tag muntert Sie nicht nur auf, sondern erweitert auch die Aufnahmebereitschaft Ihres Gehirns, wie Sie in Step 5 nachlesen können.

Das Bedürfnis nach Freizeit kann bei jedem unterschiedlich groß sein. Wir raten Ihnen, es ernst zu nehmen und genauer hinzuschauen. Wer morgens im Bett liegen bleibt, obwohl eine Vorlesung angesagt ist, wer lieber schwimmen geht oder sich mit Freunden trifft, statt an einer Studienübung teilzunehmen, hat offenbar ein Thema. Möglicherweise fühlt er sich gerade überlastet: durch Anforderungen des Studiums, existenzielle Nöte oder private Sorgen. Vielleicht hat er versäumt, in seinem Lernplan offizielle Zeiten für Freizeitaktivitäten einzuplanen. Oder er findet keinen Zugang zu einigen Fächern seines Studiums. In diesem Buch finden Sie in vielen Steps Lösungen, aber manchmal ist es auch wichtig, sich grundsätzlich zu fragen: Bin ich überhaupt im richtigen Studium? Falls diese Überlegung auftaucht, macht es Sinn, eine Studienberatung aufzusuchen.

Freiheitskämpfer haben es nicht leicht

Was für Dreijährige und für Pubertierende zum Entwicklungsprogramm gehört, beschäftigt viele Menschen noch jenseits der Zwanzig: der Kampf um Autonomie. Selbstbestimmt handeln, selbst etwas bewirken können – das sind wichtige Grundbedürfnisse. Sie gelten als existenziell, und manche Menschen kämpfen ein Leben lang um diesen Wunsch nach Selbstbestimmung. Vor allem dann, wenn sie in einem extrem engen Korsett aufgewachsen sind. Mit vielen Regeln, mit viel

Druck und wenig Möglichkeiten, selbst entscheiden zu können. Extrem ängstliche, aber auch sehr leistungsorientierte Elternhäuser können die Ursache für einen permanenten Freiheitskampf sein, der sich dann auch noch im Studium fortsetzt.

«Ich lasse mir von niemandem mehr etwas sagen», das ist die innere Botschaft eines Menschen, der einen Nachholbedarf hat, was autonomes Handeln betrifft. Sie führt manchmal so weit, dass sich der innere Freiheitskämpfer gegen das gesamte System wehrt, gegen Stunden-, Lern- und Vorlesungspläne. Er möchte sich partout nicht vorschreiben lassen, wann er morgens aufzustehen und zur Uni zu fahren hat. Wenn Sie diesen Freiheitskämpfer in sich wahrnehmen, bringt es Ihnen wenig, wenn Sie ihn ignorieren. Er wird Sie immer wieder an sein Bedürfnis nach Freiheit erinnern. Hier kommen Sie nur durch Kompromisse weiter. Mögliche Lösungen finden Sie in Step 5 und Step 6.

Und denken Sie daran: Das Studium ist **Ihre** Angelegenheit – nicht ein Gegenentwurf zum Leben der Eltern oder anderer wichtiger Meinungsgeber. Es geht darum zu erkennen, dass es Ihre Entscheidung, Ihre freie Wahl ist, wie Sie das Studium gestalten und welchen Weg Sie einschlagen.

Nehmen Sie sich die Freiheit, die Sie haben

Sein Leben nach den eigenen Vorstellungen gestalten: Diese Freiheit dürfen Sie sich nehmen. Letzten Endes kann Ihnen niemand vorschreiben, was Sie zu tun und zu lassen haben. Als Studierender sind Sie eine erwachsene Persönlichkeit, deren Aufgabe es auch ist, sich um sich selbst und die eigene Entwicklung zu kümmern. Dass es dabei einige Spielregeln bezüglich der Familie und Freunde zu beachten gibt, ist selbstverständlich.

Das klingt nach Verantwortung. Richtig! Und gleichzeitig nach Freiheit. Denn Sie können jeden Tag neu entscheiden, ob Sie das Studium fortsetzen oder sich für einen anderen Weg entscheiden. Aus dieser gefühlten Freiheit heraus übernehmen Sie Verantwortung für Ihr Handeln. Viele Studierende, die in unsere Seminare kommen, fühlen sich gehetzt und gedrängt: von den Erwartungen der Eltern, von den Ansprüchen, die sie über markige Elite-Sprüche an Hochschulen erreichen, von Karriere-Slogans auf Jobmessen und in Managermagazinen.

Ja, unsere Gesellschaft ist von enormen Leistungsansprüchen geprägt. Und dennoch: Sie haben die Wahl, für sich zu überprüfen, welchen Erwartungen Sie genügen möchten und welchen nicht. Sie haben die Freiheit, Ihren persönlichen Weg zu finden.

Viele Wege führen zum Erfolg

Ein Studium birgt die große Chance, sich mit vielen spannenden Inhalten auseinanderzusetzen und sich weiterzuentwickeln. Und es kann zu einer anspruchsvollen, abwechslungsreichen und erfüllenden Berufstätigkeit führen. Bis zum erfolgreichen Job ist der Weg manchmal steinig und herausfordernd. Das liegt nicht jedem.

Wenn Sie merken, dass Ihnen das Lernen von theoretischen Konzepten und das selbstständige Managen eines Studiums nicht zusagen, scheuen Sie sich nicht, Ihre einmal getroffene Entscheidung zu korrigieren. Wir wissen, dass Mut dazu gehört, einen gefühlt «falschen» Weg zu verlassen und einen neuen einzuschlagen – und möchten Sie trotzdem ermuntern, dies zu tun. Ihre bis dahin gewonnenen Erfahrungen werden Ihnen helfen.

Vergleichen Sie die Studienangebote unterschiedlicher Hochschulen – an den ehemaligen Fachhochschulen wird mehr Praxis geboten, während Sie sich an Universitäten mit viel Theorie auseinandersetzen.

Es gibt auch viele Ausbildungen, die zu interessanten Berufsbildern führen und Chancen eröffnen, sich über Weiterqualifizierungen zu entwickeln. Es muss nicht um jeden Preis ein Studium sein. Oder nicht zum jetzigen Zeitpunkt, sondern später. Es gibt viele Möglichkeiten, sich in der Gesellschaft beruflich sinnvoll einzubringen. Suchen Sie Ihren eigenen Weg zum Erfolg!

Und zu guter Letzt: Hören Sie auf sich!

Veränderungen sind immer möglich. Es gibt ihn nicht, den «faulen» Studierenden, den «Durchfaller», den «Pechvogel» oder wie immer man sich selbst sieht oder andere einen sehen. Nichts ist in Stein gemeißelt, und jedes Verhalten hat in der Regel einen Grund. Der liegt im Jetzt. Mit Selbstreflexion und Unterstützung kann sich Ihre persönliche Situation bereits in zwei, drei Wochen anders anfühlen.

Auch das gehört zu Ihrer persönlichen Freiheit: die Möglichkeit, lästige Lerngewohnheiten und andere Hindernisse erfolgreich für sich zu verändern. Wir haben viele hundert Studierende in schwierigen Situationen begleitet und durften miterleben, wie sie Lern- und Prüfungsblockaden für sich lösen konnten. Die Anregungen und Übungen sind in diesem Buch festgehalten. Wählen Sie sich aus dem Angebot das aus, was zu Ihnen passt und was sie in Ihren Alltag integrieren können.

Sollten Sie an einer bestimmten Stelle für sich nicht weiterkommen, zögern Sie nicht, sich Hilfe zu holen – in Form von Studienberatern, Lerncoaches oder Psychologen. Der neutrale Blick von außen ist oft entscheidend für Veränderung.

Und vergessen Sie nicht: Der schlimmste Feind des Erfolgs ist der Zweifel. Werden Sie sich klar darüber, was Ihre Motivation in Bewegung bringt (Step 1). Entwickeln Sie Schritt für Schritt Ihre Vision, werden Sie sich Ihrer Fähigkeiten bewusst und setzen Sie sich Ziele, die Verstand und Bauch mittragen (siehe Step 2). Erlauben Sie sich bewusst positive Gedanken in Ihrem Alltag (Step 4). Und ordnen Sie Ihre inneren Stimmen zu einem unterstützenden Team (Step 5). So holen Sie sich den nötigen Rückenwind, um konzentriert zu lernen und Prüfungen zu bestehen. Dann ist der Weg frei für Ihren Erfolg!

Literatur

Baumeister, Roy & Tierney, John (2012). *Die Macht der Disziplin*. Frankfurt/New York: Campus.

Bensberg, Gabriele & Messer, Jürgen (2014). *Survivalguide Bachelor*. Berlin/Heidelberg: Springer Verlag.

Berne, Eric (2006). *Die Transaktionsanalyse in der Psychotherapie*. Paderborn: Junfermann Verlag.

Bohne, Michael (2008). *Klopfen gegen Lampenfieber. Sicher vortragen, auftreten, präsentieren*. Reinbek bei Hamburg: Rowohlt.

Brandstätter, Veronika & Schüler, Julia (2013). *Motivation und Emotion. Allgemeine Psychologie für Bachelor*. Berlin/Heidelberg: Springer Verlag.

Buzan, Tony & Buzan, Barry (2002. *Das Mind-Map Buch*. Landsberg: mvg-Verlag.

Drexler, Diana (2012). *Gelassen im Stress. Bausteine für ein achtsameres Leben* (4. Aufl.). Stuttgart: Klett-Cotta.

Edelmann, Walter & Wittmann, Simone (2012). *Lernpsychologie* (7. vollständig überarbeitete Aufl.). Weinheim: Beltz Verlag.

Ende, Michael (1973). *Momo*. Berlin: Thienemann Verlag.

Engelbrecht, Sigrid (2011). *Ich müsste wollte sollte. Erste Hilfe für chronische Aufschieber*. Zürich: Orell Füssli.

Eperspächer, Hans (2011). *Gut sein, wenn's drauf ankommt. Von Top-Leistern lernen* (3. Aufl.). München: Carl Hanser Verlag.

Faude-Koivisto, Tanya/Gollwitzer, Peter (2011). Wenn-Dann-Pläne: eine effektive Planungsstrategie aus der Motivationspsychologie. In Birgmeier, Bernd (Hrsg.). *Coachingwissen. Denn sie wissen nicht, was sie tun?* (2., aktualisierte Aufl., S. 209–227). Wiesbaden: VS Verlag für Sozialwissenschaften.

Flemmer, Andrea (2011). *Nervennahrung*. Hannover: Schlütersche.

Fehm, Lydia & Fydrich, Thomas (2013). *Ratgeber Prüfungsangst. Informationen für Betroffene und Angehörige*. Göttingen: Hogrefe.

Gasser, Peter (2010). *Gehirngerecht lernen. Eine Lernanleitung auf neuropsychologischer Grundlage*. Hep-Verlag: Bern.

Geo Wissen (2013). Die Perfektionismus-Falle. Interview mit Dr. Christine Alstötter-Gleich in Nr. 52, S. 58–63.

Gollwitzer, Peter M. (1993). Goal achievement. The role of intentions. *European Review of Social Psychology, 4*, 141–185.

Groß, Harald (2011). *Lernlust statt Paukfrust. Mit deinen Motivatoren leichter lernen in Schule, Studium und Beruf*. Berlin: Gert Schilling Verlag.

Häberle, Irma (2013). *Brain Food. Intelligent essen*. München: tausendschlau.

Höcker, Anna et al. (2013). *Prokrastination. Ein Manual zur Behandlung des pathologischen Aufschiebens*. Göttingen: Hogrefe.

Hofmann, Eberhardt (2003). *Progressive Muskelentspannung. Ein Trainingsprogramm* (2. Aufl.). Göttingen: Hogrefe.

Hofmann, Eberhardt & Löhle, Monika (2012). *Erfolgreich Lernen*. Göttingen: Hogrefe.

Holler, Petra (2014). *Irre viel zu tun. Aufschieberitis, Prüfungsangst & Co. Krisen im Studium bew*ältigen. Weinheim/Basel: Beltz Verlag.

Hüther, Gerald (2014). *Was wir sind und was wir sein könnten*. Frankfurt: Fischer Verlag.

Isebaert, Luc (2009). *Kurzzeittherapie – ein praktisches Handbuch* (2., unveränderte Aufl.). Stuttgart: Thieme Verlag.

Jeska, Andrea (2010). Lernen über Nacht. Der Schlafforscher Jan Born über Gedächtnistraining im Bett. *Die Zeit* Nr. 13, http://www.zeit.de/2010/13/M-Jan-Born-Interview. Zugriff am 15.01.2015.

Kabat-Zinn, Jon (2010). *Im Alltag Ruhe finden. Meditationen für ein gelassenes Leben* (5. Aufl.). Frankfurt am Main: Fischer.

Kaluza, Gert (2012). *Gelassen und sicher im Stress* (4. überarbeitete Aufl.). Heidelberg: Springer Verlag.

Krengel, Martin (2012). *Bestnote. Lernerfolg verdoppeln, Prüfungsangst halbieren*. Berlin: Eazybookz.

Kuhl, Julius (2001). *Motivation und Persönlichkeit. Interaktionen psychischer Systeme.* Göttingen: Hogrefe.

Martens, Jens-Uwe/Kuhl, Julius (2013). *Die Kunst der Selbstmotivierung* (5. überarbeitete Aufl.). Stuttgart: Kohlhammer Verlag.

Messer, Barbara (2014). *Ungewöhnliche Trainingspfade betreten. Vertiefende, interaktive, pure und nachhaltige Trainingsinterventionen*. Bonn: ManagerSeminare Verlag.

Metzig, Werner/Schuster, Martin (2009). *Prüfungsangst und Lampenfieber* (4., aktualisierte Aufl.). Berlin/Heidelberg: Springer Verlag.

Metzig, Werner/Schuster, Martin (2009). *Lernen zu lernen* (8. Aufl.). Berlin/Heidelberg: Springer Verlag.

Netdoktor (2012). Interview mit Gerlinde Kaltenbrunner.

Nöteberg, Staffan (2011). *Die Pomodoro-Technik in der Praxis. Der einfache Weg, mehr in kürzerer Zeit zu erledigen*. Heidelberg: dpunkt Verlag.

Nussbaum, Cornelia (2007). *Organisieren Sie noch oder leben Sie schon? Zeitmanagement für kreative Chaoten*. Frankfurt: Campus Verlag.

Peichl, Jochen (2014). *Rote Karte für den inneren Kritiker*. München: Kösel Verlag.

Rückert, Hans-Werner (2006). *Schluss mit dem ewigen Aufschieben*. Frankfurt/New York: Campus.

Rustler, Florian (2011). *Mind Mapping für Dummies*. Weinheim: Wiley-VCH Verlag.

Schulz von Thun, Friedemann (1998). *Miteinander reden*. Bd. 3. Reinbek bei Hamburg: Rowohlt.

Schulz von Thun, Friedemann et al. (2012). *Miteinander reden von A–Z*. Reinbek bei Hamburg: Rowohlt.

Schulze-Seeger, Jürgen (2013). *Schwarzer Gürtel für Trainer* (2., überabeitete Aufl.). Weinheim: Beltz Verlag.

Sonntag, Robert (2014). *Blitzschnell entspannt. 80 verblüffend leichte Wege gegen Stress im Alltag* (2. Aufl.). Stuttgart: Trias Verlag.

Spitzer, Manfred (2007). *Lernen. Gehirnforschung und Schule des Lebens*. München: Elsevier.

Stackelberg, Bettina (2013). *Gut reicht völlig. Selbstbewusste Wege aus der Perfektionsfalle*. München: Beck.

Storch, Maja (2012). *Das Geheimnis kluger Entscheidungen*. München: Piper.

Storch, Maja/Krause, Frank (2014): *Selbstmanagement – ressourcenorientiert*. Bern: Hans Huber Verlag.

Storch, Maja/Kuhl, Julius (2012). *Die Kraft aus dem Selbst. Sieben PsychoGyms für das Unbewusste*. Bern: Hans Huber Verlag.

Weiner, Bernard (1994). *Motivationspsychologie*. Weinheim: Beltz Verlag.

Wellensiek, Sylvia K. (2012). *Fels in der Brandung statt Hamster im Rad*. Weinheim: Beltz Verlag.

Wengenroth, Mattias (2013). *Das Leben annehmen. So hilft die Akzeptanz- und Commitmenttherapie (ACT)* (2. überarbeitete Aufl.). Bern: Hans Huber Verlag.

Wolf, Doris & Merkle, Rolf (2009). *So überwinden Sie Prüfungsängste* (10. Aufl.). Mannheim: PAL Verlagsgesellschaft.

Zulley, Jürgen (2010). *Mein Buch vom guten Schlaf. Endlich wieder richtig schlafen* (4. Aufl.). München: Goldmann Verlag.

Die Autorinnen

Bettina Hafner, Organisationspsychologin und Systemischer Coach (zert. DCV) ist seit vielen Jahren in der Erwachsenenbildung tätig und begleitet Studierende in schwierigen Studien- und Lebenssituationen. Zusammen mit Ursula Kronenberger hat sie für die TU München ein Prüfungscoachingkonzept entwickelt. Ihre fundierten Erfahrungen aus der Praxis und ihre methodische Vielfalt fließen in dieses Buch mit ein.

Ursula Kronenberger ist Systemische Familientherapeutin (HPG), Systemischer Coach (zert. DCV) und Journalistin. Sie beschäftigt sich seit über 20 Jahren mit Themen aus der Entwicklungs- und Lernpsychologie, Didaktik und Gehirnentwicklung – sowohl als Autorin als auch in therapeutischer Praxis. Als Dozentin lehrt sie an Hochschulen und bietet für Studierende unter anderem Seminare zu lern- und prüfungsrelevanten Themen an.

Weitere Informationen finden Sie unter www.muenchner-coaches.de

Sach- und Personenregister